KIN개운 우리 집

로렌 돌리 듀크

차례 Contents

1부

1. 죽은 목숨, 1997   2
2. 파이트 클럽, 1989   12
3. 메리 술꾼 크리스마스, 1990   23
4. 무덤 파는 자들, 1991   38
5. 키 큰 검은 머리 주정뱅이, 1991   56

2부

6. 작고 어두운 곳, 1995   82
7. 시궁창 하우스, 1996   99
8. 보니 앤 클라이드 1997   117
9. 그림자 인형극, 1998   129
10. 라이어 클럽, 1998   145

3부

11. 운명, 1999   160
12. 부서지고 더러운, 2000   172
13. 몰몬교가 되(지 않)는 법, 2002   185
14. 교회 안의 들불, 2003   207

4부

15. 아빠 없는 이들의 동화, 2005   218
16. 예쁜 조각들, 2006   239
17. 나쁜 나라, 2007   272
18. 똥 묻은 개 되기, 2008   299
19. 시력 1.0/1.0, 2011   314
20. 낡은 것, 새로운 것, 파란 것, 2012   339

누군가 내게 회고록이란 기억과 이야기 사이의 교차점이라고 말했다. 회고록 작가의 임무는 이야기를 발견하고, 기억해낼 수 있는 한 최대한 그것을 번역해내는 것이라고 말이다. 하지만 기억이란 까다롭고, 이야기는 주관적이라 종종 사건들 사이의 흐릿한 빈틈을 메워야 할 때도 있다.

최선을 다해 기억을 더듬어 이야기를 써 내려가고자 했다. 하지만 우리는 어떤 사건을 떠올릴 때마다 조금씩 다르게 기억하게 된다. 그래서 우리가 변화하고 성장할수록 우리의 이야기도 함께 변한다.

이 책은 내 인생의 중요한 장면들, 나를 지금의 나로 만든 장면들에 대한 내 나름의 회상이다. 대사는 정확하지 않을지도 모른다. 책에 나오는 인물들과 가족의 사생활을 보호하기 위해 인물이나 장소의 이름을 수정했다.

로렌 돌리 듀크

1부

> "
>
> 내면 깊숙이 방치되어 갇혀있던 힘, 매리언 우드먼이 '그늘'이라고 부르곤 했던 곳에 갇혀있던 그 힘을 해방시킬 수 있도록 이끄는 것은 바로 밤바다에서의 여정이다. 여정의 목표는 우리 자신을 제대로 마주하는 것. 자신과의 만남은 놀라우리만치 고통스럽고, 심지어 잔혹하기까지 하다. 여정을 시작하려면 먼저 그 어느 것에서도 도망치지 않겠다고 약속해야 한다.
>
> "

스티븐 코프, 당신 인생의 위대한 고전들

The Great Work of Your Life:
A Guide for the Journey to Your True Calling

1. 죽은 목숨, 1997

아빠와 나는 아빠가 은행을 털어 리븐워스 교도소에 가기 전 살았던 업랜드라는 동네로 가고 있었다. 서던 캘리포니아에 있는 그곳은 모스 비치에 있는 우리 집에서 일곱 시간 거리였다. 백미러로 뒷좌석을 보니 짙게 코팅된 아빠의 둥근 레이밴 선글라스에 내가 비쳐 보였다.

더러운 담황색 시트 커버 위에 발을 올려놓은 채 뒷좌석에 앉아있는 모습이 마치 파블로 피카소를 방불케 했다. 담쟁이덩굴이 수놓아진 모자 끝이 아빠의 왼 얼굴로 비스듬히 내려와 있었다. 입에는 불붙인 담배를 물고 있었다. 열다섯 살 생일이 코앞이었지만, 나는 꼼짝없이 운전석에 앉아 필사적으로 운전대를 붙들고 있었다.

지난 몇 주 동안 아빠는 사실상 뱀파이어나 다름없었다. 지하실에 있는 아빠 방으로 가는 문은 항상 굳게 잠겨 있었다. 침대 위에 있는 작은 창문에서는 한 줄기 빛도 들지 않았다. 난방 환기구를 통해 연기가 슬금슬금 올라와 나를 집 안 곳곳으로 고요히 끌고 다닐 때에야 아빠가 집에 있다는 사실을 알 수 있었다. 아빠는 내게서 점점 멀어지고 있었지만, 고맙게도 아직은 내 곁에 있었다. 사람들이 사라지는 데 이골이 난 참이었다.

지하실에서는 전에 없던 소리와 냄새도 났다. 잔이 부딪치고 은박지가 구겨지는 소리는 이전에는 아빠의 사이키델릭한 교향곡에 포함되지 않던 소리였다. 저녁 아홉 시쯤이면 어김없이 금속 타는 냄새가 올라왔다. 그러던 어느 날 밤, 아빠가 뒷문을 부수고 들어왔다. 구리로 된 문고리가 부엌 벽을 강타해 페인트칠이 벗겨졌다.

"딸, 우리 드라이브 갈 거다. 짐 싸. 아침에 떠난다." 아빠가 말했다.

뭔가 물어볼 새도 없이 아빠는 집 밖으로 나가 문을 쾅 닫았다. 그리고선 난간을 꽉 붙잡은 채 뒤쪽 계단을 간신히 내려가 근처 식당인 댄스 플레이스의 벽돌담으로 향했다. 나는 아빠가 발을 헛디뎌 외벽에 기댄 다음 쓰레기통 옆 콘크리트 밖으로 자라난 나무딸기 꽃잎을 밟는 모습을 지켜보았다. 아빠는 바람에 몸을 휘청거리며 리바이스 청바지를 끌어 내리고 건물 밑에 돌아난 잔디 새싹에 한바탕 오줌을 갈겼다.

그날 밤, 나는 침대에 누워 아빠가 주말 나들이에 나를 데려가는 것을 엄마에게 허락받았을지 곰곰이 생각했다. 엄마는 더는 우리와 시간을 보내지 않았고, 대부분 시간을 새 남자친구인 척 아저씨네 집에서 보냈다. 아저씨는 옆 동네 퍼시피카에 살았다. 하여간 엄마가 내 걱정을 하지 않으리란 건 분명했지만, 그래도 걱정해주면 좋겠다는 생각을 떨쳐내기 힘들었다.

다음 날 아침 나는 아빠와 차를 타고 샌 가브리엘 산맥을 넘어가는 5번 고속도로 구간, 그러니까 홀스타인 젖소들이 있는 그레이프바인의 들판을 지나갔다. 도로가 엄청나게 굽이진 나머지 북행길과 남행길이 서로 구분할 수 없을 만큼 얽혀있었다. 아빠는 "홀스타인 젖소드으으으을"이라고 계속해서 혼잣말했다. 그 단어가 입술 위를 굴러가는 느낌이 마음에 든다면서.

아빠는 선글라스를 벗어 무릎 위에 내려놓았다. 그리곤 주름이 깊게 팬 이마를 뜨거워진 창문에 기댔다. 저 멀리 아지랑이가 넘실거렸다. 녹색과 검은색 도로 표지판이 비둘기처럼 지나갔고, 콘크리트로 된 트럭 정류장도 보였다. 차에 탄 뒤로 아빠는 소에 대한 것 외에 별다른 말이 없었고, 업랜드까지 나더러 운전하라고 했다.

"업랜드Upland가 어딘데?" 내가 물었다.

"위Up말이야, 딸. 위쪽에 있다." 아빠가 말했다.

아빠는 짜증이 나 있었다. 나도였다. 단지 대놓고 티 낼 수 없었을 뿐이다. 아빠는 스티로폼 컵에 든 커피를 홀짝거리면서 버클을 끼워 넣을 자리를 찾아 안전벨트를 거칠게 아래로 잡아당겼다. 나는 질문을 퍼붓고 싶은 마음을 억눌렀다.

자정이 되어 파티가 끝났을 때처럼 용기 있게 신경계의 지능 스위치를 끄는 게 내게 입력된 임무였다. 하지만 나는 별로 알고 싶지 않은 사실을 이미 눈치챘다. 아빠가 뭔가 나쁜 짓을 꾸미고 있다는 사실 말이다. 그리고 나는 아빠의 딸이었다. 이는 나 역시 머지않았다는 말이었다.

에어컨이 없는 차 안은 금성보다 더 더웠다. 창문이 굳게 닫힌 차에서 아빠는 줄담배를 뻑뻑 피워댔다. 나는 천천히 숨을 쉬며 운전에 집중하려 애썼다. 나는 추월 차선에서 110킬로미터 이상으로 달려본 것은 고사하고, 고속도로에서 운전해본 적도 없었다.

우리는 말 없이 그레이프바인으로 서서히 올라갔다. 펄펄 끓는 운전대를 붙잡은 손이 떨렸다. 길가에 난 홈이나 고속도로 중앙의 노란색 점선을 가로지르고 싶지 않았다. 대형 포드 트럭 속 얼굴들이 계속해서 지나갔다. 차에 빨간색, 하얀색, 파란색 범퍼 스티커를 붙인 노인들이 운전대를 잡기엔 너무 어리다는 눈초리로 나를 쳐다봤다.

나는 창문을 내리려고 버튼을 눌렀다. 담배 연기 때문에 눈이 매웠지만, 아빠는 거름 밭에서 나는 소똥 냄새가 싫다고 말했다. 어쨌든 창문을 살짝 열고 백미러로 아빠를 봤다. 아빠는 나를 보지 않았다.

아빠의 얼굴은 초췌하고 잿빛을 띠었다. 잠시 동안 아빠가 백미러에서 보이지 않았다. 방향을 돌려 차를 길에 세우고 싶지도 않았고, 내 목이 올빼미처럼 돌아가는 것도 아니었기에 나는 귀를 기울였다.

가방을 부스럭대는 소리, 그리고선 은박지를 펴고 플라스틱을 만지작대는 소리가 들려왔다. 가스 냄새도 났다. 지포 라이터를 딸깍거리는 소리가 나더니 뒷좌석으로부터 열기가 느껴졌다. 휘파람 소리와 기침 소리가 들려왔고 소독용 알코올 냄새가 났다. 그리고선 모든 일이 한꺼번에 벌어졌다. 내 뒤에서 고요한 폭발이 일어났다. 내 안에서도.

어렸을 때 이미 똑같은 일을 겪은 적이 있다. 그때도 아빠와 함께였다. 아빠가 발레이오에서 은행을 털기 전날 밤 우리는 우중충한 모텔 방에 묵고 있었다. 몇 년이 흐른 지금, 나는 차를 똑바로 몰려고 애쓰며 차선 가장자리를 따라 움직이고 있었다. 동시에 정신을 똑바로 붙잡으려 안간힘을 쓰며 내 내면의 가장자리를 따라 움직이고 있기도 했다. 사람이 얼마나 쉽게 상황을 뒤섞어 버리는지 생각하면 참 재미있다.

시간은 흘렀지만, 지금 내가 느끼는 감정은 7년 전 호텔 화장실 문밖에서 느꼈던 것과 똑같았다. 나는 겁에 질려 있었지만 아무도 나를 구하러 오지 않을 거란 걸 알았다. 그때도 알았고, 지금도 안다. 엄마아빠는 슈퍼히어로가 아니다. 그들은 우리를 사랑하는 만큼 상처입힌다. 그리고 아빠는 거기선 어른이었을지 모르나, 뒷좌석 바닥에 다리를 벌리고 앉아있는 사람이기도 했다.

언제나 엄마나 아빠 중 한 명이 사고를 치면 내가 뒷수습을 하는 식이었다. 하지만 이미 모든 것이 엉망진창이었다. 종종 이러다가 나중에 어떻게 될지 궁금했다. 나도 결국 엄마아빠처럼 되고 말까? 아니면 그들과는 같은 전철을 밟지 않는, 통계적으로 희귀한 사례 중 하나가 될 수 있을까?

　약 30초쯤 지나자 아빠가 불만에 가득한 신음을 내뱉더니 내 자리 뒤를 발로 차고 벌떡 일어섰다. 아빠의 이마 가운데로 땀 줄기가 흘러내려 작은 강을 이루었다. 나는 다시 백미러로 시선을 돌려 아빠가 손수건으로 얼굴을 닦는 모습을 보았다. 아빠는 코 주변의 작은 패인 흉터들을 닦더니, 타는 듯 뜨거운 유리창에 얼굴을 기댄 채 잠이 들었다. 무슨 일이 벌어졌는지 직접 본 건 아니었지만, 마음속에서 사실로 받아들인 것을 지워낼 수는 없었다. 역사는 뒷좌석에서 되풀이되고 있었다.

　나는 내가 우주선을 다시 베이 에어리어로 돌려 마약에 찌든 외계인같은 아빠가 정신을 차리게 할 수 있단 걸 알았다. 하지만 그러지 않았다. 비록 마음속 깊은 곳에서는 차를 세우고 애새끼처럼 도망치고 싶었지만, 계속해서 남쪽으로 차를 몰았다. 나는 사실상 남쪽으로 운전하도록 세팅된 셈이었다. 이내 이 습관적인 상황에서 벗어나는 일이 내가 풀어야 할 가장 어려운 숙제 중 하나라는 사실을 깨달았다. '개가 똥을 끊지'라는 말 혹시 들어봤는가? 뭐, 틀린 말은 아니다.

아빠는 밸리 어딘가에서 깨어났다. 나는 라디오를 켜고 스틸러스 휠 노래를 틀었다. 그건 우리만의 교가였다. 아빠는 '스턱 인 더 미들 위드 유Stuck in the Middle with You'의 가사를 따라부르며 머리를 위아래로 까딱거렸다.

> "음, 오늘 밤 여기 왜 왔는지 모르겠어.
> 뭔가 맞지 않는 듯한 기분이 들어.
> 의자에서 떨어질까 봐 너무 두려워서
> 어떻게 계단을 내려갈지 고민 중이야.
> 왼쪽에는 광대들, 오른쪽에는 조커들,
> 나는 여기, 너와 머저리들 틈에 끼어있어."

어쨌거나, 그게 바로 내가 항상 느끼는 기분이었다. 우리 가족의 말도 안 되는 짓거리 틈에 끼어있는 것 말이다. 하지만 거기에서 빠져나올 방법을 찾으려는 의지 역시 확고했다.

업랜드에서, 우리는 야자수와 셔벗 같은 산이 저 멀리 보이는 길에 멈춰 섰다. 아빠는 파란색 집의 진입로로 들어가라고 지시했다. 검은 머리에 무테안경을 쓴 여자가 우리를 마중 나왔다. 그녀는 아빠를 위한 달콤한 차 한 잔과 백과사전 크기의 서류 봉투를 들고 있었다.

아빠는 내가 일곱 시간을 운전해서 이곳으로 오는 동안 뒷좌석에서 어떠한 괴상한 일도 일어나지 않았다는 듯 굴었다. 마치 잠에서 깨어나 새 옷을 걸쳐 입은 다음, 나와 차를 함께 타고 온 사람이 아닌 딴사람이 된 것 같았다. 평소 아빠는 인격을 가지고 긴 줄 두 개가 동시에 돌아가는 줄넘기를 하곤 했다. 하지만 나는 이미 약이 백만 개의 기분을 자아낼 수 있고, 그것들이 사랑만큼이나 일시적이라는 걸 알았다.

  그날 밤 나는 현관에 딸린 작은 별채에서 잠이 들었다. 옆에 거대한 참나무 고목이 있고 외벽이 통유리로 된 곳이었다. 드문드문 검은색 래브라도 리트리버가 킁킁대는 소리, 그리고 내가 이름도 모르는 여자와 아빠가 나누는 대화 소리가 들려왔다. 나는 마치 조각보를 깁듯 그 소리들을 꿰맞췄다. "간염", "암", "간 질환", 그리고 딱히 재밌지도 않은 농담 수십 개가 들려왔다.

  옆 방에서 들려오는 웃음소리와 칵테일 잔이 쨍그랑거리는 소리로 귀가 윙윙댔다. 아빠와 여자의 목소리는 채도가 높았다가 낮았다가 했다. 내 말은, 심각해졌다가 축배를 들기를 반복했다는 소리다. 나는 저리 가 있으라는 명을 받았고, 두 사람이 부엌을 몇 번이나 왔다 갔다 하는 소리를 들었다. 연이은 폭소 뒤 긴 침묵이 찾아왔다. 나는 문틈으로 둘이 텔레비전 앞 소파에 나란히 앉아있는 모습을 엿보았다.

  다음날 집으로 가는 길에, 나는 아빠에게 친구분이 어디 편찮으신지 물었다. 이번에는 아빠가 차를 몰았다. 라디오에서는 정적인 노래가 느릿느릿 흘러나오고 있었고, 아빠는 부드러운 재즈가 나오는 채널을 찾으려 애썼다. 우리는 주차장마다 하얀 미니밴이 줄줄이 들어선 쇼핑센터를 백 개 정도 지나쳤다. 나도 마약이나 술에 취해 엉망진창이 되지 않은 부모와 함께 저런 곳에 있었으면 싶었다. 이 차가 아니라면 어디라도 좋았다. 하지만 부모에 대한 어떤 일에서건 선택지라는 게 있을까?

"아니. 아픈 건 나다, 딸아."

아빠는 내 무릎으로 서류 봉투를 던지고선 차량용 시가잭 라이터로 담배에 불을 붙였다. 라이터의 작은 금속 총알이 허옇게 빛바랜 단자에서 휙 하고 튀어나오는 모습은 마치 차에서 뛰쳐나가고 싶은 내 마음과도 같았다. 언제나 차가 문제의 도화선이었다.

"필요한 건 거기 다 있다, 꼬챙아." 원래부터 내가 갖기로 된 물건인 양 아빠가 말했다.

봉투는 묵직했는데, 도무지 가장자리를 뜯어보고 싶지 않았다. 이미 당나귀보다 더 무거운 짐을 짊어지고 있었으니까. 서류는 공식 문서처럼 보였고, 내가 모르는 병원의 직인이 찍혀있었다. 또 찰스 디킨스 소설만큼이나 두껍고, 내가 발음조차 할 수 없는 복잡한 단어들이 뒤죽박죽 들어 있었다.

"내용이 완전 엉망진창이지?" 아빠가 물었다.

아빠는 자랑스러워 보였다. 나는 나중에야 이게 아빠가 날 떠날 또 하나의 구실에 불과했다는 걸 깨닫는다.

아빠가 미소를 짓고 커다란 풍선 같은 연기를 내뿜는다.

연기가 마치 컨베이어 벨트처럼 내 쪽으로 굴러온다. 나는 몇십 장을 휙휙 넘기다가 '말기'라는 단어에서 멈춰 섰다. 그리고선 종이들을 차곡차곡 포개 나에게서 멀리, 관짝에 집어넣는 것처럼 치워 버렸다. 그 종이는 말기 간 질환과 간염을 선고하는 의료 기록지였다. 아빠는 우리를 재워 준 여자가 본인이 감옥에 있는 동안 의료 기록지를 안전하게 맡아준 좋은 친구라고 말했다.

"이게 다 무슨 말이야?" 내가 물었다.

마음속 깊은 곳에서는 이미 그게 무슨 의미인지 알았다. 그저 가시방석에 앉아있는 듯한 기분을 최대한 덜 느끼려 필사적으로 차 안을 말로 채우려 했을 뿐이다.

"내가 죽은 목숨이나 다름없다는 뜻이지." 아빠가 말했다. 그렇지만 나는 아빠가 정말로 죽지는 않을 것이라는 예감이 들었다. 머지않아 나는 부모란 진짜로 죽지는 않는다는 사실을 알아낸다. 그들은 그저 자취를 감출 뿐, 우리 몸속에 탭 댄서처럼 들어앉아 우리가 행하는 모든 일에 은밀하게 영향을 미친다.

2. 파이트 클럽, 1989

여섯 살. 나의 가장 오래된 기억 속에서, 엄마는 마치 늑대처럼 화장실 문 앞을 서성이고 있었다. 엄마는 숨을 헐떡이며 외설적인 말을 뱉어냈는데, 소리가 어찌나 컸는지 퍼시피카에 사는 모두가 들을 수 있을 정도였다. 상록수 같은 팔이 복도에 깔린 어둠을 따라 흔들렸다. 엄마는 개자식들, 주정뱅이들, 그리고 동네의 걸레 같은 계집애들에게 끊임없이 분통을 터뜨리며 문에 몇 번이고 주먹질해댔다.

나는 엄마를 마주 보고 마리화나 냄새로 가득한 거실 카펫 위에 앉아있었다. 텔레비전에 너무 가까이 앉은 나머지 모든 것이 뿌옇게 보였다. 나는 텔레비전에서 흘러나오는 동화에 빠져들어 보려 했지만, 그건 코를 찌르는 카펫의 악취와 '입만 열면 거짓말을 지껄이는' 남자들을 향한 엄마의 분노에 금세 묻히고 말았다. 나는 신발 끈을 묶는 법보다 남자들이 거짓말쟁이라는 걸 먼저 배웠다.

화장실 문 반대편에는 '입만 열면 거짓말을 지껄이는' 남자가 있었다. 새아빠인 케니 아저씨였다. 내 생각에 아저씨는 정말로 근사한 사람이었다. 아빠가 집을 나간 것도 벌써 몇 년째였다. 엄마도 아저씨를 사랑했지만, 때때로 엄마의 감정은 요일에 따라 달라졌다. 금요일에 가까워질수록 엄마는 아저씨를 증오하는 듯했다.

부엌으로 향한 엄마는 몇 초 후 한 손에는 부엌칼을 다른 손에는 무쇠 프라이팬을 꽉 움켜쥔 채 돌아왔다. 텔레비전 속에서는 신데렐라가 남자들, 그리고 반짝이는 비둘기와 춤을 추었고, 무거운 물건을 움켜쥔 엄마 손의 새하얀 관절이 방 건너편에서조차 똑똑히 보였다. 이 운도 지지리 없는 집의 표면이란 표면에는 죄다 구멍을 낼 물건 말이다.

엄마는 프라이팬으로 화장실 문을 몇 번이나 계속해서 난타했다. 딱 한 번 두들기는 것으로는 도무지 분이 풀리지 않는 듯했다. 요란한 소음은 내 귀를 틀어막을 심산이었겠지만, 나는 이미 시끄럽게 쿵쿵거리는 소리와 귀를 찢는 듯한 비명에 너무나 익숙했다. 나는 못난 것들이 들어있는 마음속 어딘가로 소음에 대한 생각을 쑤셔 넣고 바람에 드레스를 펄럭이며 춤을 추는 신데렐라에 집중했다. 챠밍 왕자가 신데렐라의 주먹만 한 허리를 끌어안고 빙글빙글 돌리며 핑크빛 지평선 너머로 사라졌다.

잠긴 화장실 문틈 사이로 살살 구슬리는 듯한 케니 아저씨의 목소리가 차분하게 흘러나왔다. 그는 엄마와 엄마의 오른팔, 즉 부엌칼에 익숙했다. 집안의 모든 물건이 적어도 한 번은 싸움 중에 무기로 사용되었다. 산산조각이 난 유리를 쓸어 담고 깨진 전구를 갈아 끼우는 등의 뒤처리는 전부 내 몫이었다. 우리가 살던 집은 진짜 집이라기보다는 무기고에 가까웠다.

엄마는 내가 보고 있던 텔레비전 프로그램이 '비극'이라고 중얼거렸다. 엄마는 사람들이 동화를 믿는 게 한심한 일이라고 생각했다. 하지만 나는 해피 엔딩이라는 것이 존재한다고 간절히 믿고 싶었다. 텔레비전에 나오는 사람들에게 일어날 수 있는 일이라면, 나에게도 일어날 수 있는 거잖아, 맞지?

아저씨의 웅얼거리는 목소리가 문 틈새로 다시 들려왔다.

"칼이랑 프라이팬 부엌에 갖다 놓으면 나갈게, 자기야."

아저씨는 무심히 말했다. 아저씨가 언제나 그런 식으로 모든 일을 잠재웠다. 그러니까, 마치 그 어느 것도 별일 아니라는 식이다. 하지만 긴 청치마 차림의 빨간 머리 괴물이 고작 몇 피트 떨어진 곳에서 게거품을 물고 있었다. 그 괴물은 담갈색 카우보이 부츠를 신고선 몇 번이나 문을 걷어찼다.

아저씨가 시끄럽게 웃었고, 나는 그가 최애 잡지인 〈피시 앤 게임 Fish and Game〉을 읽고 있다는 사실을 알았다. 그 잡지는 항상 화장실 위쪽 선반에 한 무더기씩 쌓여있었다. 아저씨는 몇 시간이고 거기 틀어박혀서 잡지를 읽곤 했다. 엄마가 나무로 된 화장실 문을 프라이팬으로 내려치는 동안 아저씨는 타일로 된 미로 속에서 몇 초마다 낄낄대며 웃었다.

술을 제외하고 아저씨가 가장 사랑하는 것은 단연 낚시였다. 그다음이 엄마였고, 내 생각에 그다음은 델라 언니였으며, 나는 겨우 리스트 맨 아래쯤이었다. 아저씨가 엄마를 멀리하고 밀어낼수록, 엄마는 그의 가죽을 벗겨 벽난로 위에 트로피처럼 걸어두고 싶어 했다. 적어도 그러면 아저씨를 좌지우지할 수 있을 테니. 아저씨는 언제나 엄마를 '총사령관님'이라고 불렀다. 엄마는 그 소리를 끔찍하게 싫어했지만.

  나는 앞문으로 걸어가 은색 문고리를 보랏빛 손톱으로 감싸 쥐었다. 이웃집 제인 아줌마가 창틀 맨 위 반투명 유리로 훔쳐보려 애쓰는 모습이 보였다. 아저씨에게 고래고래 소리 지르는 엄마 때문에 적어도 한 시간 동안 집 안은 소란스러운 동물원이나 다름없었다. 아줌마는 무슨 일이 있나 알아내려고 언제나 우리 집에 들렀다. 엄마가 없을 때면 아줌마는 내게 우리가 걱정된다고 말했다.

  엄마는 제인 아줌마를 참견쟁이라고 불렀다. 하지만 아줌마는 그저 어린애 두 명이 있는 집 안에서 벌어지는 일을 걱정한 것뿐이다. 엄마는 집에서 정확히 무슨 일이 일어나고 있는지 그 누구도 몰랐으면 했다. 엄마는 늘 내게 말했다. "다들 우리 일에 신경 끄라 그래!" 한번은 엄마에게 우리 집 돌아가는 모양새가 전쟁보다는 좀 더 디즈니 만화 영화 쪽에 가까워질 수 있을지 물었다. 엄마는 고개를 흔들며 웃음을 터뜨렸다. 누군가의 머리통을 프라이팬으로 내갈기려 들지 않을 때 엄마는 꽤 예뻤다.

　나는 엄마가 칼을 움켜쥔 손에 힘을 뺄 수 있을 정도로, 그렇지만 제인 아줌마가 난장판이 된 집안 꼬락서니를 완전히 보지는 못할 정도로 살짝 문을 열었다. 사회복지센터 사람들이 적어도 수십 번은 우리 집에 불려왔고, 그때마다 우리는 괜찮은 척 연기에 가담했다. 그러면 그들은 더 빨리 돌아갔다.

　좁은 문 틈새로 제인 아줌마의 숱 많고 희끗희끗한 눈썹이 잽싸게 다가왔다.

　"안에 다 괜찮은 거니?" 하얀색 나무 문틀과 열린 문틈 사이로 얼굴을 들이밀려 애쓰며 아줌마가 물었다.

　반짝이는 까만색 문 고정장치 주위로 살금살금 들어오는 아줌마의 짧은 손톱이 보였다. 나는 반대편 문가에 꼭 붙어 아줌마의 주름진 손가락에 살짝 닿을 때까지만 문을 닫았다. 아줌마가 집안으로 들어와 엄마가 화장실 안의 '개자식'을 죽이려는 것을 멈추길 바라는 건 아니었다.

　"당장 나가, 제인! 당신 도움 따위 필요 없으니까!" 엄마가 복도에서 고함쳤다.

　엄마는 항상 우리에게 울보들이나 도움을 필요로 한다고 말했다. 단 한 번도 엄마가 도움을 청하는 것을 본 적 없었다. 나 역시 아무리 힘든 상황에서도 도움을 요청하는 것은 금물이었다.

"그 망할 놈의 문 닫을 때까지 10초 준다, 로렌!" 엄마가 소리 질렀다.

나는 엄마가 무슨 일을 벌일지 알았다. 금이 간 채 벽에 걸려있는 액자는 죄다 엄마가 벌인 만행의 증거물이었다. 나는 아줌마의 손가락을 얼른 밖으로 튕겨내고 문을 세차게 닫은 후 자물쇠를 걸어 잠갔다. 아줌마 코 앞에서 문이 쾅 하고 닫혔고, 부츠 굽 소리가 창틀 쪽으로 바삐 옮겨갔다.

창틀 아래 놓인 우유 박스 위로 뛰어오른 아줌마는 낮은 창문을 통해 안을 엿볼 수 있을 만큼 키가 컸다. 나는 아줌마의 미간에 진 회색 주름이 완전히 사라질 때까지 서쪽으로 커튼을 쳤다. 집 안에서 벌어진 일은 우리끼리만 알아야 하는 비밀이었다. 말하자면 파이트 클럽[1]이었고, 파이트 클럽의 규칙 첫 번째는 그것에 대해 주둥이를 다무는 것이었다.

아저씨의 목소리는 양쪽으로 된 화장실 여닫이문에 가로막혀 잘 들리지 않았다. 나무로 된 문짝에는 엄마가 시도 때도 없이 무기를 휘둘러 생긴 흠집들과 찍힌 자국이 있었다. 엄마는 항상 누군가와 무슨 일로 싸우고 있었다. 뜨거운 고데기로 아저씨의 턱을 찌르거나 후려친다면 아저씨가 언젠가는 떠날 거라는 사실을 엄마가 과연 알고 있을지 궁금했다. 사랑할 수 있을 리 없었다.

---

[1] 동명의 소설을 원작을 한 데이빗 핀처의 1999년 영화. 주인공이 목적 없이 싸움을 벌이며 억눌린 감정을 해소하는 집단인 '파이트 클럽'에 가입하며 벌어지는 일을 그렸다.

A자로 난 엄마의 광대뼈 윤곽을 따라 검은 마스카라 알갱이가 두껍게 번져 있었다. 엄마는 할아버지의 낡은 시계가 주방에서 똑딱거리는 소리와 같은 속도로 나무문에 이마를 쿵쿵 받아댔다.

"사랑한다면서 왜 아저씨를 죽이려는 거야?" 내가 엄마에게 물었다. 나는 코듀로이 소파 등받이 위에 올라앉아 엄마를 바라보았다. 등 뒤의 텔레비전에서는 여전히 만화 영화 소리가 요란하게 울려 퍼지고 있었다. 침실 문 틈새로 살짝 엿보는 델라 언니의 두꺼운 안경알이 보였다. 언니는 다시 문을 잽싸게 쾅 닫았다. 언니는 절대로 전쟁터 한복판에 있으려 하지 않았다.

"이런 게 사랑이란다, 딸." 엄마가 축축한 눈을 하고 복도 건너편에서 내게 말했다.

가슴이 철렁 내려앉았다. 나는 고개를 젓고 등을 돌린 다음 먼지투성이 쿠션 위로 털썩 주저앉았다. 사랑이 그것보다는 훨씬 더 좋은 것이기를 바랐다. 엄마는 프라이팬을 움켜잡고 카펫에 묻은 와인 얼룩 옆에 무릎을 꿇고 주저앉았다. 청치마의 주름이 마치 한 쌍의 낡은 커튼처럼 바닥을 가로질러 접혀 있었다. 엄마는 문 아래의 틈을 통해 아저씨에게 평온한 태도로 말을 건네려 애썼다.

"부탁이니까 나와." 엄마가 속삭였다.

엄마의 말에는 칵테일보다 더 많은 것들이 섞여 있었다.

문에 달린 쇠붙이가 부산스럽게 움직이는 소리, 그리고 나선 변기 물 내리는 소리가 들렸다. 유리병 하나가 떨어지며 양철 쓰레기통 바닥에 명중했다. 케니 아저씨는 늘 술을 달고 살았고, 그게 늘 싸움의 원인이었다. 내가 알기로 사랑과 술은 땅콩버터와 잼처럼 잘 어울리는 한 쌍이었다.

엄마는 프라이팬을 바닥에 떨어뜨리고는, 염색약으로 얼룩진 기다란 손톱을 문 아래 한 줄기 빛이 새는 쪽으로 밀어 넣었다. 나는 쏜살같이 카펫을 가로질러 뛰어가 엄마에게서 부엌칼과 육중한 프라이팬을 빼앗았다. 그리고선 부엌으로 뛰어 들어가 조리대 위에 올라간 다음 도자기로 된 비스킷통을 밟고 올라섰다. 몸이 흔들리지 않도록 찬장에 달린 자그마한 황갈색 손잡이를 움켜잡았다. 엄마와 아저씨가 나랑 언니가 아닌 자신들의 몸을 보호하려고 사용했던 물건들을 숨길 곳을 찾을 때마다 하도 잡아당겨 댄 탓에 손잡이가 흔들렸다.

나는 거의 천장에 붙은 맨 위쪽 문을 열었다. 안에는 무지개색으로 빛나는 유리병들이 있었다. 아저씨는 그 찬장을 '하나님의 나라'라고 불렀다. 나는 엄마의 무기를 뒤로 숨기려고 병들을 옆으로 밀었다. 술병도 숨겼어야 했다. 하나가 강이라면 다른 하나는 바다나 다름없었다.

화장실 문이 삐걱거리며 열렸다. 엄마가 황급히 자리에서 일어났고, 나는 허둥지둥 조리대에서 뛰어내렸다. 누구 하나

죽는 일이 없어야만 했다. 아저씨가 문을 한 뼘 좀 덜 되게 열었을 때, 나는 엄마에게서 약간 떨어진 곳에 서 있었다. 우리는 화장실에서 새어 나오는 희미한 빛줄기를 볼 수 있었다. 나는 엄마의 눈물 짠내가 느껴질 정도로 가까이 있었지만, 그렇다고 우리 중 누군가가 갑작스레 움직였을 때 엄마 발에 내 얼굴이 걷어차일 만큼은 아니었다. 엄마는 문 틈새로 주먹을 뻗어, 여느 때처럼 세면대 위에 놓여 있던 고데기를 움켜잡았다. 고데기에는 불이 들어와 있었다. 깜박이는 '준비' 버튼의 빨간 불빛이 내 주위를 유성처럼 스쳐 지나갔다. 엄마는 손잡이를 손으로 움켜쥔 뒤 김이 나는 뜨거운 막대기를 문 안쪽으로 미친 듯이 흔들기 시작했다.

아저씨는 "씨발, 셰리!" 하고 비명을 질렀다. 그리고선 엄마의 팔에 대고 세차게 문을 닫았다. 쾅 하는 소리가 나더니 머리카락 타는 냄새와 함께 엄마가 팔을 뺐다. 화장실 안쪽에서 다시 문이 잠기는 소리가 들렸다. 우리는 원점으로 돌아왔고, 비록 엄마는 눈치채지 못했을지라도 나는 언제나 엄마 곁에 서 있는 최후의 일인이었다.

문에 박치기한 엄마의 이마가 중국집 만두처럼 빨갛게 부어올랐다. 화장실 창문이 살짝 덜컹거렸다. 욕조로 샴푸 병이 떨어지는 소리, 그리고선 창문이 흔들리고 알루미늄 창틀에 끼어 열리며 삐걱거리는 소리가 났다.

몇 초 후 화장실 안에서 벽을 탕 치는 소리가 들리더니,

옆쪽 창문을 통해 아저씨가 앞마당을 가로질러 전력 질주하는 모습이 보였다. 아저씨는 엄마가 준 행운의 목걸이를 건 채 또다시 화장실 창문으로 뛰쳐나간 것이다. 고데기에 맞아 깊은 상처가 난 아저씨의 뺨에는 피가 흐르고 있었다. 아까 엄마의 공격이 제대로 먹혀들어 간 모양이었다.

아저씨는 마치 유명 마술사 데이비드 블레인 같았다. 언제나 모습을 드러냈다 자취를 감추기를 거듭했다. 어떨 때는 지붕에서 미루나무로 뛰어내려 페드로 포인트 하이킹 코스의 자욱한 안개 속으로 사라지곤 했다. 또 어떨 때는 이웃집 마당으로 뛰어들어 소나무들 사이로 질주하곤 했다. 자취를 감추기 위해서라면 아저씨는 무엇이든 했다. 아저씨가 엄마로부터 스스로를 지키는 유일한 방법은 바로 도망치는 것이었다. 하지만 아저씨의 대탈출은 종종 엄마가 카펫 위에 널브러져 내게 대답할 수 없는 질문의 답을 갈구하는 상황으로 이어졌다.

"왜 모두들 떠나는 거지?" 엄마가 내게 물었다. 하지만 델라 언니와 나는 여전히 집에, 엄마 곁에 있었다.

아저씨는 선착장으로 장어 낚시하러 갔다가 다음 날이면 다시 돌아오곤 했다. 술집에 가지 않을 때면 항상 가던 곳이었다. 결국에는 모든 게 괜찮아 보였지만, 정말로 괜찮은 적은 단 한 번도 없었다.

엄마의 손톱자국이 마구 나 있는 화장실 문 바로 옆 바닥에서, 우리는 내가 생각했던 나 자신에 대한 이야기를 만들어갔다. 그 속에서 나는 존재감 없고 하찮은, 사랑받을 자격 따위 없는 아이였다.

3. 메리 술꾼 크리스마스, 1990

이듬해, 나는 로즈 룸에 있는 높은 가죽 스툴에 앉아 빙글 빙글 돌고 있었다. 로즈 룸은 담배 연기로 가득 찬, 엄마가 일하는 싸구려 술집이었다. 케니 아저씨도 거기에서 일했다. 주말이면 엄마는 칵테일을 만들고 단골들과 수다를 떨며 일을 도왔다.

퍼시피카에는 먼지투성이의 허름한 싸구려 술집이 수백 개는 있었는데 하나같이 스틸토 부츠를 신은 남자들로 가득했다. 그들은 술을 진탕 마신 채 거대한 트럭을 끌고 집으로 돌아가곤 했다. 엄마는 언제나 늦게까지 밖에 있었고, 내가 텔레비전에서 하는 온갖 무서운 것들을 모조리 보고 난 후에야 올드 스파이스 냄새를 풍기며 집에 돌아왔다. 나는 엄마를 기다리느라 밤하늘의 별보다도 늦게까지 깨어있었다.

나는 빙그르르 돌면서 벽에 걸린 네온사인이 깜박이는 것을 바라보았다. 그러다가 중심을 잃고 술집 바닥에 나동그라졌고, 바카디와 설탕 시럽 냄새에 정신없이 빠져들었다. 케니 아저씨가 걸어와 나를 들어 올린 뒤 찢어진 가죽 의자 위로 끌어 올렸다. 그날은 술집에 아저씨와 나 둘뿐이었다.
"뭐 마실래, 꼬맹아?" 아저씨가 물었다.
아저씨는 손으로 라코스테 티셔츠 목 부분을 잡아당겨 늘렸다. 티셔츠의 왼쪽 가슴팍 부분에는 작은 초록색 악어가 수 놓여 있었다. 그는 하루도 빠짐없이 같은 옷을 입었다. 그는 닳아빠진 손가락으로 검은 옆머리를 쓸어 넘겼다. 정말이지 엄마는 키 크고, 검은 머리에, 쓸쓸한 남자를 고르는 데 일가견이 있었다. 아저씨는 종합세트나 다름없었다.
"로이 로저스. 체리 시럽 많이 넣어서요."
나는 슈가 파우더로 만들어진 기다란 담배 사탕 하나를 달라고 했다. 아저씨는 보통 그것들을 삼나무로 된 바 테이블 아래 숨겨놓곤 했다. 우리가 사는 세계에서는 모두가 담배를 피웠다. 나도 담배를 피우고 싶었다. 그 누구도 나를 **말리려 들지 않았다.**
부스럭거리는 소리, 구깃거리는 소리를 내며 아저씨가 비닐봉지에서 사탕을 꺼내 내게 던졌다. 모두가 그러듯이, 나는 그걸 손가락 사이에 끼우고 가루 부스러기를 불어 손에서 털어냈다. 그리고선 새까만 폐와 지난밤 떠벌린 허풍으로 가득한 유리 재떨이 곁에 앉아 라이터로 불을 붙이는 척했다.
아저씨는 근육질의 팔을 테이블 위에 기댄 채 어두운 버번색 눈으로 내게 윙크했다. 담배 사탕은 꽤 길었고, 이는 내가 꽤 쿨해 보일 거란 뜻이었다. 아저씨의 유쾌한 미소와 운이 나는 눈동자, 바 내부를 좀 더 부드럽게 보이게 하려고 고개를 오른쪽으로 숙인 자세가 그 사실을 확인시켜주었다. 아저씨는 나조차도 거부할 수 없는 사람이었다. 그와 결혼하고 싶었지만 나는 고작해야 일곱 살이었고, 반지는 이미 엄마 차지였다.

  오래된 공룡 화석같이 생긴 금전 등록기 위 표지판이 눈에 띄었다. '21세 미만 출입 금지'. 아무도 눈치채지 못한 사이에 나는 이미 규칙을 어기는 법을 배우고 있었다. 똑같은 게 출입문 옆에도 걸려있었다. 우리는 그 표지판을 딱히 신경 쓰지 않고 술집에 들락날락했다. 어쩌다 보니, 나는 학교가 아니라 아직도 거기 있었다. 스물한 살도 아닌 주제에 케니 아저씨와 달달한 담배 사탕이나 피우면서 말이다. 학교엔 제시간에 갈 때보다 지각할 때가 많았다.

  그날은 아저씨가 나를 돌보는 날이었다. 두 살 많은 델라 언니는 페드로 포인트 애들과 함께 버스를 타러 가고 없었다. 엄마는 미용실에서 일하면서 남자애들 귀를 아작내고 있었다. 아저씨와 나는 그걸 가지고 농담 따먹기를 했다. 엄마는 자기가 미용사라고 주장했지만, 우리는 뒤에서 엄마를 '귀 자르는 사람'이라고 불렀으니까. 엄마는 사람들의 머리를 휙휙 잡아당겨 댔고, 늘 어떤 애한테서 피를 본 얘기를 들려주곤 했다.

  나는 아저씨와 나 사이에 비밀이 너무나 많다는 사실이 좋았다. 그것들이 도덕적으로 그릇되었다는 것쯤은 알았지만, 그 그릇됨 덕분에 아저씨의 귀염둥이로 남아있을 수 있었다.

또한, 나는 어떤 일이 되었든 간에 어딘가에 끼고 싶었다. 어쩌면 그래서 내가 항상 아저씨의 방종을 사랑으로 착각했던 게 아닌가 싶다.

나는 주머니에 들어갈 만큼 작았지만, 나에게는 이미 아저씨가 '고래상어보다도 큰 배짱'이라고 불렀던 것이 있었다. 엄마가 늘 아저씨에게 나와 언니를 맡기고 떠났기에 나는 그를 믿었다. 아저씨는 나를 태우고 차를 운전할 때마다 중앙선을 제대로 지키는 법이 없었지만, 그래도 내 곁에 있었다.

"저기, 레몬 슬라이스 좀 주실래요?" 스툴의 금속 다리를 발로 두드리며 아저씨에게 말했다.

아저씨는 웃는 얼굴로 신맛이 나는 손가락을 하나씩 빨며 노란 레몬 조각 몇 개를 내게 던졌다.

"1달러씩이야, 꼬맹아." 아저씨가 말했다.

치마바지 주머니에서 반짝이는 5센트 동전을 꺼내 광이 나는 바 테이블 건너편으로 밀며 내가 말했다.

"잔돈은 가져라, 이 더러운 짐승아."[2]

얼마 전 〈나 홀로 집에〉가 막 개봉한 참이었다. 다들 집에 늦게 올 때면 언니와 함께 밤새도록 그것을 돌려보곤 했다.

아저씨가 금전 등록기를 열었다. 여느 때처럼 장난기 가득한 표정을 짓고 있었다. 그가 어깨너머로 나를 힐끗 돌아보았다. 아저씨는 내가 자신을 지켜보고 있다는 사실을 알았지

---

2) 영화 〈나 홀로 집에〉에서 주인공 케빈이 도둑들을 골탕 먹이며 치는 명대사

만, 자신의 행동이나 그 행동이 나중에 미칠 영향에 대해서는 딱히 신경 쓰지 않는 것 같았다. 그리고 아저씨는 뒷문 쪽을 흘끔 쳐다봤다. 매니저 사무실이었다. 아저씨가 축 처진 운동복 바지 뒤쪽에 돈뭉치를 욱여넣는 모습이 보였다. 나는 아저씨가 돈을 훔치고 있다는 것을 알아챘다. 그저 내 앞에 서라면 아저씨가 그런 짓을 하는 게 어느 정도는 괜찮을 거라고 생각했다.

"영업 종료다, 동생." 아저씨가 말했다.

그는 금전 등록기를 잠그고 줄을 잡아당겨 '맥주와 위스키'라고 쓰인 핑크색 네온사인을 껐다. 시럽이 지나치게 많이 든 음료를 들이켜고 의자에서 뛰어내리니 장밋빛 불이 꺼졌다. 우리는 밖으로 나갔다.

주차장에서의 아저씨는 대낮 때와는 사뭇 달라 보였다. 한 가지만 빼고. 술집을 빠져나왔지만, 아저씨의 피부는 여전히 리큐어와 칵테일 향기를 풍겼다. 술집은 그를, 우리를 따라다녔다. 우리가 가는 곳이라면 어디든지.

한 번은 누군가 아저씨는 사실 바텐더가 아니라 양조장 그 자체라고 말하는 것을 들은 적 있다. 아마 엄마가 '동네 주정뱅이'와 사랑에 빠졌다고 표현해도 괜찮지 않을까. 적어도 사람들은 그렇게 말하니까. 실상은, **우리 모두가** 동네 주정뱅이와 사랑에 빠졌다. 그걸 증명하기라도 하듯, 아저씨는 여덟 번이나 음주운전 단속에 걸렸다.

엄마는 이 '키다리 주정뱅이'가 모는 자동차 조수석에 다시는 타지 말라고 힘주어 말했다. 우리는 걷거나 샘 트랜스 버스를 타야 했지만, 대신 아저씨의 녹색 뷰익 스카이락에 함께 앉아 올드 코스트 로드를 유유히 가로질렀다.

엄마 말에 따르면 스카이락은 '지구상에서 가장 섹시한 특대형 뒷좌석'을 가지고 있었다. 동네 경찰들 모두 아저씨의 전과 기록과 그의 컨버터블 자동차에 대한 모든 것을 샅샅이 알고 있었다. 눈에 띄지 않게 조심해야 했기에 뒷길로 가서 유칼립투스 나무와 개울가를 따라 샴록 랜치로 향했다.

아무도 매지 않은 안전벨트가 달린 곳에는 짙은 갈색의 파인트 병이 매끄러운 비닐 속에 쑤셔 넣어져 있었다. 아저씨는 몸을 단단히 고정하지 않으면 창밖으로 날아갈 수 있다고 말했지만, 굳이 벨트를 매주지는 않았다. 그저 다른 병들을 운전석 아래로 차 넣기 바빴다. 대부분 반바지 차림의 해적이 라벨에 그려진 캡틴 모건 스파이스 럼이었다.

"바닥에 쨍그랑거리는 병 좀 주워서 숨겨라, 꼬맹아. 스테레오 있는 곳에 집어넣어. 엄마가 못 찾게."

나는 아저씨가 곳곳에 온갖 크기의 병을 숨겨대는 모습을 바라보았다. 자동차 안은 마치 술꾼을 위한 크리스마스 같았다. 그가 벌이는 온갖 위법행위에 가담하는 건 엄청나게 중독적이었다. 아저씨가 스파이스 럼에 취해 있었다면, 나는 그에게 취해 있었다.

"쉿," 아저씨가 입가에 손가락을 올리며 말했다.

이 일에 대해 엄마에게는 아무 말도 말라는 의미였다. 어쨌거나 나는 비밀을 무조건 지켰다. 뭔가를 말해봤자 내가 그토록 피하고 싶어 하는 전쟁을 일으킬 뿐이었다. 내 침묵은 곧 그들의 침묵이었다. 엄마는 자신이 아저씨의 아기를 가졌다는 사실을 막 알아낸 참이었고, 나는 두 사람의 불화로 인해 엄마 뱃속을 둥둥 떠다니는 꼬맹이가 다치기를 바라지 않았다.

"저 오늘 학교 가요?" 내가 물었다.

아저씨는 '짭새들'의 눈을 피해 볕이 드는 자리에 몸을 숙였다. 퍼시피카에 사는 모두가 '짭새들'을 싫어했다.

"그래, 이쁜아. 그 전에 한 군데만 들리고."

우리는 린다 마르 대로의 공공주택들을 지나 데니스 레스토랑과 해변에 있는 타코벨을 향해 서쪽으로 달렸다. 몇 분 후, 우리는 쓰리프터 마트 안 아이스크림 코너 바로 왼쪽에 서 있었다. 하지만 아이스크림을 사려는 것이 아니었다. 다른 목적이 있었다.

종이와 소포로 가득 찬 통로마다 이글거리는 불빛이 보였다. 내 손이 닿는 곳 너머의 선반 가득히 봉제 인형들이 놓여 있었다. 10번 통로, 그러니까 술이 진열된 통로의 가장자리를 따라 데이지와 수선화가 줄지어 놓여 있었다. 아저씨의 발걸음이 그곳으로 향했다. 그가 가장 좋아하는 장소였다. 나는 아저씨를 따라잡으려고 발을 종종거리며 따라갔다. 마침내 그곳에 도착했을 때, 그는 노란 베고니아 꽃잎을 만지작거리며 빠르게 움직였다. 그의 시선이 향하는 곳은 꽃도, 나도 아니었다. 꽃은 그가 진정으로 원하는 것을 얻는 데 있어 방해물에 불과했다.

내 머리는 평소처럼 엉성하게 묶여 있었다. 그날 아침 댓바람부터 아저씨는 내 머리를 땋아준답시고 진땀을 흘렸다. 그는 짜증이 난 나머지 내 머리를 엉망진창 엉켜 뒤통수에 달린 벌집처럼 만들어 버렸다. 나는 치마바지에 젤리슈즈, 헐렁한 셔츠를 입고 있었다.

가게에서 매번 일어나는 일은 잘 알고 있었다. 꽃과 아이스크림, 아니면 5번 통로에 있는 토끼 인형이었으면 좋았겠지만 그런 일은 없었다. 우리에겐 암묵적인 역할이 있었다. 우리는 거기서 일어난 일에 대해서는 입도 벙긋한 적 없었다. 하지만 나는 아저씨가 무슨 짓을 꾸미고 있는지 알고 있었고, 결코 좋은 일은 아니었다. 아저씨가 처음으로 그 짓을 했을 때부터 잘 알고 있었지만, 그가 잡혀가는 건 원치 않았다. 그래서 아무것도 모르는 척 가식을 떨며 그의 뒤를 따라다녔다. 그것만이 우리가 감옥에 가지 않고, 아저씨를 나와 언니, 그리고 엄마 곁에 남아있게 할 수 있는 유일한 길이었다.

아저씨는 유령처럼 10번 통로를 부유했다. 그는 자신의 행동을 자각조차 못 한 채 내게 고개를 끄덕여 신호를 보냈다. 일곱 살 먹은 어린애가 할 만한 짓은 아니었지만, 딱히 문제가 될 것이 없다고 생각한 나는 카운터에 있는 직원에게 다가갔다. 빨간 직원용 조끼에는 '패트리샤'라고 쓰인 명찰이 달려 있었다. 그녀는 금전 등록기를 어설프게 더듬대며 동전

묶음에서 종이를 벗겨내고 있었다. 금테 안경이 미끄러져 내려와 콧대에 삐딱하게 얹혀 있었다. 적갈색 머리의 그녀는 이곳저곳을 정신없이 뛰어다니곤 했다. 그리고 계산대 위나 조끼 주머니 안쪽에 항상 카드 한 뭉치를 가지고 다녔다.

"안녕하세요. 아이스크림 아줌마 좀 불러주실래요?"

여느 때처럼 나는 미소를 지었다. 어린애다운 애교와 푸른 눈은 나만의 무기였다. 나는 매대 표면을 분홍색 손톱으로 톡톡 두드렸다. 그녀가 아저씨나 조명, 술이 아닌 나에게 주의를 돌리기를 바랐다. 아저씨의 말에 따르면 나는 정말이지 누군가의 주의를 돌리는 데 선수였다.

아이스크림 판매원을 부른다는 것은 좀도둑을 감시하는 직원들을 통로 밖으로 불러낸다는 의미였다. 다시 말해, 내 역할은 아저씨가 안전하고 위험에 빠지지 않도록 직원의 관심을 돌리는 것이었다. 대신, 이 짓은 나를 위험에 빠뜨렸고, 어른들의 온갖 무책임한 짓거리에 대한 책임을 지게 했다. 나는 어른들의 비밀을 지키는 금고이자, 그 비밀을 지키는 무장 경비원이었다. 내 임무는 하나님이나 산타클로스의 임무만큼이나 막중했다. 나는 남자들이 싸지른 온갖 짓거리가 얼마나 비양심적인지와는 상관없이, 그들의 총알받이가 되어야 하는 것은 여자라는 사실을 깨닫기 시작했다. 남자들이 우리 곁에 남아있길 바란다면 그게 순리였다. 그렇지 않으면 그들은 언제든 창밖으로 뛰쳐나가거나 소나무 사이로 도망치곤 했다.

패트리샤가 전화기를 들었다. 그것은 지팡이 사탕처럼 빛이 나고 돌돌 감겨있는 희고 빨간 기둥에 붙어있었다. 그걸 통해 금전 등록기가 열려 있다는 걸 알 수 있었다. 신호음이 확성기를 통해 가게 전체에 요란스레 울려 퍼졌다. 그리고 패트리샤의 목소리가 들려왔다.

"아이스크림 담당자분 이리로 와주세요. 아이스크림 담당자분."

패트리샤는 앞이 잘 보이도록 검지로 안경을 밀어 올리며 금전 등록기 너머를 올려다보고 있었다. 안경은 자꾸만 흘러내렸고, 그녀는 내내 우물쭈물한 태도로 다시금 안경을 밀어 올렸다. 앞이 하도 안 보여 답답해 보였다.

그녀는 전화기가 제대로 작동하는지 확인하려고 스피커에 바람을 불었다. 백색 소음과 지지직거리는 소리가 울려 퍼져 귀를 틀어막아야만 했다. 내 기억으로 패트리샤는 이곳에서 일한 지 꽤 되었지만, 어떠한 물건도 제대로 사용할 줄 모르는 듯했다. 우리는 이곳에 정말 자주 왔다. 아저씨는 그녀가 '새대가리'라고 했고, 그래서 그녀를 장기 말처럼 이용하기 쉽다고 했다. 하지만 알고 보니 진짜 장기 말은 패트리샤가 아니라 나였다.

치약 코너 근처 뒷줄에서 짙은 파란색 오버사이즈 조끼 차림새의 단발머리 아줌마가 나를 향해 허둥지둥 달려왔다. 그녀와 다른 여직원 모두 나에게 시선을 집중했는데, 이는 꽤 좋은 징조였다. 그들의 눈이 10번 통로에 있는 아저씨에게

가 있지 않다는 것을 의미했으니까. 아줌마는 느린 발걸음으로 아이스크림 코너에 있는 내게 다가왔고, 싸구려 플라스틱 문을 열어 냉동고 반대편으로 갔다. 그녀는 탁한 물이 담긴 대야에 아이스크림 스쿠프를 만지작거려 헹구었다.

"민트초코 맛이요." 그녀에게 내가 말했다.

"아이스크림 먹기엔 조금 이르지 않니?"

그 말이 맞았다. 하지만 술에 취하고 술을 훔치는 건 시간과는 아무 상관없었다. 퍼시피카는 언제나 오후 다섯 시였고, 내 세상도 마찬가지였다. 나는 뒤로 돌아 여전히 정신없이 금전 등록기에서 돈을 세고 있는 패트리샤를 보았다. 이쪽에서 아이스크림을 퍼담는 아줌마. 저쪽에서 바지에 술병을 쑤셔 넣는 아저씨. 모든 것이 고요하고도 역겨운 계획대로 진행되고 있었다.

아저씨가 통로에서 내 쪽을 내다보았다. 그의 키는 가장 높은 곳에 있는 투명한 병들보다 조금 더 컸다. 180 센티미터 정도, 어쩌면 그보다 살짝 더 큰 듯했다. 나는 슬며시 고개를 끄덕여 내가 망을 보고 있다는 사실을 알렸다. 그러자 그가 눈빛을 보냈다. 문 쪽으로 고갯짓을 하며 이제 여길 뜰 때가 되었다는 신호를 보낼 때의 눈빛이었다. 나는 계산대 위로 잔돈을 밀어 보냈다. 아줌마는 입술을 여러 번 핥더니 동전을 하나씩 집어 들었다. 그리고선 네온 불빛 아래에서 동전 앞면과 뒷면을 하나하나 살폈다.

보안 검색대에 다가가 섰을 때, 나는 떨려서 숨이 멈춰버릴 것만 같았다. 부디 경고등이 울리지 않기를, 번쩍이는 불빛이 우주선처럼 우리 위를 날아다니며 손목에 차디찬 수갑을 채우지 않기를 바랬다. 태양이 너무나 가까운 나머지 이마에 온기가 느껴질 정도였다. 반짝이는 유리문을 통해 도주 차량의 녹색 광선마저 볼 수 있었다. 별안간 아줌마가 소리를 질러 우리를 멈춰 세웠다.

"잠깐만요!" 노쇠한 손을 허공에 흔들며 그녀가 외쳤다.

그녀는 발걸음을 내디딜 때마다 새하얗게 물보라 치는 듯한 머리칼을 튕기며 나에게로 미친 듯이 달려왔다. 그녀의 주머니 안에서 열쇠가 짤랑대는 소리가 났다. 온몸의 피가 심장의 연약한 가장자리를 따라 마라톤을 하며 안전한 곳을 찾아 헤맸다. 하지만 어디에도 안전한 곳은 없었다. 내 마음 속 심연을 제외하고는 말이다.

나는 우리가 감옥에 갈 것이라 확신했다. 들킨 게 분명했다. 모두 내가 나쁜 아이, 도둑에 거짓말쟁이라는 사실을 알게 될 터였다. 나는 어린 시절 내내 우리 모두 감옥에 갈 것이라는 생각에 사로잡혀 있었다. 누군가는 항상 감옥에 있거나 감옥에서 나왔고, 우리는 감옥에 있는 누군가를 만나러 가야 했다. 온 가족이 도둑, 주정뱅이, 거짓말쟁이, 마약 중독자라면 나 역시 그럴 게 뻔했다. 다른 선택지가 있었을까? 이게 내가 아는 전부였는데 말이다.

우리는 서둘러 몇 발자국 더 나아갔고, 아저씨는 방향을 틀었다. 그가 아이스크림 아줌마를 상대로 필살기를 꺼내 들었다. 눈처럼 흰 치아를 드러낸 그의 미소와 허니 럼 향기만 있으면 여자들의 팬티를 내리기에 충분했다. 적어도 아저씨의 말에 따르면 그랬다.

"아까 75센트나 줬단다. 아이스크림은 55센트야." 아줌마가 말했다. 그녀는 내 손에 잔돈을 떨구며 아저씨에게 추파를 던졌다.

동전들이 일제히 짤랑거렸다. 아저씨 바짓단에 숨겨진 병들도 그랬다. 그리고 내 안의 모든 것들도. 우리는 보안 검색대를 통과해 밖으로 빠져나갔다. 경고등이 시끄럽게 울리는 일 따윈 없었다. 차로 돌아가는 길 내내 아저씨의 바지 속에서 '징글벨' 종소리가 울렸다. 나는 그날 이후로 그 노래를 싫어하게 되었다. 나는 그 노래를 들을 때면 크리스마스의 향수에 젖지 않는다. 대신에 아저씨와 주류 상점을 털었던 수 없이 많은 날을 떠올리게 된다.

나는 1교시 쉬는 시간 직전에 학교에 도착했다. 프런트에 앉은 여직원이 자그마한 종이 한 장을 건네주며 지각 사유를 적어 선생님께 제출하라고 했다.

"오늘 아침에 뭐 했니?" 조끼의 단추를 채우며 상냥하고 다정한 미소와 함께 그녀가 내게 물었다.

"뭐, 그냥 애들 장난이요." 내가 말했다.

나는 그녀가 진실을 감당하려면 수많은 질문이 필요할 거라는 사실을 알고 있었다. 그래서 그저 미소지으며 문을 나서 교실로 향했다.

점심시간이 되자 급식실 주위로 구불구불한 줄이 생겼다. 나는 빨간색 식권과 쟁반을 들고 줄의 맨 끝으로 향했다. 엄마가 빈털터리가 되어 무상 급식을 먹게 된 후로 내 식권은 다른 애들 것과는 색깔이 달랐다. 애런이 내 뒤로 걸어와 스웨터를 잡아당겼다.

"아침에 어딨었냐? 너 지각했잖아." 애런이 말했다.

그 애의 머리칼은 천사처럼 하얬다. 우리는 거의 매일 놀이터의 구름사다리나 터널에서 함께 놀았다. 어린 시절 다들 그랬듯 우리도 서로에게 반해있었다. 굳이 입 밖으로 꺼내진 않았지만, 그 애는 내가 학교에서 제일 좋아하는 사람이었다. 나는 그 애한테 진실을 말하고 싶었다. 친구와 내 비밀을 나눌 수 있었으면, 그래서 나 혼자 비밀을 짊어질 필요가 없었으면 했다.

"비밀 지킬 수 있어?" 내가 물었다.

"응."

"새아빠가 쓰리프티 마트에서 술 훔치는 거 도와줬어." 내가 말했다.

마치 유령이라도 본 것처럼 그 애의 눈이 커졌다. 애런은 파랗게 질려 나에게서 고개를 떼고 뒤로 흠칫 물러섰다.

"뭐? 우리 그럼 아저씨를 경찰에 신고해야 해." 그 애는 걱정에 차 어쩔 줄 몰랐다.

그 애가 미처 깨닫지 못한 건 그럴 거면 나 역시 경찰에 신고해야 했다는 사실이다. 우리 가족과 나는 별자리나 다름

없었다. 그러니까, 서로가 서로에게 연결되어 있었다. 다른 점이라면 우리는 길잡이를 위해 별자리를 만든 게 아니라는 거였다. 우리의 생존을 위해서였다.

"농담이야. 치과 예약이 있어서 프레보스트 선생님 만나고 왔어." 웃으며 내가 말했다. 그 애가 킥킥 웃으며 내 팔에 애교 섞인 펀치를 날렸다. 아주 어린 나이에 나는 그 누구도 믿을 수 없다는 것을 깨달았다.

"거짓말쟁이! 거짓말쟁이! 거짓말하면 엉덩이에 뿔난대요!" 그 애가 몇 번이고 반복해서 외쳤다.

나는 거짓말을 하지 않았다. 하지만 진실을 말했다간 내가 사랑하는 모든 이가 위험에 빠지게 될 것이다.

4. 무덤 파는 자들, 1991

이듬해, 나는 로커웨이 비치의 피자 가게에서 나의 생물학적 아빠인 마이클 옆에 앉아있었다. 아빠를 마지막으로 본 게 몇 년은 되었는데, 어쩌다 보니 우리는 빨간색 체크 무늬 식탁보로 덮인 간이테이블에 함께 앉아있었다. 아빠가 엄마랑 뭔가 담판을 지은 게 분명했다. 아빠에 관해 물을 때마다 엄마는 아빠를 '씨발놈'이라고 불렀지만 말이다.

아빠는 하얗고 기다란 담배를 입가에 물고 있었다. 담배는 다 타서 축 처진 지 오래였지만, 까만 수염이 자라나 피부와 경계가 진 곳에 여전히 붙박이처럼 고정되어 있었다. 입술은 생기를 잃은 연보랏빛이었다.

아빠는 내 손에 잭나이프를 내려놓았다. 차갑고 무거운 금속의 느낌. 손잡이에는 잎이 다섯 장 달린 대마 이파리가 새겨져 있었다. 사워도우빵을 연상케 하는 아빠의 피부와 툭 붉어진 손가락 마디가 낡고 무거운 이불처럼 내 손가락뼈를 짓눌렀다.

"일어 서." 아빠가 말했다.

나는 벤치에서 몸을 일으켰다. 아빠는 내 뒤에 서서 내 손이 사방에서 허공을 가르도록 이끌었다. 아빠는 공중에서 은하수를 조각하더니, 내게 칼날을 휘두르는 기술을 가르치는 중이라고 말했다. 우리가 왜 이런 짓을 하고 있는 것인지, 어째서 내가 무기를 다루는 법을 배워야만 하는 것인지 알 길이 없었다. 하지만 도덕적으로 명백히 그릇되었음에도 공공장소에서 허공에 칼을 휘두르는 짓에 누구도 의문을 제기하지 않는 세계와 아빠의 관심과 나쁜 짓의 신비스러움에 끌리는 세계, 이 둘 사이에서 나는 늘 갈팡질팡했다.

종업원이 빨간색으로 깜박이는 '마운틴 마이크 피자' 간판 아래 서 있었다. 그녀는 앞문 밖의 철제 난간에 기대 낡은 나무 쟁반의 코르크 표면을 손톱으로 두드리다가, 갈색 포니테일을 앞뒤로 넘기며 호기심 어린 눈을 휘둥그레 뜨고 아빠를 빤히 쳐다봤다. 내가 보기엔 빌어먹을 동네 사람들 모두가 그런 눈을 하고 있었다.

그 사이에 아빠는 흐느적거리는 야윈 몸을 내 몸에 밀착했다. 그리고선 우뚝 서서 거인처럼 팔로 나를 감싸고 칼날로 허공에 8자를 그리는 법을 보여주었다. 하지만 아빠가 실제로 한 짓은 내 척추에 골반을 밀어붙이며 우리의 몸을 앞뒤로 흔든 것에 불과했다. 오렌지색 머리밴드를 한 종업원을 음탕하게 쳐다보면서 말이다. 아빠는 그녀를 바라보며 마치 들개처럼 나와 붙어먹은 것이다. 나는 손에 든 칼을 해안가의 바위투성이 언덕과 폰데로사 소나무를 향해 휘둘렀다.

"이렇게, 딸. 바로 이렇게. 가슴 잡을 때처럼 존나게 움켜잡으란 이거야" 아빠가 말했다.

남풍이 불어와 우리의 몸이 흔들렸고, 내 손을 감싼 아빠의 가느다란 손가락에는 점점 더 힘이 들어갔다. 아빠는 계속해서 나를 데리고 빙빙 돌았다. 아빠 옷에 달린 구리 지퍼가 내 어깻죽지를 밀쳐대서 머리가 앞으로 튀어 나갔다.

종업원은 금색 링 귀걸이를 매달고 있었다. 그녀는 앞니 두 개로 입술에 난 작은 주름을 깨물며 미소 어린 얼굴로 손을 흔들었다. 아빠는 내 등에 대고 유사 성행위를 계속했고, 담뱃재가 바스러져 내 머리 위에 떨어졌다. 두피가 타는 듯한 느낌이 들었다.

"아야아아아!" 나는 빽하고 비명을 질렀다.

나는 몸을 꼼지락거려 아빠의 깡마른 몸뚱이에서 벗어난 후 머리에 불이 붙지 않도록 재빨리 불씨를 털어냈다.

"아빠! 방금 머리에 담뱃재 떨어졌어!"

나는 청바지의 패치워크에 남아있는 담뱃재를 털었다. 아빠는 잠시 종업원에서 나에게 시선을 옮기더니, 셔츠의 윗단추를 풀고 그녀에게 윙크를 보내기 시작했다. 마치 눈에 접착제라도 묻은 사람 같았다.

"주머니칼 멋지다, 아빠." 그녀에게서 아빠의 관심을 돌릴 수 있기를 바라며 내가 말했다. 나는 그녀의 '섹시한' 행동이 내 애교보다 더욱 관심을 끈다는 사실을 알아챘다.

아빠는 간이테이블 위에 앉아 무거운 가죽 부츠 한 짝을 벤치의 나무판자에 대고 철커덕거렸다. 앙상한 몸뚱이의 나머지 반쪽과 청바지 자락은 벤치에서 떨어져 콘크리트 바닥과 황갈색 나무껍질 쪽으로 내려와 있었다.

"이건 주머니칼이 아니야!" 아빠가 웃으며 말했다.

아빠는 눈썹에 맺힌 땀방울을 닦아 서서히 벗겨지기 시작한 갈색 앞머리에 문지른 다음, 손가락으로 내 가슴팍을 휙 튕겼다. 손톱은 멸치 통조림 색깔이었고, 몸에서는 담배 4천 개비를 한꺼번에 피운 듯한 냄새가 났다.

"이건 잭나이프라고 하는 거야, 꼬맹아. 자르기 위한 도구가 아니야. 죽이기 위한 거지." 아빠가 말했다.

아빠는 담배의 황토색 필터를 뜯어내고, 필터가 없는 반대쪽 부분을 으깼다. 은색 지포 라이터의 머리 부분을 세게 달칵거리는 얇은 입술에서 담배 연기가 뿜어져 나왔다. 아빠는 우리 둘 다 짙은 안개에 휩싸일 때까지 담배를 피웠다.

마침내 연기가 걷혔다. 그 순간 나는 아빠를 바라보았고, 처음으로 그가 무슨 짓까지 할 수 있는 사람인지 깨달았다. 바람 탓에 몸이 살짝 휘청거렸고, 의도치 않게 칼의 금속 손잡이를 콘크리트 바닥 위에 떨어뜨렸다. 쿵 하는 소리가 시끄럽게 울려 퍼졌다. 아빠는 칼날을 피해 뒷걸음치는 내 모습을 보고 웃음을 터뜨렸다.

"널 죽이려는 게 아니야, 딸." 아빠가 말했다.

아빠는 정어리 빛깔의 손을 숱이 적고 기름진 머리칼 속으로 밀어 넣었다. 나는 나를 죽이지 않을 것이라는 아빠의 말을 믿었다. 하지만 아빠의 눈망울을 보니 마음속 깊은 곳에서 어쩌면 아빠가 다른 사람을 죽일지도 모른다는 생각이 들었다. 나는 아빠가 살인자인지 궁금했다. 다른 애들도 자기 아빠를 보며 이런 생각을 할지도 궁금했다. 아빠는 담배 두 갑이 들어있는 주머니가 아닌 잔돈과 라이터가 들어있는 다른 쪽 뒷주머니에 칼을 넣었다. 또 뭐가 들어있는지는 하나님만이 아실 터였다.

저녁 늦은 시간, 우리는 퍼시피카 부두 옆에 있는 모터 롯지 모텔 프런트에 서 있었다. 언니는 그때 자기도 같이 모텔에 있었다고 장담하지만 그랬는지는 기억나지 않는다. 아빠가 빨간색 옷차림의 여직원이 앉아있는 네모난 석재 프런트 데스크에 기대어 있는 사이, 나는 러그에 있는 모조 다이아몬드 무늬를 전부 세었다.

카키색 유니폼 주머니에 달랑대는 이름표를 단 그녀는 놋쇠 브로치를 만지작거리며 태평하게 콜라 캔을 홀짝였다. 핑크색 립스틱이 캔의 가장자리에 묻었고, 토크쇼에서 흘러나오는 낮은 수다 소리가 공간을 메웠다.

아빠가 차라리 그녀를 잡아먹으려고 데스크 위로 기어 올라가는 편이 더 나을 지경이었다. 아빠는 먹음직스러운 갈빗

대라도 되는 양 그녀의 가슴을 쳐다보고 있었다. 어찌나 몸을 심하게 빼고 기대어 있던지, 그녀에게 완전히 빠져버릴까 봐 걱정이 들었다.

그녀는 귀 뒤에서 펜을 꺼내 지휘봉처럼 빙그르르 돌리더니 아빠의 손에 뭔가를 적으며 낮은 톤으로 대화를 나누었다. 그리고선 우리가 묵을 방 열쇠를 건네주었고, 아빠는 그것을 주머니 속으로 집어넣었다.

뒤편의 철제 서류 보관함 위에 놓인 전화기가 울리기 시작했다. 그녀는 사무실 의자에 앉아 미끄러지듯 전화기를 집어들고 "네. 흠, 그렇군요. 앗, 그건 몰랐어요. 정말 몰랐네요."라고 중얼거렸다. 그리고 전화를 끊기 전 입 냄새 제거용 박하사탕을 입에 퐁당 집어넣었다.

나는 플라스틱 전화기 건너편의 사람이 엄마이기를, 얇고 꼬불꼬불한 플라스틱 전화선에서 울려 퍼지는 목소리가 엄마의 목소리이기를, 지금 엄마가 나를 데리러 오는 중이기를 바랐다. 아무도 내게 이 해골 같은 남자, 그리고 버클에 '무덤 파는 자들gravediggers'이라고 새겨진 벨트와 함께 어두침침한 방공호 안에서 밤을 새우고 싶은지 물어보지 않았다. 하지만 전화를 건 건 엄마가 아니었다.

아빠는 주머니에서 열쇠를 꺼냈다. 그리고선 자신과 그곳에 있는 것이 마치 대단한 대접이라도 되는 듯한 태도로 나에게 열쇠를 던졌다. 몇 분 후 우리는 모텔 1층의 커다란 나무 문 앞에 섰다.

"문 열어, 딸." 아빠가 내게 말했다.

나는 금속 열쇠를 손잡이의 좁은 입구에 꽂았다. 그리고 문이 열릴 때까지 흔들었다. 여전히 문 밖에 서 있던 차에, 아빠가 외쳤다. "앗, 잠깐만! 제일 중요한 걸 잊을 뻔했네! 차에 좀 다녀와야겠다."

아빠는 계속해서 허름한 여행 가방 속에서 짤랑거리는 물건들을 더듬고 주머니 안을 뒤적거렸다.

"금방 다녀올게." 아빠가 말했다. 사진이 줄지어 걸린 구부러진 복도를 따라 뛰어가는 모습이 마치 기린 같았다.

어두컴컴한 방 문가에 혼자 서 있는데, 한 남녀가 복도를 따라 뛰어왔다. 그들은 제빙기 앞에 멈추었다. 입에서 혀 꼬부라진 소리가 화산처럼 터져 나왔다. 술과 나무 탄내가 났다. 남자는 여자를 움푹 들어간 하얀 벽에 밀치고는 치즈버거처럼 그녀의 입을 먹기 시작했다. 그리고선 아까 아빠가 나에게 잭나이프 사용법을 알려준답시고 했던 방식 그대로 그녀의 골반에 자신의 골반을 문질렀다. 방으로 들어가기 전 몇 분간, 나는 그들이 서로를 침 범벅으로 만드는 모습을 지켜보았다. 엄마와 케니 아저씨가 똑같은 짓을 하는 것을 적어도 백 번은 본 적 있다.

방에서 자동차 배기가스 냄새가 풍겨, 아빠가 자그마한 갈색 종이 가방을 들고 뛰어 들어올 때까지 문과 창문을 열어

두었다. 아빠는 문을 쾅 닫은 후 퀸사이즈 침대의 뻣뻣한 금빛 이불에 몸을 던졌다. 이불은 온통 기름칠이 되어 있었다.

"밖에 있는 촌뜨기들이 입을 쩍 벌리고 손으로 서로 바짓가랑이 존나게 쑤시고 있는 꼴 봤냐?" 아빠가 물었다.

"어, 진짜 역겨워!" 내가 말했다. 지난 한 시간 동안 아빠가 나와 다른 두 여자에게 한 짓도 별반 다를 바 없었지만 말이다.

아빠가 TV 리모컨을 움켜쥐고 작은 숫자 버튼들을 손가락으로 눌러댔지만 아무 일도 일어나지 않았다. 그러자 아빠는 리모컨을 고친답시고 뒤에 있는 벽에 네모난 리모컨을 몇 번 걷어찼다. 리모컨이 아빠의 손에서 날아가 땅에 떨어졌다.

"유리 손잡이에 묻은 콧물보다 미끄럽네!" 아빠가 말했다.

그는 TV로 가서 손잡이를 만지작거리더니 창가 쪽의 작은 밤나무 탁자로 걸어갔다. 방에는 곰팡이가 피어 있었고, 파인애플이 그려진 벽지 모서리는 목제 굽도리로부터 벗겨지고 있었다.

아빠는 지지직거리는 TV 옆 바닥에 등을 구부리고 앉았다. 나는 새들에 대한 프로그램이 나오는 흐릿한 흑백 화면을 보는 척하며 매트리스에 몸을 누였다. 아빠는 내가 자기를 보고 있지는 않은지 확인하기 위해 몇 번이나 머리를 들어 올려 침대 너머를 엿봤다. 안 보는 것 같았어도, 나는 사실 아빠를 보고 있었다. 비록 아빠가 나를 보고 있지 않아도, 나는 매 순간 아빠를 보고 있었다. 그건 내게 있어 기초 교육이나 다름없었다.

종이 가방에서 바스락거리는 소리가 들려, 나는 딱딱한 호텔 베개에서 몸을 일으켰다. 안에 뭐가 있는지는 몰라도 그건 아빠 말에 따르면 '가장 중요한 것'이었다. 얼마나 중요하길래 아빠는 그것들을 가지러 한달음에 차까지 다녀왔을까.

복도에서 서로를 애무하는 커플의 소리가 들려왔다. 밖에 있는 남자가 여자에게 몸을 내던질 때마다, 그녀의 몸이 콜라 기계의 플라스틱 외벽에 부딪혀 쿵 하는 소리가 났다. 아빠는 문을 열고 그들에게 '아가리 닥쳐'라고 말하며 잔돈 한 움큼을 던졌다. 그리고선 다시 돌아와 뭔진 몰라도 바닥에 나눠 놓은 물건들을 정리했다.

방은 어두웠지만, 텔레비전의 희미한 불빛 덕분에 아빠가 무엇을 하고 있는지 볼 수 있었다. 나는 적당히 몸을 일으켜 세워 울퉁불퉁한 호텔 베개를 몸 아래로 밀어 넣었다. 아빠는 돈을 세고 있었다. 지폐를 펄럭이며 그것들 전부 구겨진 곳 없이 빳빳하게 만들려고 애쓰고 있었다. 바닥에는 현금 한 뭉치가 있었고, 여전히 갈색 가방은 '가장 중요한 것'들로 가득 차 있었다. 축축하고 더러운 지폐의 냄새가 느껴졌다.

"그 돈 어디서 났어?" 내가 아빠에게 물었다.

"전깃줄에 앉은 파랑새를 단돈 5센트에 살 순 없어, 딸! 누군가는 돈을 벌어야지. 말귀 못 알아들어?" 아빠가 말했다.

말에 귀가 어딨다는 건지 당최 알 길이 없었다. 흐릿한 불빛 아래에서도 아빠는 내 얼굴에 드러난 불편한 기색을 읽을 수 있었다.

"은행 턴 거 아니야, 딸! 최소한 아직까진 말이지!" 아빠가 웃으며 말했다. 아빠가 아직은 그렇게 막장으로 치닫지 않았다는 예감이 들었다.

아빠는 킥킥 웃곤 기다랗고 축 늘어진 팔을 옆으로 휙 움직여 작은 갈색 가방을 넘어뜨렸다. 뾰족한 끝부분에 작은 하얀색 뚜껑이 달린 가느다란 주삿바늘 한 줌이 카펫 위로 굴러떨어져 TV의 보라색 불빛 아래 놓였다.

이다음에 일어난 일은 전부 이상했다.

"금방 올게. 화장실에 중요한 볼일이 있거든." 아빠가 말했다. 아무래도 화장실은 모든 이들의 사무실인 모양이었다.

아빠가 축축한 손으로 갈색 종이봉투의 윗부분을 잡고 물과 환풍기를 틀어놓은 화장실로 들어가 문을 닫았다. 아빠는 바닥의 문틈을 뭔가로 막았다. 모서리를 제외한 욕실의 불빛이 희미해졌다. 방이 정말로 캄캄해졌다.

나는 별로 신경 쓰지 않았다. 내가 사는 세상에서는 사람들이 늘상 화장실에 틀어박혀 있었기 때문이다. 사람들은 똥오줌을 쌀 때뿐 아니라 남들에게 자기가 하는 짓을 알리지 않고 싶을 때도 화장실에 들어갔다. 사람들은 남들에게 알리고 싶지 않은 짓을 많이 했다. 인간은 피보다 비밀이 많은 존재일 것이다.

　아빠가 물을 잠갔다. 나는 문 앞에 앉아 문틈에서 미약하게 새어 나오는 자그마한 빛 조각들을 바라보았다. 변기 뚜껑이 쿵 하고 닫히는 소리와 피부를 찰싹 때리는 소리, 그리고 나서 플라스틱 같은 것이 딸깍하는 소리가 들렸다. 그러더니 깊은 신음과 함께 아빠의 몸이 쾅 하고 쓰러지는 소리가 들렸다.

　땅을 강타하는 소리와 쓰레기통이 부츠로 걷어차인 것처럼 이리저리 움직이는 소리가 들렸다. 아빠가 밴시3)처럼 숨 쉬는 소리가 들려 문을 몇 번 두드렸다. 아빤 내가 미처 말을 꺼낼 새도 없이 문을 발로 걷어찼다.

　"들어오지 마." 아빠가 침착하고 낮게 말했다.

　그리고 나서 마지막으로 무거운 물체가 타일 바닥에 떨어지는 소리가 난 후 침묵이 이어졌다. 나는 그게 아빠의 머리통이라는 걸 알았다.

　어두컴컴한 모텔 방에서, 나는 문가의 움푹 팬 나무에 기대어 앉아 TV에서 흘러나오는 희미한 소리를 들었다. 방 밖에서 복도를 걸어와 자판기로 다가오는 사람들의 둔탁한 발소리가 들렸다.

　문을 열어 복도에 있는 누군가에게 도움을 청할까도 생각했다. 하지만 또 한편으로 우리의 치부를 동네방네 떠벌리지

---

3) 켈트 신화에 등장하는 요정

말라고 배웠던 것이 생각났다. 또한, 나는 술과 마약은 평범한 '어른의 사정'이라는 것도 배웠다. 세상 사람들 모두가 그 짓을 했다. 아빠는 곧 기운을 차리고 우리가 평소 하던 짓을 계속할 게 뻔했다.

아빠가 무엇을 하고 있었는지 내 눈으로 보지는 않았지만, 나는 셈에 능했다. 나는 내가 보고 들은 것을 토대로 답을 추측해낼 줄 알았다. 답은 '가장 중요한 것'은 내가 아니라는 것이다.

아빠는 몇 시간이나 거기서 나오지 않았다. 잠이 들 수는 없었다. 잠긴 문 뒤에서 아빠가 죽은 게 아니라는 것을 확인해야 했으니까. 나는 텔레비전 방송이 너무 흐릿하게 나오지 않도록 알루미늄 포일을 바로잡으려 애쓰며 안테나를 오래도록 손으로 감쌌다.

마침내 밖으로 나온 아빠는 굉음과 함께 형형색색의 무지갯빛 거품 용액을 뱉어내는 주유소 세차장에 들어갔다 나온 것처럼 보였다. 아빠의 셔츠와 바지에는 젖은 자국이 있었고, 머리는 헝클어지고 부스스했다. 마치 목구멍에 마시멜로를 쑤셔 넣고 있던 것처럼 입술 주위에는 끈적끈적한 흰색 용액이 묻어 있었다. 아빠가 진짜 뭘 하고 있던 건지는 몰랐다. 하지만 나는 너무나도 어린 나이에 '중요한 것'들을 이미 산더미처럼 알고 있었다.

아빠는 내 침대 옆자리로 뛰어들었다. 날씬한 내 몸이 역겨운 이불 위로 몇 인치 튀어 올랐다가 움푹 꺼진 매트리스 위로 다시 떨어졌다.
"우리 뭐 볼까, 꼬맹아?"
아빠가 뼈만 앙상한 팔로 은은히 빛나던 램프를 끄며 무심하게 말했다. 마치 우리가 단 한 번도 흔들리지 않았다는 듯, 내가 나무로 된 문에 귀를 댄 채 기대어 서서 아빠가 여전히 숨을 쉬고 있는지 들으려 애쓴 일이 없다는 듯 말이다. 우리가 그곳에서 일어난 어두운 일에 대해 이야기하지 않으리란 게 분명했다. 어두운 일들은 우리가 볼 수 없도록 화장실 안에, 변기 속에 머물러 있을 것이라는 사실도.
"벅스 버니 보고 있었어." 내가 말했다. 하지만 여전히 나는 결승점에 다 와 가길 바라며 마음속 콜로세움 주위로 마라톤을 뛰고 있었다.
"야, 벅스 버니 진짜 미친놈인데!" 아빠가 말했다.
그때는 아빠가 재밌다고 생각했다. 지금은 아빠야말로 미친놈이었다는 것을 안다.
아빠는 연약한 매트리스를 콘크리트보다 무겁게 짓누르며 잠에 빠져들었다. 그는 몇 분마다 경련을 일으키며 몸을 떨었다. 나는 어둠 속에서 아빠 바로 옆에 있었지만, 몇천 킬로미터나 떨어진 곳에서도 도무지 멈출 줄 모르는 뒤척임을 느낄 수 있었다. 나도 그런 면에선 아빠를 닮았다. 아빠를 완전히 잃기 전, 나는 마지막으로 질문 하나를 던졌다.

"우리 내일은 뭐 해?" 나는 아빠를 잠에서 깨워 내 곁에 붙잡아 놓으려고, 무덤 같은 모텔 방 안에 나를 혼자 두고 떠나지 못하게 하려고 안간힘을 썼다.

"넌 내일 아무것도 안 해, 꼬마 아가씨. 하지만 난 내일 은행을 털 거야." 아빠가 말했다.

아빠가 그 말을 하는 방식에는 뭔가 있었다. 말을 아끼면서도 태평한 아빠의 태도는 나에게 그것이 사실이라는 것을 암시했다. 비록 그 말이 내 맘에 들지는 않았지만, 내가 그것을 바꿀 수 있을 리는 만무했다.

아빠는 얇은 유리창으로 햇빛이 들 때까지 뒤척임과 코골이의 세계로 깊게 빠져들었다. 창문 밖에서 엔진이 요동치는 소리가 들렸다. 잠에서 깬 아빠가 내게 조식으로 시럽을 뿌린 와플을 먹으러 가지 않겠냐고 물어, 그러자고 했다.

몇 시간 후, 아빠는 연기로 가득한 자동차에서 나를 내려주었다. 우리는 그랜드 애비뉴 꼭대기에 있는 우리 집 앞 자갈 위에 함께 서 있었다. 트럭 몇 대가 쌩하고 언덕을 내려왔다. 아빠는 내가 어제 차에 탄 이후로 계속해서 떨고 있는 손으로 내 어깨와 머리를 쓰다듬었다. 그리고선 담배를 던져 몇 번 밟은 후 쓰레기가 쌓여있는 집 앞 흙더미 속으로 차 넣었다.

당분간 정말로 아빠를 볼 수 없을지는 미지수였지만, 하나는 확실했다. 또다시 오랫동안 나를 떠나 있을 것이라는 예감이 들었다. 아빠는 내 턱을 움켜잡고 자신의 얼굴에 꾹 눌러 내 얼굴을 뾰족한 검은 턱수염으로 찔러댔다. 나는 아빠의 벨트에 새겨진 '**무덤 파는 자들**'이라는 반짝이는 글자들을 바라보며 그게 무슨 뜻인지, 왜 아빠의 버클 표면에 새겨져 있는지 궁금해했다. 이제는 그게 바로 아빠가 하던 짓이라는 사실을 안다. 점점 더 깊은 곳에서 자기 무덤을 파는 짓 말이다.

"네가 가장 중요하다는 거 알지, 딸? 내가 하는 모든 것은 너를 위한 거란다."

"어, 당연히 알지." 내가 아빠에게 말했다.

하지만 사실이 아니었다. 내가 아는 것이라고는 나 따위는 하나도 중요하지 않다는 것뿐이었다.

나는 언덕 위에 서서 자동차 후미등의 빨간 잔상이 더는 보이지 않을 때까지 지켜보았다. 불빛들이 아빠처럼 사라졌다. 집으로 들어가자 엄마가 소파에 앉아 TV를 보고 있었다. 우리는 아무 일도 없었던 것처럼 굴었지만, 실제로는 모든 일이 일어났다.

아빠가 떠나고, 신장 결석처럼 무겁고 딱딱한 몇 주가 지나갔다. 어느 날, 엄마는 꼬불꼬불한 전화기 선이 들어갈 정도의 틈만 남기고 문을 닫은 채 방에 들어가 있었다. 엄마는 "애들한테는 뭐라고 말해?"라고 말하며 누군가와 욕설이 섞인 대화를 나누고 있었다. 그리고선 비명을 지르고 울면서 협탁의 물건들을 집어 던졌다.

　이번에는 케니 아저씨에 대한 게 아니었다. 푸석푸석하고 어두운 피부를 한 아저씨는 고대 귀족 같은 완벽한 골격을 자랑하며 소파에서 자고 있었다. 엄마와 아저씨는 요즘에 사이가 좋아 보였다. 아저씨는 집에 반려 염소 두 마리를 데려와 자신과 엄마의 이름을 따 '케니와 셰리'라고 이름을 짓기까지 했다.

　엄마가 문을 열었다. 그리고서 수화기를 제자리에 내려놓았다. 안 좋은 일이 다가오고 있음이 분명했다. 아저씨는 코를 하도 심하게 곤 나머지 자기 소리에 놀라 다 해진 소파 쿠션에서 떨어질 뻔했다.

　나는 커피 탁자 옆에 앉아있었다. 최근에 폴리 포켓 인형을 잃어버린 사람이 누구인지를 놓고 언니와 몸싸움을 하다가 거기에 받아서 이가 깨진 일이 있었다. 엄마가 다가와 바닥에 앉았다. 엄마는 미용 일을 하며 부어오른 손가락 마디를 만지작거렸다. 그리고선 팔찌에 달린 싸구려 장식을 빙글빙글 돌리더니 핑크색과 보라색으로 칠해진 입술을 열었다.

　"네 아빠가 감옥에 갔대." 엄마가 화학 선생님 같은 태도로 말했다. 메마르고 사무적인 어조였다.

　"세금을 안 내서 감옥에 갔다나 봐. 지금 캔자스 리븐워스 감옥에 있어."

　거짓말이 분명했다. 엄마는 세금을 안 냈다고 하지만 은행을 턴 게 분명했다. 그때 염소들이 마당에 심어진 파랗고 빨간 옻나무를 구석구석 뒤적이는 소리가 들려왔다. 언니가 리모컨 버튼을 눌러 볼륨을 높이자 아저씨는 용오름보다도 빠르게 자리에서 일어났다.

"오." 내가 말했다.

우리는 포커 게임 중이었다. 누구도 자신의 패를 전부 드러내지 않았다.

"놀랄 일은 아니지." 엄마가 말했다.

나도 그랬다.

나는 슬펐지만, 내색은 하지 않았다. 그 집에선 오직 강인한 사랑만 할 수 있었다. 우리는 중요한 문제들을 어둠 속 아주 깊고 깊은 곳에 묻어둔 채, 모두들 평소처럼 오후를 보냈다.

엄마는 무릎까지 올라오는 카우보이 부츠를 신고 부엌으로 향했다. 그리고 아빠가 감옥에 간 것, 그것에 대해 내게 거짓말을 한 것에 대한 위로의 의미로 달걀 샐러드를 만들고 줄무늬 앞치마를 내 허리에 묶어주었다. 아빠가 무슨 짓을 저질렀는지, 아빠가 얼마나 소름 끼치고 이상하고 생선 비린내가 나는 사람인지 알고 있었음에도, 나는 여전히 그를 알고 싶었다. 아빠가 감방의 두꺼운 쇠창살 안에서도 자신의 딸에 대해 알아갈 수 있을지 궁금해졌다.

아저씨와 언니는 거실에서 심슨 가족을 보고 있었다. 둘은

호머가 이마로 맥주 차를 박살 내는 장면을 보며 웃어댔다. 리사와 바트는 뜬금없는 이유로 싸워댔다.

"가족이란 빌어먹게 골치 아픈 일투성이야." 진홍색 소파 쿠션에 기대앉아 아저씨가 말했다. 어쩌면 그건 아저씨 입에서 나온 유일한 진실이었을 것이다.

5. 키 큰 검은 머리 주정뱅이, 1991

나는 여덟 살이었다. 여름이 코앞이었고, 친구들 앞에서 한 가지 주제를 정해 발표하는 날이었다. 사람들에게 들려주고 싶은 이야기가 많았지만, 조심해야 했다. 엄마는 내가 너무 많은 것을 떠벌리면 다른 엄마들이 나와 그 집 애들을 어울리지 못하게 할 거라고 했다.

엄마는 여느 때와 같이 미용실에서 마돈나 노래를 있는 대로 크게 튼 채 머리를 말고 화학 염색약을 들이마시고 있었다. 엄마는 누군가는 '망할 놈의 생활비를 벌어야 한다.'라고 말하며 매일 아침 여덟 시도 되기 전에 미용실로 나갔다. 신고 있는 카우보이 부츠의 빛바랜 가죽도 볼 수 없을 정도로 배가 부른 것을 생각하면 좀 가혹한 처사 같았다. 우리는 이미 아기에게 레오라는 이름을 지어주었다.

"오늘 발표 시간에 염소 데려갈래, 꼬맹아?" 케니 아저씨가 물었다.

아저씨는 신발 끈으로 허리를 졸라매고 있었다. 그는 운동복 바지가 흘러내려 은밀한 부위가 드러나는 일이 없도록 늘

신발 끈을 허리띠로 써먹었다. 우리는 도로에 있었다. 나는 집 옆 쓰레기통에서 꺼낸 종이 상자의 너덜너덜한 가장자리를 뜯고 있었다. 닌텐도를 하지 않을 때면 이웃집 애들과 나는 커다랗고 네모난 종잇조각들을 부둣가로 가져가 누가 가장 빨리 바위까지 미끄러져 내려갈 수 있는지 겨루곤 했다.

아저씨는 우리가 1교시에 살아있는 가축을 데리고 등장하면 다른 애들 눈에 멋져 보일 거라고 말했다. 아저씨의 입에서 나오는 말이 대부분 별로라는 사실을 이미 잘 알고 있었지만, 어쨌든 그는 나를 설득하는 데 성공했다. 나는 절실히 아저씨를 믿고 싶었다.

"애들이 우릴 보면 제트기라도 본 것처럼 눈이 초롱초롱해질 거야, 이쁜아!"

몇 분 후, 우리는 뒷마당으로 가 하얀 나선형 밧줄의 주름진 끝부분을 쥐고 '케니와 셰리'의 목 주위를 밧줄로 감쌌다. 우리는 흙투성이가 된 회반죽 외벽을 따라 염소들을 뷰익 뒷좌석으로 끌고 갔다.

내가 아저씨 차에 탔다는 사실을 안다면 엄마는 놀라서 오줌을 지릴 게 뻔했다. (그리고 어쩌면 서랍장에 숨겨놓은 총으로 아저씨를 쏴버릴지도 몰랐다) 특히 뒷길을 따라 달리는 내내 염소들의 머리와 뾰족한 뿔이 차창 밖에 매달려 있는 꼴을 본다면 더더욱 말이다.

아저씨는 우리가 학교에 잘 도착했는지 확인해야 했다. 다시 말해, 델라 언니와 나를 버스에 태우거나 페드로 포인트에 사는 지인의 차를 얻어 태워 학교에 보냈어야 했다. 하지만 아저씨는 엄마의 말을 절대로 듣지 않았다. 그저 왜 자신이 직접 우리를 태워다 줘야 했는지, 왜 카풀하기로 한 사람들이 나타나지 않았는지 이야기를 지어내기 일쑤였다.

아저씨와 함께 있으면 아침은 언제나 비상이었다. 그는 우리를 제시간에 버스에 태워 보내는 법이 없었다. 매일 우리는 '초록색 기계' 앞 좌석에 앉아 파인트 병을 축구공인 양 걷어차는 신세였다. 경찰이 엄마에게 아저씨 면허증은 임시 면허증이라고 몇 번이나 말했다. 원칙대로라면 아저씨는 출퇴근길에만 운전할 수 있었다. 아이들은 아저씨의 차에 타서는 안 됐다. 하지만 아저씨는 항상 우리에게 이렇게 말했다. "경찰들은 아는 게 좆도 없어."

"걔네 궁둥이를 잡아서 태워." 아저씨가 말했다.

우리는 염소들을 조수석 쪽으로 끌어당긴 다음, 의자에 달린 작은 사이드 레버를 밀어 대시보드가 있는 앞쪽으로 확 밀었다. 아저씨가 까만 염소의 엉덩이를 찰싹 때리며 뒷좌석에 앉히려고 했지만, 염소들이 들어가기에는 입구가 너무 좁았다. 나더러 먼저 차에 올라타라는 아저씨의 말에 찢어진 비닐 좌석 위로 들어가 염소들을 끌어당기는 것을 도왔다.

"큰 놈 뿔을 잡아!" 아저씨가 외쳤다.

아저씨의 바지가 다리 아래까지 흘러내려 갔고, 검은 털이

곰보다도 빽빽한 몸이 드러났다. 라코스테 셔츠 아래 아저씨의 그곳이 축 늘어진 채 매달려 있었다. 왠지 몰라도 아저씨는 절대로 팬티를 입지 않았고, 늘어진 그것은 언제나 밖으로 삐져나와 룸바 춤을 추고 있었다.

아저씨는 수놈을 뒷좌석으로 밀어 넣으며 끙하고 신음을 냈다. 그리고선 바지를 끌어 올리고 자그마한 신발 끈으로 나비넥타이 모양 매듭을 지었다. 염소는 반항하며 미친 듯이 날뛰기 시작했다. 염소가 뿔의 날카로운 가장자리로 차 천장을 쳐서 강철 부분을 덮고 있는 천에 구멍을 냈다. 내가 염소였더라도 작은 이삿짐 상자에 아무렇게나 실려 가고 싶지는 않았을 것 같다.

"꽉 붙잡아라!" 아저씨가 외쳤다.

아저씨는 럭비 선수처럼 살짝 쪼그리고 앉은 자세로 무릎을 활짝 벌려 바지가 반 정도는 올라와 있게 했다. 나는 휙 움직이는 염소의 머리에 손을 뻗어 뿔을 움켜잡았다. 내 배 정도는 어렵지 않게 뚫을 수 있는 두껍고 날카로운 뿔을 잡고 있자니, 내 손은 마치 갓난아기의 손처럼 보였다.

아저씨는 수놈의 엉덩이를 뒷좌석에 있는 내 위로 밀어 넣으려 애쓰며 미친 듯이 웃음을 터뜨렸다. 나는 삐죽삐죽한 발굽 밑에서 달그락거리는 럼주 병들 위로 염소를 들어 올리려고 안간힘을 썼다.

마침내 염소를 안으로 끝까지 밀어 넣는 데 성공했다. 녀석은 내 위에 올라타 위장에 발길질해댔다. 톱니 모양의 칼에 찔리는 듯한 느낌이 들었다. 아저씨가 암놈도 안쪽으로 밀어 넣었다. 뷰익 뒷좌석은 나를 사이에 둔 야생 동물 두 마리로 가득 찼다.

염소들은 자기들끼리 치고받고 싸우다 나까지 공격하기 시작했다. 결국, 나는 창문을 내리고 도로의 흙먼지 속으로 기어들어 가는 지경에 이르렀다. 아저씨는 만면에 미소를 띠고 있었다. 그리고 고생했다는 뜻으로 내게 하이파이브를 했다.

"여왕이 따로 없었습니다요, 마님." 그가 말했다.

아저씨는 한 손을 가슴에 올리고 다른 한 손을 나의 '뉴 키즈 온 더 블록' 티셔츠를 향해 뻗으며 고개 숙여 인사했다. 나는 승리의 의미로 아저씨의 손바닥을 치며 방금 있었던 소동을 웃어넘겼지만, 그와 함께 하는 매 순간이 시한폭탄이나 다름없다고 생각했다. 언제 터져서 주변의 모든 이를 다치게 할지 예상할 수 없었다.

우리는 곧 샴록 랜치와 린다 마르 학교를 지나 소나무가 우거진 안개 낀 샛길을 빠르게 달려 내려갔다. 우리는 부자들이 사는, 그리고 내가 다니는 오르테가 학교가 있는 계곡 뒤편으로 가고 있었다. 차는 악취를 풍기는 가축으로 가득했다. 광대만 있으면 딱일 것 같다는 생각이 들었다. 염소들은 뒷좌석에서 치고받고 있었고, 아저씨와 나는 앞 좌석에 앉아 발표시간을 향해 항해하고 있었다.

차에 탄 모두가 잘못된 길을 걷고 있었다. 아저씨는 어딘가에서 음주운전 교육을 듣고 있었어야 했다. 나는 스쿨버스를 탔어야만 했고, 염소들은 진짜로 염소를 돌볼 줄 아는 이들과 함께 어딘가의 농장에 있었어야 했다. 하지만 우리는 무모했고, 상황을 제대로 처리할 줄 몰랐다. 그래서 제각각 누군가의 애정을 갈구하며 (특히 염소들이 그랬다) 어릿광대 차에 다닥다닥 올라탄 것이다.

우리는 학교 앞에 차를 세우고 평소와 다름없이 지각하건 말건 태평하게 학교에 들어갔다. 다른 애들은 이미 바깥에 줄을 서서 저마다 가져온 물건을 자랑할 준비를 하고 있었다. 아이들 중에 나랑 같은 것을 가져온 사람이 없으리란 건 이미 알고 있었는데, 꽤나 멋진 일이었다. 무엇도 술에 취한 새아빠와 자동차 뒷좌석에 탄 100파운드짜리 염소 두 마리를 이길 수는 없었다.

우리는 좁은 문틈 사이로 염소들을 한 마리씩 빼냈다. 안뜰에 있던 아이들은 마치 우리가 산타의 요정이라도 학교에 데려왔다는 듯 소리를 질러댔다. 우리를 향해 전력으로 달려오던 아이들은 서로에게 걸려 넘어져 마치 나무통처럼 잔디밭을 굴러갔다. 또 어떤 애들은 서로의 얼굴에 조약돌을 차대며 자갈밭을 뚫고 날아왔다. 어떠한 방법을 써도 선생님들은 흥분에 차 밧줄과 내 티셔츠를 잡아당기는 아이들을 진정시킬 수 없었다. 아이들은 염소들을 학교까지 데려와 준 아저씨가 있는 게 얼마나 행운인지 말했다. 걔네들이 모르는 것이 있다면, 아저씨가 술에 완전히 취한 상태로 나를 태워 다줬다는 사실이었다.

몇 달이 지난 어느 날 오후, 아저씨는 델라 언니와 나에게 차에 타라고 말했다. 엄마가 집에 오기 전에 볼일이 있다면서 말이다. 아저씨와 차에 탈 때면 언제나 비밀 작전의 일부가 된 듯한 기분이 들었다. 그곳은 우리가 엄마에게 말하지 않은 것보다도 훨씬 더 많은 비밀로 가득 차 있었다. 비밀은 우리에게 일상이자, 공동 주연을 맡는 일인극이 되었다.

언니와 나는 뷰익의 앞 좌석에 올라탔다. 나는 '쌍년' 위에 앉았다. 아저씨는 가운데 자리를 그렇게 불렀다. 언니는 구릿빛 럼주 병을 밀어 땅에 떨어뜨렸다. 그것은 차도로 굴러떨어져 앞 타이어 근처에서 산산조각이 나버렸다. 좌석 아래 매트에는 잔돈 몇 개가 널브러져 있었다. 나는 손을 뻗어 얼마 되지도 않는 돈 몇 푼을 줍기 시작했고, 그걸 호주머니에 쑤셔 넣었다. 나는 우리가 얼마나 빈털터리인지 잘 알고 있었다. 엄마와 아저씨는 언제나 돈 문제로 서로에게 소리를 질러대곤 했다.

"게임 할래?" 아저씨가 물었다.

아저씨는 끈 달린 신발로 액셀을 힘차게 밟았다. 그는 시큰둥해 보였고, 눈 밑에는 까만 다크서클이 보였다. 아저씨의 팔에서 흐른 피가 회색 운동복 바지에 스며들었고, 차에서는 감기약과 붉은 건포도 냄새가 났다.

  아저씨는 1번 고속도로를 따라 달렸다. 노란색 과속 방지턱을 너무 빨리 넘어간 나머지 언니와 내 몸이 차 지붕에 달린 면직물 쪽으로 들썩였다. 안전벨트는 박살 난 채 원래 있어야 할 우리의 자그마한 허리 주위가 아닌 좌석 주름 속에 끼어있었다. 모든 것이 오락실 대형 스크린에 펼쳐지는 레이싱 게임처럼 움직이기 시작했다.

  "재미있지, 그치?" 운전대를 좌우로 휙 꺾으며 아저씨가 말했다.

  아저씨는 방지턱을 넘을 때마다 앞유리창에 부딪힐 정도로 날아오르는 우리의 모습에 시선조차 주지 않았다. 우리는 깜빡이는 노란색 신호등을 지나쳐 발레마르 스테이크집과 채석장을 지나갔다. 교차로 중앙에 닿기도 전에 불은 빨간색으로 바뀌었다. 언니가 내 옷깃 쪽으로 손을 뻗었다. 언니는 나를 다시 좌석으로 밀어 넣으려 했다.

  "갈 데까지 가보자!" 아저씨가 외쳤다.

  우리는 어뢰가 발사되는 것처럼 앞으로 빠르게 돌진해 메이너 고속도로를 빠져나왔다. 그리고선 건널목의 정지신호를 지나쳐 스팽키 레스토랑의 주차장 뒤쪽 동네로 향했다.

  "우리 지금 어디 가는 거예요?" 내가 물었다.

  아저씨는 아직 우리에게 목적지를 알려주지 않았다. 그는 때때로 상황을 훨씬 재미있고 신비스럽게 만들기 위해 그런 식으로 행동하곤 했다. 나는 안전벨트를 매기 위해 버클의 차가운 금속 모서리를 꼭 붙잡고 미친 듯이 부드러운 부분을 찾아 헤맸다. 언니와 나는 어째서 비상사태인 양 나무가 늘어선 좁은 길을 따라 달리고 있는 것인지 의아해하며 아저씨를 쳐다보았다.

"왜? 무섭니?" 아저씨가 물었다.

나는 무서웠다. 하지만 내면 깊숙한 곳에서 들려오는 목소리를 무시하는 법을 배웠다.

"아뇨!"

아저씨는 길을 따라 나선형으로 움직였다. 주차된 차들에 어찌나 빠르게 다가갔는지, 팔을 뻗으면 손톱으로 차 표면의 페인트를 긁어낼 수 있을 정도였다. 아저씨에 대한 진실, 그러니까 그가 동네에서 제일가는 술꾼이라는 진실을 아직 모르는 상태였다면, 어쩌면 지금 벌어지는 일이 훨씬 재밌게 느껴졌을지도 모른다. 언니와 나는 꼬마 열혈 팬으로서 아저씨를 응원했을 수도 있다. 하지만 포드 브롱코 꽁무니가 우리 쪽으로 다가오는 것이 보였고, 우리는 그 차를 향해 금방이라도 발사될 것 같은 진녹색 미사일 안에 있었다.

난장판이었다. 강철 안전바가 몸통에 단단히 고정되어 있지 않다는 점만 빼면, 차 안은 마치 롤러코스터 같았다. 유리병들은 산산조각이 났고, 럼주 방울들이 내 머리에 흩뿌려졌다. 내 몸은 총알이었고, 앞유리창은 내가 박살 낼 표적이었다.

 우리가 탄 미사일 안에 중력 따윈 없었다. 뼈와 쓰레기, 살덩이와 온갖 색깔들뿐이었다. 쨍그랑거리는 소리가 폭발했고, 달달한 럼주 향이 가득 퍼졌다. 우리는 서로의 늘어진 피부가 그리는 궤도를 빙글빙글 돌며, 아주 잠시 시간을 초월한 공간에서 춤을 추었다. 1센트짜리 동전 백여 개에서 풍기던 비린내가 지금도 기억난다.

 우리 몸이 운동장의 고무공처럼 나뒹굴었다. 나는 앞 유리에 맞고 튕겨 나가 좌석 시트에 등을 기댔다. 그리곤 아무 일도 없었다. 깨진 유리창 밖은 정전으로 깜깜했고, 무거운 정적이 흘렀다. 송전선에 둥지를 튼 비둘기들이 방금 밑에서 폭발한 분자들을 보며 '구구'하고 울었다.

 언니가 손을 뻗었다. 그리고선 내 뺨과 배를 쓰다듬으며, 내 몸이 제자리에 아직 잘 붙어있는지 확인했다. 언니는 내게 괜찮냐고 물었다. 언니의 이마는 피투성이였고, 흘러내린 피 때문에 눈이 분홍색으로 보였다. 나는 내게 물은 게 뭔지, 나를 담요처럼 뒤덮고 있는 게 뭔지 몰랐다. 그때 소프라노의 목소리보다도 높은 소리가 내 귓가를 울렸다. 나는 기절해버리고 싶었다. 심하게 다쳐서가 아니라, 너무나 겁에 질린 상황에서 차에서 벗어날 수 있는 그럴듯한 방법은 기절하는 것밖에 없었기 때문이다. 몸이 도망칠 수 없다면, 영혼이라도 도망쳐 거기를 벗어나야 했다.

"괜찮아. 괜찮아. 괜찮아." 아저씨가 우리를 달래려고 애쓰며 말했다.

괜찮지 않았다.

거꾸로 뒤집혀서 팬케이크처럼 납작하게 찌부러지고 나서야 그 사실을 깨달았다. 나는 언니의 손을 붙잡았다. 언니의 얼굴은 창백했다. 우리 둘 다 누가 우리의 보호자인지, 누구를 믿어야 할지 몰랐다. 서로를 믿을 수 있을지조차 확신할 수 없었다. 우리는 조금이라도 관심을 더 끌기 위해 경쟁하는 법만 터득했다. 언니는 내 손을 놓았고, 나를 혼자 떨게 내버려 두었다. 텅 빈 두 사람 사이에서 나는 마음이 부서지는 것만 같았다.

마침내 정적이 깨졌고, 귓가에서 울리던 소리도 멈췄다. 축축한 땅을 밟는 발소리가 들렸다. 점점 커지는 발걸음 소리가 메아리처럼 울렸다. 부디 누군가 우리를 구하러 오는 것이기를 바랐다.

하지만 그건 아저씨가 어둠 속에서 시동을 걸기 위해 열심히 차 키를 돌리는 소리였다. 아저씨는 액셀을 밟으며 엔진이 부드러운 굉음을 낼 때까지 속도를 높였다. 자동차는 후진했고, 거리에 있던 한 남자가 우리에게 멈추라고 소리쳤다. 그는 우리 쪽으로 허겁지겁 달려왔다. 나는 그 사람이 제시간에 올 수 있기를 기도했다.

"장모님 댁에 지갑이랑 면허증을 가지러 가는 길이에요.

금방 돌아올 겁니다." 아저씨가 자동차 창문을 통해 남자에게 말했다.

아저씨의 거짓말은 발레리나의 아라베스크보다도 깔끔하고 부드러웠다. 나는 아저씨가 얼마나 위험한 사람인지, 하지만 그럼에도 내가 얼마나 아저씨를 사랑하는지 깨달았다. 나는 아저씨의 옷소매를 잡아당겼다. 언니는 아저씨에게 차를 멈추라고 소리를 질러댔다.

"다 괜찮을 거야. 다 괜찮을 거야. 다 괜찮을 거야." 아저씨는 같은 소리를 끝없이 반복하는 메트로놈 같았다.

아저씨는 '괜찮다'라는 것이 혼란 속에서 살아간다는 의미임을 우리에게 가르치는 중이었다. 내 몸은 그것을 절대로 잊지 않는다.

우리는 지붕이 평평한 집과 앙상한 나무를 수도 없이 지나쳤다. 귀를 찢는 듯한 경적의 행렬이 우리 뒤를 바짝 뒤쫓았다. 자동차 백미러와 앞 유리를 번갈아 보는 아저씨의 눈이 마치 플래시 라이트처럼 깜박였다. 우리를 쫓는 뒤차의 불빛이, 저 멀리 지고 있는 태양의 보랏빛이 보였다.

아저씨는 브레이크로 발을 옮겨 우리를 태운 토네이도의 속도를 늦췄다. 그리고선 내 허벅지를 쓰다듬으며 깜빡이를 켜고 우회전해서 세이프웨이 마트 주차장으로 들어갔다. 우리 곁을 둘러싼 무지개색 빛 때문에 눈이 멀 것만 같았다. 운전석 창문 쪽 아저씨의 실루엣만 보였다. 마치 타임머신 안에 들어가 있는 것처럼 시끄러운 목소리가 울려 퍼졌다. 그때 차 쪽으로 한바탕 쿵쿵거리는 발소리가 들려왔고, 우리를 때리려는 것인 줄 알았던 따스한 손이 양쪽 창문에서 다가왔다.

"뺑소니야!" 멀리서 누군가 말했다.

"안에 아이들이 있어요!" 또 다른 누군가 말했다.

나는 우리가 다른 차를 들이받고 도망치려 했다는 것을 이미 알고 있었다. 하지만 다른 사람들이 그렇게나 놀라서 그 사실을 소리 내 말 하는 것을 듣고 나서야 울음이 나오기 시작했다. 나는 사랑하는 이들과 함께 위험에 처해 있었다.

아저씨는 영화에서 범죄자들이 법을 어기다가 잡힌 후에 하는 것처럼 양팔을 어깨 위로 들어 올렸다. 누군가 운전석 쪽의 철제 손잡이를 잡아당겨 열었다. 그들은 나에게서 아저씨를 잡아당겼다. 그러고 나서 강철로 된 뷰익의 외부에서 조수석 문손잡이가 철커덕하고 열리는 소리가 났다. 문밖으로 끌려나가고 싶은지 스스로도 확신할 수 없었다. 나는 빠르게 질주하는 아저씨의 차의 속도에 너무나 익숙해진 상태였다. 달달한 허니 럼주 냄새에도, 그리고 공포심에도 말이다. 하지만 두려움과 재미 사이에 존재했던 부드러운 순간들 역시 알고 있었다.

어쨌든 그들은 나를 차에서 끌어 내렸고, 도무지 풀 수 없는 수수께끼처럼 느껴지는 질문을 천 개쯤 던졌다. 뭐라고 말해야 하지? 무엇을 지켜내야 할까? 어떤 게 아저씨를 더 큰 곤경에 빠뜨릴까? 어떤 게 나를 곤경에 빠뜨리고? 아저씨와 엮여 있으면 안 되는 건가? 나는 안전한 사람들과 있으면 안전함을 느끼지 못했다. 하지만 아저씨 곁에서도 더는 안전하다고 느끼지 못했다.

그들은 언니와 나를 떨어뜨려 놓았고, 포위당한 사람들한테 하는 것처럼 기다란 손전등을 우리 눈에 비추었다. 나는 머리 위 말보로 광고판에 드리워진 그림자와 돌아가는 조명 때문에 어지러웠다. 낯선 얼굴들이 소동을 따라 몰려들었다. 우리는 서커스단의 중심이었다. 모두들 덤보라도 보는 듯이 우리를 지켜보았고, 우리가 텐트 주위를 날아다니기를 기다리고 있었다. 나는 역겨움으로 가득한 표정을 받아들였고, 원래부터 내 것인 양 흡수했다. 사실상 지금 우리야말로 딱 좋은 발표감이었다.

그들은 아저씨에게 수갑을 채우고 머리를 경찰차 끄트머리에 처박았다. 빨갛고 파란 불빛이 회전목마처럼 유리창에 반사되었다. 불빛은 아저씨의 얼굴 위로 계속해서 미끄러져 내려왔다. 언니와 나는 누군가의 자동차 보닛 위에 앉았다.

"엄마가 오고 계셔." 안경을 쓴 아저씨가 말했다.

그는 종이 위에 뭔가를 휘갈겨 쓰며 내게 작은 플라스틱 물병을 건넸다. 마치 그것이 이 모든 것을 씻어낼 수 있기라도 한 것처럼 말이다.

엄마가 도착했을 때, 다행히 아저씨는 창문에 검은색 창살이 쳐진 경찰차 뒷좌석에 감금되어 있었다. 엄마는 소리를 질러댔다. 아기 때문에 어찌나 배가 컸던지, 하마터면 강철문을 들이받을 뻔했다. 엄마는 유리창을 손등으로 때리며 벌을 잡을 때처럼 팔을 머리 주위로 흔들었다. 엄마는 단단히 화가 난 상태였다. 하지만 화내기엔 너무 늦었다. 이 순간 화가 난 사람은 바로 나였다.

　엄마의 말이 고속도로를 달리는 차보다 빨라서 알아들을 수는 없었지만, 좋은 내용이 아니라는 것쯤은 알았다. 그 후 빨간 머리 경찰관이 경찰차에 올라타 아저씨를 데리고 떠났다. 아저씨는 뒤로 돌아 서로가 더 이상 보이지 않을 때까지 나를 바라보았다. 나는 회전하는 불빛들이 저 멀리 사그라드는 모습을 응시했다. 경찰차 후미등의 빨간 불빛이 고속도로 입구쯤에서 희미해졌다.

　사실과는 거리가 멀지만, 이 별똥별 같은 불빛에서 떠나 나를 집으로 데려다주기에는 충분한 말들이 내 입에서 흘러나왔다. 그날 나는 젠가로 탑을 쌓듯 내가 처한 현실을 다잡는 방법을 배웠다. 나무 블록이 하나씩 하나씩 차곡차곡 쌓여갔다. 탑은 우뚝 섰다. 효과가 있었다. 하지만 언제라도 한순간에 무너져 내릴 수 있었다.

　집에 돌아와 엄마는 수화기를 전화에서 내려놓았다. 신호 연결음 소리가 쉴새 없이 이어지다가 엄마가 코드를 완전히 빼버리고 나서야 멈췄다. 아저씨의 아이를 가진 상태임에도 엄마는 아저씨와 이야기하려 하지 않았다. 나는 전화선 소켓이 있어야 할 자리에서 떨어져 나온 석고 보드 조각들을 가지고 놀았다. 나는 그것들을 부스러뜨려 불투명한 모래 더미로 만들었다. 내 인생도 바스러져 붕괴하는 것만 같았다.

엄마는 우리 집에 들어와 안을 둘러봐도 되냐고 묻는 아줌마와 이야기를 나누었다. 아줌마는 자기가 CPS[4]에서 나왔다고 했다. 나는 아줌마가 아저씨가 보낸 소포를 가져온 UPS 택배회사 직원인 줄 알았다. 아줌마의 블라우스에는 희미한 명찰이 달려 있었고, 손에는 클립보드가 들려 있었다. 그녀는 이 방 저 방을 다니며 서랍장 안이나 화장실 문 뒤까지 샅샅이 살펴보았고, 노트에 뭔가를 휘갈겨 썼다. 복도 끝까지 걸어 내려가 텅 빈 냉장고 안을 들여다보았을 때는 '으으음', '하아아' 하는 소리를 냈다. 아줌마는 매번 다른 색깔 카디건을 입고 며칠 내내 우리 집에 찾아와 엄마를 열 받게 했다. 한 번도 소포 따윈 놓고 가지 않았다.

엄마가 아기를 낳기 며칠 전, 우리 집에 염소 두 마리가 있냐고 묻는 동물 구조 협회의 메시지가 자동응답기에 남겨져 있었다. 우리가 식탁에 앉아있는 동안 엄마는 그들에게 전화를 걸었다.

"네. 케니랑 셰리요." 엄마가 전화기에 대고 말했다.

---

[4] Child Protection Services, 아동 보호 서비스 기관

그들과 잠깐 이야기를 나눈 후 엄마는 전화기를 내려놓고 냉장고를 열었다. 그리고선 먹고 남은 중국 음식이 든 네모난 상자를 꺼냈다.

"저 아래 모퉁이에 있는 중국집에 맘대로 들어갔대." 엄마가 말했다.

엄마는 포크 주위에 로 메인 면을 말았다. 엄마는 목성만 한 배를 둘 자리를 만들기 위해 지친 두 다리를 꼬는 대신 활짝 벌리고 있었다.

"누가?" 더러운 팔뚝으로 앞머리를 치우며 내가 물었다.

"염소들 말이야. 걔네들이 걸어서 중국집에 들어갔대. 주방에 가서 차우멘을 먹었다나 봐."

옆면에 빨간색 한자가 적힌 종이 상자 바닥에 남아있는 간장을 후루룩 마시며 엄마가 말했다.

"어쨌든 아무도 걔들을 돌보지 않았던 거지. 나야 애초부터 키우고 싶지 않았고."

엄마는 다른 방으로 가서 타원형 커피 테이블의 컷글라스에 발을 올려놓았다. 그리고는 〈왈가닥 루시〉를 켜고, 주름진 손으로 부풀어 오른 핑크색 배를 문질렀다. 속으로 엄마가 우리를 원한 적이 있긴 한지 궁금했다. 이미 있는 애들도 제대로 보살피지 못하면서 어째서 또 아기를 가진 걸까? 나는 염소들이 사라진 것이 상징적으로 느껴졌다. 진짜 케니와 셰리도 사라져 버렸으니까.

레오는 8월 13일 사우스 샌프란시스코의 세튼 메디컬 센터에서 태어났다. 어찌 된 영문인지, 병원에 가니 부드러운 라일락색 커튼이 쳐진 병실에 케니 아저씨가 앉아있었다. 배가 축 처진 경비원이 매의 눈으로 아저씨를 지켜보고 있었다. 그는 아저씨의 발목에 투박한 기계 장치를 매달아 놓았다. 아저씨에게는 여전히 캡틴 모건 럼주와 애프터셰이브 냄새가 났다.

"아기가 태어나는 것을 볼 수 있게 오늘만 내보내 줬어." 아저씨가 말했다.

그는 내게 하이파이브를 하고서 무릎에 나를 앉혔다. 경비원이 나를 무릎에서 내려오게 하더니 어울리지 않게 철제 다리가 달린 플라스틱 의자에 앉혔다. 우리가 저지른 일 때문에 사랑은 허락되지 않았다.

"내가 널 얼마나 사랑하는지 알지, 꼬맹아?"

더는 아니었다. 전에도 이 말을 아빠에게 들은 적 있다. 사랑은 더는 할 말이 없을 때나 입에서 나오는 단어에 불과했다. 어른들이 하는 지키지도 못할 약속이나 다름없었다.

아저씨의 발목에 달린 자그마한 빨간색 버저가 깜빡거리며 삐 소리를 내기 시작했다. 엄마의 눈에 눈물이 고였다. 눈물이 아기 때문인지, 밥 먹듯 감방을 드나드는 남편 때문인지, 그도 아니라면 아저씨를 지켜보는 무장한 남자 때문인지 알 수 없었다.

경비원이 아저씨의 외출 시간이 끝났다고 말했다. 그는 아저씨를 방에서, 또 우리에게서 데려갔다. 아저씨가 떠나는 모습을 본 적은 많다. 그럴 때마다 모든 것이 얼마나 허망한지 다시금 깨달았다. 사랑은 마치 짧은 방학 같았다. 단 한 번도 원하는 만큼 오래 가는 법이 없었다. 지금, 이 순간 두 아빠 모두 감옥에 있었고, 내 곁에는 아무도 없었다. 이튿날 엄마는 레오를 집에 데려왔고, 우리는 아무 일도 없었던 것처럼 일상을 이어나갔다. 그 후로 아저씨를 만나는 일은 거의 없었다.

몇 달 후, 우리는 리 할머니 댁으로 이사했다. 나는 막 아홉 살이 된 참이었다. 리 할머니는 엄마의 엄마였고, 퍼시피카의 북쪽, 메이너에 있는 맥도날드 위쪽에 살고 있었다. 할머니는 우리가 충분히 돈을 모아서 자리를 잡을 수 있을 때까지 우리를 돕겠다고 했다. 아기가 태어나고 아저씨가 술집에서 버는 돈이 없는 상황에서, 더 이상 페드로 포인트의 집에서 살 여유 따윈 없었다.

짐이란 짐은 죄다 샤프 파크의 창고에 넣고 오직 짐가방 몇 개만 든 채, 우리는 할머니네 집으로 떠났다. 우리가 트럭에서 창고를 오가며 상자들을 옮기는 동안, 레오는 엄마가 내게 묶어준 이상한 캔버스 포대기에 싸여 내 가슴 속으로 파고들었다. 델라 언니와 나는 엄마만큼이나 레오를 돌봤다. 엄마는 레오가 태어나고 2주 후에 곧바로 일터로 돌아갔다.

그녀는 전자레인지에 젖병을 데우는 법과 레오가 가슴 위에서 잠이 들 때까지 앞뒤로 흔드는 방법을 나에게 알려주었다. 가끔은 누가 진짜 레오의 엄마인지 잊을 정도였다.

엄마는 할머니가 엄청난 결벽증 환자라는 사실을 강조하며, 티끌 하나 없는 할머니의 성에서 물건을 너무 많이 부수거나 만지지 말 것을 신신당부했다. 할머니는 물건을 정성껏 다루기를 좋아하셨는데, 나는 할머니의 그런 점이 가장 좋았다. 할머니의 커튼에 주름이 지거나 식탁 유리에 지문이 묻은 것은 단 한 번도 보지 못했다. 엄마가 이 점을 물려받지 않은 걸 보면, 유전이 한 세대 건너뛴 게 분명했다.

어느 날 아침, 엄마가 일하러 나간 사이 나는 화장실에 서서 할머니가 따뜻한 수건으로 얼굴을 닦는 모습을 지켜봤다. 화장실에서는 항상 비누와 폰즈 크림 향이 났다. 할머니는 내게 수건을 건네주며, 광대뼈 주위를 시계 반대 방향으로 문지르라고 했다.

"오드리 헵번처럼 보이고 싶다면 피부 관리를 해야 한단다." 할머니가 내가 말했다.

누군지도 모르는 아줌마처럼 보이는 게 왜 그렇게 중요한 일인지 이해가 가지 않았다. 할머니는 집게손가락으로 내 관자놀이를 눌렀다. 그리고선 내 눈이 할머니 눈처럼 좀 더 아몬드 모양이 되도록 피부를 뒤로 잡아당겼다. 눈썹이 위로 올라갔고, 이마와 얼굴 피부가 고무 밧줄처럼 팽팽해졌다. 할머니는 페이스 리프팅을 두 번이나 받았다고 하셨는데, 나는 몇 년이 지나고 나서야 그 말이 무슨 뜻인지 알았다.

"여자로 산다는 것은 힘든 일이란다. 네 엄마가 무슨 일을 겪었는지 봤지? 만약 그 애가 좀 더 똑바로 살았더라면 더 좋은 남자를 만났을 게다." 할머니가 말했다.

나는 어린애 세 명을 바퀴 없는 짐가방인 양 질질 끌고 다니는 엄마의 모습을 떠올렸다. 화장, 염색, 붉게 칠한 손톱을 떠올렸다. 왔다가 떠나가는 남자들을 떠올렸다. 엄마를 생각하면 슬펐지만, 동시에 엄마의 문제들에 대해 생각하고 싶지 않았다. 나는 어린애이고 싶었다.

할머니는 작은 금속 도구들과 화장품으로 가득 찬 파우치에서 빨간색 립라이너를 꺼냈다. 그리고선 다른 것들도 화장대 위에 하나씩 하나씩 올려놓으며 각각의 이름과 사용법을 나에게 가르쳐주었다.

"뷰러, 마스카라, 립스틱, 파운데이션, 루즈, 바디로션." 할머니는 화장품의 이름을 천천히 나열하더니, 어디에 쓰는 건지 하나하나 내 얼굴에 가져다 대었다.

할머니는 파우치 안에 든 걸 전부 화장대에 늘어놓았는데, 마치 광고에서 '이건 이런 효능이 있어요.', '저건 저런 효능이 있고요.'라고 말하는 여자들처럼 보였다. 물건들은 모두 정교하게 놓여 있었다. 이 미용용품들에 여자로서의 삶이 어떤 건지에 대한 매우 중요한 정보가 담겨 있다는 걸 깨달았다. 나는 마치 내 생명이 달린 일인 양 단어란 단어는 죄다 흡수하고 아름다움과 자존감 사이의 점들을 연결하며 할머니의 말에 귀를 기울였다.

할머니의 프레젠테이션이 끝날 무렵, 나는 화장품을 덕지덕지 바른 채 드럭 스토어의 화장품 코너 같은 냄새를 풍기는 아메리칸 걸 인형처럼 보였다. 나는 변기 끄트머리에 앉아 할머니가 빗을 사용해 머리카락이 두피에 너무 달라붙지 않게 볼륨을 넣는 모습을 지켜보았다. 마치 머리통에 방귀 소리를 내는 쿠션이 붙어있는 것처럼 보였다.

"이렇게 하면 더 예뻐 보여." 그녀가 말했다.

그 말대로 할머니는 더 예뻐 보였다. 바로 그 순간부터, 나는 머리 모양이 만족스럽지 않거나 이를 닦기 전에는 절대로 집에서 나가지 않았다. 사람들이 나를 쳐다보고 외모를 통해 평가한다는 것을 깨달았기 때문이다.

나는 할머니가 모든 것을 다루는 방식이 좋았다. 할머니 집은 방마다 정확한 시계가 걸려있었고, 벽에 걸린 사진들도 삐뚤어지거나 금 간 것 없이 깔끔했다. 또 문에는 식칼 자국도 없었다. 우리는 경건한 태도로 퀴즈쇼 〈제퍼디Jeopardy!〉와 〈휠 오브 포츈Wheel of Fortune〉을 보곤 했다. 질문이 나올 때마다 할머니 입에서는 정답이 튀어 나왔다. 모두들 할머니를 사랑해 마지않았다. 언젠가는 나도 할머니처럼 되고 싶었다. 사랑받고, 보살핌받고, 존경받고 싶었다.

어느 날 오후, 엄마는 일하러 가고 레오와 언니가 거실 바닥에 깔린 에메랄드색 카펫에 누워 있는 사이, 나는 할머니에게 이렇게 말했다. "저도 어른이 되면 할머니처럼 다 할 줄 알게 되었으면 좋겠어요."

"우리 강아지, 이미 잘하고 있단다. 넌 네 엄마보다 훨씬 똑똑해." 할머니가 말했다.

왜인지 몰라도, 나는 엄마보다 똑똑하다는 말을 들어 자랑스러웠다. 엄마가 아닌 할머니를 더 닮았다는 사실이 뭔가 더 나은 사람이 될 기회처럼 느껴졌다. 그래서 나는 엄마에게 말하고 싶었지만 꾹 참았다. 엄마가 얼마나 상처받을지 알았으니까. 내가 얼마나 똑똑한지 안다면 엄마가 나를 더 사랑해 줄 거라고 생각했다. 당시에는 엄마의 무관심이 나를 향한 사랑과는 상관없다는 사실을 이해하지 못했다. 엄마는 그저 모든 것을 저글링 할 수 있을 만큼 팔이 많지 않았을 뿐이다. 그녀는 문어가 아니었다.

어느 날 저녁, 할머니는 식탁에 차려진 커다란 토마토 수프 그릇과 황금빛 버터를 듬뿍 바른 토스트 접시 옆에 냅킨을 올려놓았다. 그리고선 우리가 먹는 동안 옆에 앉아 손톱을 갈면서 TV를 보고 웃음을 터뜨렸다. 길 건너편 집 지붕 위로 태양이 지고 있었다. 창문 사이로 새어든 빛이 할머니의 머리에 닿아 밝고 흰 후광이 생겼다. 마치 천사처럼 보였다. 할머니 댁에서 산 기간은 고작 일 년 남짓이었지만, 나는 결코 떠나고 싶지 않았다. 그곳은 내가 안전하다고 느낀 유일한 집이었다.

이듬해 엄마는 우리를 데리고 퍼시피카 하수도 건너편 힐튼 웨이에 있는 자그마한 아파트로 이사했다. 우리는 또다시 전학을 갔고 나는 열한 살이 되었다. 할머니 댁에서 계속 살자고 조르는 나에게 엄마는 이렇게 말했다. "다른 사람들에게 계속 빌붙어 살 순 없어." 그때 나는 그게 바로 우리가 하던 짓이라는 사실을 자각하지 못했다. 그저 가족이라면 마땅히 해야 할 일, 서로를 보살피는 일이겠거니 하고 생각했을 뿐이다.

2부

6. 작고 어두운 곳, 1995

중학교 2학년을 앞둔 여름이었다. 린다 마르 대로의 낡아 빠진 규격형 주택 앞에 엄마가 차를 세웠다. 엄마는 내가 엄마 친구 딸과 주말을 보내게 될 거라고 했다. 그들 역시 동네에서 마약을 밀매하는 일을 했다.

케니 아저씨와 아빠가 감옥에 간 이후, 우리는 그레이하운드 버스5)보다도 정처 없이 떠돌았다. 이사를 하도 많이 다닌 나머지, 돈 받고 계단 위로 가구와 피아노를 나르는 일을 시작해도 될 정도였다.

엄마와 내가 탄 하늘색 카마로가 도로변에서 공회전하고 있었다. 나는 엄마가 나를 억지로 차에서 내보내지 못하게 조수석의 잠금 레버를 내려 고정했다. 그 집에 가본 적이 있었기에, 거기가 지내기에 그다지 좋은 곳이 아니라는 것을 알고 있었다.

엄마의 발이 묵직하게 페달을 밟았다. 차가 속도를 내서 앞으로 나갔다. 나는 멈칫하고서 금속으로 된 라디오 다이얼

---

5) 북미 전역 및 캐나다와 멕시코에서 운행하는 고속·시외버스

을 만지작거리며 스크린에 초록색 숫자가 나타났다 사라졌다 하는 것을 바라보았다. 나타났다 사라졌다 하는 꼴이 마치 엄마 같았다.

"내려." 엄마가 내게 말했다.

"어디 갈 건데?" 내가 물었다.

"내가 뭘 하고 다니든 죄다 알려 하지 마. 넌 아직 어린애니까."

그게 바로 문제였다. 나는 어린애일 뿐이었고, 엄마의 보살핌이 필요했다. 나는 우리가 왕나비와 박주가리처럼 공존하길 원했지만, 내가 뭘 원하는지는 중요하지 않았다. 우리는 가족이라기보다는 생판 남에 가까웠다. 나는 차에서 내려 문을 쾅 닫은 후 애초에 발을 들여놓지 말았어야 할 그 집으로 걸어 들어갔다.

내가 주말을 보내게 될 그 집 거실에는 짙은 하얀색 아지랑이가 드리워져 있었다. 금발 머리 소녀 둘이 더러운 리넨 소파 위에 대각선으로 앉아있었다. 기다란 손톱 사이에는 얇은 담배가 들려 있었다. 둘 다 나보다 최소 몇 살은 더 나이가 많았다. 둘 다 머리카락이 나보다 더 길고, 노랗고, 가늘고, 건조했다. 마치 더블민트 쌍둥이[6]의 저질 버전 같아 보였다. 나는 그들의 거드름 피우는 태도와 완벽한 동심원 모양으로 흩날리는 담배 연기에 매료되면서도 겁이 났다.

---

6) 더블민트 추잉검을 홍보하기 위해 리글리(Wrigley) 사가 1950년대부터 기용한 쌍둥이 모델

그들 뒤에는 안개가 자욱했다. 내 눈에는 그 둘만 보였지만, 복도 끝에서 남자들의 목소리도 들려왔다. 열두 살짜리 여자애들과 어울리면 안 될 것 같은 목소리의 남자들이었다.

두 여자애들 중 뻐드렁니에 교정기를 낀 동생 쪽이 얇은 분홍색 입술 사이로 대마초를 물었다. 그리고선 앞니로 롤링 페이퍼의 가장자리를 잘근잘근 씹었다. 흰색과 초록색으로 된 네모난 뉴포트 담뱃갑이 다 해진 리바이스 청바지 주머니에서 삐져나와 있었다. 나는 상황을 전부 파악했지만, 여전히 내가 발을 들여놓아선 안 되는 것들에 취한 상태였다. 그 집에 나쁜 것이 살고 있다는 사실을 알았다. 하지만 내게 그들의 방탕함에 동참하는 것 외에는 별다른 선택지가 없는 것 같았다.

언니 쪽이 귀에 매달린 은빛 링 귀걸이를 손가락으로 가리켰다. 코에서 대마 연기가 뿜어져 나와 얼굴 전체를 뒤덮었다. 언니는 잠깐 완전히 사라졌다가 몇 초 후 다시 모습을 드러냈다. 나는 한편으로 두 사람이 지닌 위험성을 감지했지만, 또 한편으로는 그들처럼 쿨해지고 싶었다. 그들의 피부 속으로 미끄러져 들어가 따분한 내 모습을 덮어 버리고 싶었다. 내가 혼란스러워하고 있다는 사실이 놀라웠다.

"네가 우리가 맡은 골칫덩어린가 보네." 동생 쪽이 말했다.

내가 모든 이에게 골칫덩어리라는 게 싫었다.

언니 쪽은 여드름이 난 이마를 가리기 위해 하얀색 헤어밴드를 하고 있었다. 언니는 소파에 앉아 네일 버퍼를 쥐고 손톱 끄트머리를 갈기 시작했다. 나는 가루가 바닥으로 떨어져 나무 탁자 아래 깔린 러그를 더럽히는 모습을 바라보았다. 사방에 맥주병과 유리 재떨이가 널려 있었다. 집에서는 시큼한 냄새가 풍겼다. 언니가 맥주 뚜껑을 내 발치로 휙 던졌다. 그것은 내 신발을 맞고 튕겨 나가 탁자 가장자리에 부딪혔다. 내가 언니의 까만색 닥터 마틴을 멋지다고 생각하는 만큼 언니도 내 아디다스 슈퍼스타를 멋지다고 생각할지 궁금했다.

나는 언니의 긴 손가락이 황갈색 담배 필터를 움켜쥔 방식이 마음에 들었다. 동생 쪽이 걸어와 복도 벽에 몸을 기댔다. 그녀 뒤에는 찢어진 사진이 든 금이 간 나무 액자가 줄지어 걸려있었다. 사람들의 얼굴이 있던 자리에는 펜 자국과 긁힌 자국이 있었다.

"불러줘서 고마워." 몸을 살짝 떨면서 내가 말했다.

이 떨림이 설렘에서 비롯된 것인지, 불안함에서 비롯된 것인지는 알 수 없었다. 나는 마시면 안 되는 칵테일을 만들듯 모든 감정을 한 데 섞고 흔들었다. 하지만 문제의 그 집은 내가 자란 곳과 다를 바 없이 나빠 보여서, 그곳에 남기로 했다.

그리고 나쁜 곳에 있으면 나쁜 일이 일어나기 마련이다.

언니 쪽이 나를 떠보려는 심산으로 탁자에서 물담배용 파이프를 가져와 내 손에 쥐여주었다. 나는 기다란 유리를 손가락으로 감싸고, 안에 든 것이 재인지 아닌지 보기 위해 집게 손가락을 파이프 안쪽으로 집어넣었다. 어디서 본 건 있어서 뭘 해야 하는지 아는 양 행동할 수 있었다. 마치 숙제를 전부 해치우는 것처럼 말이다.

나는 파이프 주둥이에 입술을 갖다 대고, 열기와 연기가 뺨과 목구멍을 가득 채울 때까지 물을 끓였다. 그러자 엄청난 기침이 나와 대마 끓인 물을 사방에 내뿜었다. 그것은 내 입에서도, 코에서도 새어 나왔다. 나는 악취 나는 액체가 담긴 소화전이나 다름없었다.

몇 시간 뒤, 나는 나이 많은 남자 둘과 함께 침실에 서 있었다. 둘 다 손이 온통 까만 기름 범벅이었다. 한 명은 이빨이 하나 없었다. 몇 살인지는 확실치 않았지만, 스물 아니면 스물하나 정도 되어 보였다. 술을 사기에는 충분한 나이였다.

그들은 맥주병을 이리저리 주고받으며, 나까지 껴서 폭탄 돌리기 게임을 했다. 립스틱을 덕지덕지 바르고 머리에는 헤어젤을 바른 채 어른 흉내를 내는 아이가 된 기분이었다. 한 명이 초록색 유리로 된 뭔가를 흔들었다. 작은 수류탄 정도의 크기였다. 남자는 친구에게 그 물건을 던졌다. 두 사람의 그림자가 괴물의 이불처럼 내 위로 드리웠다.

그들은 분명 나와 같은 언어로 말했지만, 어쩐지 외국어처럼 느껴졌다. 그들의 시선이 내려와 내 어린애 몸에 닿았다. 나는 아직 초경도 하기 전이었지만, 그들이 내가 예쁘고 섹시하다고 생각하기를 바랐다. 그래야만 남자들의 관심을 받을 수 있다고 할머니와 미용실 아줌마들한테 배웠으니까. 나는 그들이 나를 사랑할지 궁금했다. 그 두 사람이 아닌 누구라도 그럴지 궁금했다.

　나는 현실이 아닌 전율을 쫓는 법만 알았다. 이리저리 까불대는 그들의 몸짓에 끼어들 수 없었다. 나는 남자애들 무리나 그 비슷한 어떤 무리에도 들어간 적이 없었다. 그들에게 있어 나는 철저히 외부인이었다. 무엇보다도 일단 나 자신의 속마음에조차 들어가지 못했다.

　은근한 단어들과 짤막한 농담들이 질주하는 자동차처럼 내 머리를 빠르게 스쳐 지나갔다. 빠른 손놀림과 뒤엉킨 말들이 세찬 바람처럼 내 얼굴을 때렸다. 깡마른 팔을 위로 뻗어 유리병을 잡아채려 했지만, 그것은 이내 쌩하고 나를 지나쳤다. 나는 그걸 잡을 수 있을 만큼 민첩하지 않았을뿐더러, 내 뇌 역시 그들이 나한테 무슨 짓을 하려는 것인지 이해할 만큼 똑똑하지 못했다. 남자들은 내가 모르는 무언가를 알고 있다는 듯이 계속해서 웃음을 터뜨렸다. 그들은 자신들이 나한테 진정으로 원하는 것이 무엇인지 알고 있었다. 그러는 사이 나는 그들이 들려주는 사랑 이야기 속에서 이리저리 부유했다. 나에 대해 뭔가 말하려고 애써봤자, 내 이야기는 그들의 이야기에 어울리지 않았다.

　병이 다른 남자 손에 떨어졌다. 그는 광대처럼 병을 흔들고 저글링 했다. 그리고는 병을 잡은 꼬질꼬질한 손가락을 나를 향해 뻗었다가 다시 번개보다 빠르게 끌어당겼다. 뚜껑 가장자리에서 황금빛 액체가 뿜어져 나왔다. 그것은 탄산이 든 평범한 맥주처럼 거품이 나질 않았다.

 병에서 뿜어져 나오는 것이 뭔지는 몰라도, 남자는 그게 피부에 맞지 않도록 고개를 반대 방향으로 홱 돌렸다. 특이할 것 없는 오래된 맥주에 대한 반응이라기엔 이상해 보였다. 하지만 나는 이미 술과 대마에 과하게 취한 상태였고, 어떤 것도 제대로 분간할 수 없었다.

 그들이 무슨 짓을 하고 있는 건지 묻지 않았다. 적어도 입 밖으로는 말이다. 마음속 깊은 곳에서는 무언가 잘못되었다는 것을 알았지만, 낯선 장소엔 언제나 나만을 위한 전용 이용권이 딸려 오는 것만 같았다. 나는 작고 어두운 곳에서 가장 편안함을 느꼈지만, 동시에 가장 모멸감을 느끼기도 했다.

 입이 지나치게 큰 남자가 나를 비웃었다. 그는 축 처진 청바지를 입은 친구에게 자꾸만 고갯짓했다. 그들은 서로 입 모양으로만 말을 주고받았는데, 내 목은 어지러움을 느끼지 않고 동시에 양쪽을 바라볼 만큼 빠르지 않았다. 나는 그들이 늘어놓는 외계어의 끝부분을 계속해서 놓쳤고, 그들이 원하는 바를 도무지 알 길이 없었다.

 "이 맥주병 가지고 싶지?" 빨간 머리가 낮고 쉰 목소리로 내게 물었다.

 그랬다. 너무나도 가지고 싶었다. 누군가가 나에게 준다면 그 무엇이라도 원했다. 나는 무언가를 간절히 원했는데, 그건 반짝이는 병이나 그 안에서 흔들리는 황금빛 액체가 아니었다. 내가 원하는 것은 태어나서 지금까지 줄곧 나를 외면해 온 것들이었다. 나는 사랑이 어둠 속에 산다고 배웠기에, 그것의 그림자를 살금살금 쫓아다녔다.

  내 팔이 진녹색 병을 향해 날아올랐다. 나는 병 옆쪽을 움켜쥐고 손가락으로 따뜻하고 매끄러운 표면을 감쌌다. 남자들이 눈이 가죽처럼 거친 피부에 대비되어 형형하게 빛났다. 그런 다음 세상은 슬로우 모션으로 흘러갔다. 시간이 딱딱하게 굳어갔다.

  나는 그들이 입가로 손을 가져가는 모습을 바라보았다. 그들은 믿을 수 없다는 듯이 오므린 손으로 입을 가렸다. 역겨움으로 축축해진 턱이 벨트 버클까지 떡 벌어졌다. 그들의 눈알이 느리게 아래로 떨어지는 것을 보아하니, 나에게 뭔가를 느낀 것 같았다. 마치 그들이 아는 걸 말해주고 싶지만 그러지 않겠다는 듯이 말이다. 그래서 나는 병을 따서 안에 든 것을 꿀꺽 삼켰다.

  남자들이 웃음을 터뜨렸다. 그들은 방금 내가 한 짓을 보고 혐오감에 졸도하지 않도록 손으로 배 위를 감싸고 있었다. 나는 소방호스처럼 온 바닥에, 그리고선 뒤쪽 유리창에 황금빛 액체를 내뿜었다. 역겨워서 죽을 것만 같았다. 그것은 거품이 있지도, 홉 맛이 나지도, 탄산이 들지도 않았다. 짭짤하고, 끈적거리고, 덩어리가 씹히고, 쌉싸름한 오줌일 뿐이었다.

"오줌 마셨대요!"

둘 다 이 말을 끊임없이 반복했다. 나도 거기 합류했다. "나는 오줌을 마셨대요. 나는 오줌을 마셨대요. 나는 오줌을 마셨대요."

아무렴, 나는 오줌을 마셨지! 전에 배운 대로, 나는 오줌이 목구멍을 타고 흘러내릴 때까지 내 안의 작은 아드레날린 나비 떼를 뒤쫓았다. 누군가의 오줌과 자기혐오의 아지랑이에 흠뻑 젖은 나머지, 주위에 서 있는 다른 이들이 보이지 않았다. 나는 이제 오줌을 마시는 애였고, 모두가 그 사실을 알았다. 나도 그 사실을 알았다. 나야말로 누구보다 가장 잘 알았다.

나는 그들과 그들이 들이쉬고 내쉬는 모든 것을 따라잡기 위해 발버둥 쳤다. 맥주와 잭 다니엘을 꿀꺽꿀꺽 들이키는 것까지. 하지만 내장이 전부 뒤틀려버린 나는 그곳에 소속되는 법을 알아내야만 살아남을 수 있었다.

나는 그들이 내게 일어난 일을 진심으로 신경 쓸 수 있도록 공구 상자를 찾아 금속 펜치를 몇 개 꺼낸 다음, 한 명씩 속을 열어 시스템을 재설정하고 싶었다. 그 누구도 내게 스스로를 사랑하는 법을 가르쳐 주지 않았기에, 이 세상에 나라는 존재가 있다는 사실을 확인해 줄 누군가가 필요했다.

대신에 나는 그들이 한 짓을 그대로 했다. 엄마아빠와 아까 그 언니들이 모든 것을 잊기 위해 했던 짓들 말이다. 나는 맥주를 더 들이켠 후 베이비 파우더 같은 가루를 코로 약간 들이마셨다. 자그마한 코털들이 타오르는 듯했고, 빙산 끝에 서 있는 것 같은 기분이 들었다. 그런데 맥주와 마법의 대마초, 코카인의 힘으로 마법 같은 일이 일어났다. 그것들 덕에 과거에 있었던 일들이 하나도 기억나지 않았다. 기억이라는 행위는 아무래도 너무 고통스러운 일이다.

그날 밤, 언니들은 나를 은색 닷지 콜트에 태우고 드라이브를 떠났다. 친구와 맥주병을 주고받던 금발 머리 남자가 뒷좌석 내 옆에 앉아있었다. 우리는 약을 좀 더 샀다. 차 안에서, 길 위에서, 별이 보이지 않는 밤하늘에서 시간이 느리게 펼쳐졌다. 차 안에서 굴뚝 냄새가 났지만 내가 삼킨 모든 것들이 진실을 감춰주었다.

차들이 지나가면서 네온사인 불빛이 노란색 도로 표지병을 스쳤다. 나는 잠들지 않으려고 고개를 들고 목을 곧게 펴려고 애썼다. 그 차 안에서 눈을 감는 것은 안전하지 않았다. 우리는 테라스가 현관을 둘러싸고 있는 오래된 하얀색 집 앞에 차를 세웠다. 우리 같은 사람들이 들어가기에는 너무 멋진 집이었다.

현관 불이 몇 번 깜박이다 꺼지기를 반복했다. 언니들은 나에게 자기네 친구와 함께 차에 있으라고 말했다.

"자 이제 어른이 될 시간이야." 언니 쪽이 말했다.

그녀는 삐뚤어진 치아로 삐뚤어진 미소를 지으며 나를 향해 엄지를 추어올렸다. 그러더니 나를 좁고 어두운 뒷좌석에 남자와 함께 남겨둔 채 문을 쾅 닫았다. 젤을 바른 그의 뻣뻣한 머리와 차가운 가죽 재킷이 내 쪽으로 다가오기까지는 몇 초밖에 걸리지 않았다. 낭비할 시간 따윈 없었다. 그에게는 계획이 있었다. 그는 내 위로 기어 올라와 끈적거리는 손으로 내 이마를 밀어 나를 아래로 밀었다. 어찌 됐건 나는 이미 죄수나 다름 없었다. 내가 처한 상황에서건, 내 내면에서건.

"바지 벗어." 그가 말했다.

그가 청바지 지퍼를 내렸다. 그의 손과 엉덩이는 토네이도보다 더 빠르게 움직였다. 무거운 몸뚱이가 나를 차디찬 플라스틱 좌석으로 밀어 넣었고, 그의 머리칼은 내 목덜미를 짓눌렀다. 나는 남자의 목덜미 속에서 온기를 느끼려 그에게 얼굴을 바싹 붙이려 했다. 하지만 그는 나에게 딱 달라붙으려 하지 않았다. 그는 내 입에서 똥 냄새라도 나는 것처럼 고개를 홱 돌렸다.

그는 거칠고 고르지 않은 박자로 몸을 흔들어댔다. 우리는 가장자리를 맞추기도 전에 가운데 조각부터 맞춰 엉망이 된 퍼즐 같았다. 그는 나에게 키스조차 하지 않았다. 단 한 번도. 나는 언제나 다음 단계로 넘어가기 전에 키스해야 하는 줄 알았다. 그에게 입을 맞추려 딱 한 번 시도했으나, 그는 그런 나를 비웃고 마치 괴물이라도 되는 양 자동차 시트로 내 머리를 밀었다.

"안 돼. 안 돼. 너 오줌 마셨잖아." 그가 머리를 미친 듯이 흔들며 조소하는 목소리로 말했다.

그가 성기를 밖으로 꺼내 내 위에서 몇 번 왔다 갔다 하더니 그것을 움직이며 나더러 입을 벌리라고 말했다. 그리고선 때 낀 손톱으로 내 턱을 움켜잡아 약간 상처를 내고는, 내 포니테일을 잡아당겨 턱을 뒤로 치켜세웠다. 그는 성기를 내 입속에 집어넣고 행위에 열중하기 시작했다. 나는 구역질을 하면서 머리를 돌렸다.

"왜 그래? 원하던 거 아니었어?" 그가 물었다.

그는 내 고개를 가운데로 돌린 뒤 손가락으로 입술을 벌리게 한 다음 다시금 그의 물건을 밀어 넣었다.

마음속 깊은 곳에서는 그를 밀쳐 내고 욕설을 퍼부은 다음 그대로 차에서 도망칠 수 있다는 것을 알았다. 나를 사랑하지 않는 게 뻔한 이들이 나 역시 싫어 죽겠다는 사실이 누군가에게 들릴 만큼 비명을 질러댈 수도 있었다. 그러는 대신, 나는 실재하지 않는 남자의 얼굴을 올려다보았다. 자동차의 끔찍한 블랙홀 속에서 그는 하나도 중요하지 않은 존재였다. 그저 앞으로 나에게 똑같은 짓거리를 하게 될 수많은 몸뚱이 중 첫 번째였을 뿐.

내가 바라본 건 그의 눈동자에 비친 내 얼굴뿐이었다. 열두 살짜리에게 그딴 짓을 하는 놈에게 응당 해야 하는 것처럼 발로 차고, 소리를 지르고, 앞 유리로 밀어버리는 대신, 그가 뭘 하든 내버려 둔 채 누워 있었다. 나는 이 모든 게 무슨 의미인지 혼란에 빠져 나의 내면에 완전히 갇혀있었다. 여자가 된다는 것이 무엇을 의미하는지, 내가 무엇을 배웠고 무엇을 배우지 않았는지 알 수 없어 혼란스러웠다.

그가 내 허벅지를 벌리고 안으로 들어오자 나는 그에게 짓눌려 잔뜩 움츠러들었다. 내 몸은 시간, 그리고 언어에 짓눌려 있었다. 나는 내 몸을 아주 작게 만들었다. 너무 작아 이 세상에 존재하지 않도록. 존재하지 않으면, 살을 에는 듯한 고통 따위도 없기 때문이다.

"우리 이러면 안 될 것 같은데." 기어들어 가는 목소리로 마침내 내가 말했다.

"이미 실컷 이러고 있거든." 그가 말했다.

그는 아랫도리를 계속해서 움직이며 내 바보 같은 생각보다 자신의 바보 같은 생각이 훨씬 더 중요하다는 사실을 못 박았다. 나는 내 몸에 무단침입을 하다가 걸리기라도 한 것처럼 피부 속에 갇혀 덜덜 떨었다. 그가 텅 빈 내 시체 속으로 뼈를 시계추처럼 끊임없이 앞뒤로 밀어 넣는 동안, 나는 무슨 일이 벌어지고 있는 것인지 정확히 깨달았다.

나는 내 안으로, 뒷좌석 깊숙한 곳으로 파고 들어갔다. 내 영혼을 저버리고 스스로를 배신하는데 가담했던 것이다. 그

바보 같은 차의 뒷좌석보다 더 어두컴컴하고 비좁은 곳으로 나 자신의 영혼을 쳐넣다니. 내 몸에 저질러진 죄를 책임질 사람은 오직 나뿐인 것 같았다. 그날 내 수치심은 걷잡을 수 없이 불어났다.

남자의 목소리가 갈라졌다. 그가 고개를 뒤로 살짝 젖혔고, 콧대가 살짝 빛났다. 그의 입이 벌어지며 달을 꿀꺽 삼켰다. 나는 아직 생리를 시작하지 않고도 임신할 수 있는지 궁금했다. 엄마는 그런 것을 한 번도 이야기해 준 적 없었다. 내가 아는 모든 것은 엄마를 보고 직접 따라 하면서 배운 것이었다.

일이 끝난 후, 남자는 자그마한 거울을 꺼내더니 납작한 표면 위에 코카인 더미를 동전만하게 쏟았다. 그리고선 나에게 빈틈없이 돌돌 말린 지폐를 건넸다. 나는 바지조차 끌어올리지 못한 상태였다.

"기분이 더 나아질 걸."

나는 기분이 더 나아지고 싶었다. 그는 눈처럼 새하얀 코카인 더미 속으로 손가락을 집어넣은 다음, 작은 8자 모양으로 잇몸에 문질렀다. 세게 이를 맞부딪히고 입술을 핥는 내내 그의 턱이 요란스럽게 소리를 냈다. 그가 내게 거울을 내밀었다. 거울이 가루로 뿌옇게 얼룩져 있어서 콧구멍으로 가지런히 정렬된 코카인을 빨아들이며 거울에 비친 내 눈을 볼 필요가 없었다. 기분은 나아지지 않았다. 오히려 지옥 불 속으로 걸어 들어간 기분이었다. 사실은 뒷자리에서 빠져나오는 것이 너무나 어려웠다. 이 세상의 모든 것은 탈출할 수도, 잊어버릴 수도 없어 밀실 공포증을 불러일으키는 작은 방이 되었다. 이 세상의 모든 것은 작고 어두운 곳이 되었다.

엄마가 일요일 언제쯤 데리러 왔다는 것 빼고는 집에 어떻게 왔는지 기억나지 않는다. 내 팔다리는 국거리가 되고 은밀한 부위는 박살이 나 버렸기에 엄마가 미웠다. 엄마가 나를 차에서 내리게 하고 지난 며칠 동안 일어난 일 이후 과연 내가 온전해질 수 있을지 확실할 수 없었다. 심지어 피자처럼 조각나고 찢어져도 싸다는 생각이 들었다.

오래 지나지 않아 사람들은 내가 착하고 상냥한 소녀가 아니라는 사실을 알게 되었다. 그들은 차 뒷좌석과 내가 뻔질나게 드나들었던 작고 어두운 곳들에 대해 알게 되었다. 오줌 사건에 대해서도 알게 되었다. 내가 코카인을 한다는 사실도. 사람들은 나를 소름 끼쳐 했다. 나를 바라보는 시선, 또 잽싸게 시선을 피하는 방식에서 알 수 있었다.

어느 날 엄마가 미용실에서 퇴근해 집에 돌아왔다. 한 손님이 내가 자동차 뒷좌석에서 순결을 잃은 것을 알려줬다고 했다. 엄마가 알지 못한 것이 있다면, 애초에 나를 거기에 집어넣은 건 다름 아닌 엄마라는 사실이었다.

"네 엄마라는 게 수치스럽다! 대체 무슨 생각으로 그런 거니?" 엄마가 나에게 고함을 질렀다.

뒷좌석에서는 아무런 생각도 하지 않았다. 누구도 내가 생각하는 법을 가르쳐주지 않았으니까. 그리고 이미 나는 내가 한 짓에 대해 너무나 큰 수치스러움을 느끼고 있었다. 엄마 몫의 수치스러움까지는 필요하지 않았다. 똥 묻은 개가 겨 묻은 개 나무라는 셈이었다.

힐튼 웨이에 있는 우리 집에서, 나는 황소처럼 있는 힘껏 돌진해 엄마를 벽으로 밀쳐버렸다. 엄마는 내 분노를 표출하기에 가장 적당한 대상인 듯했다. 나는 엄마를 바닥으로 넘어뜨렸고, 엄마는 손으로 내 머리털 한 움큼을 뽑았다. 그리고선 그녀는 무릎으로 내 어깨를 꼼짝 못 하게 누른 채 내 위로 올라탔다. 숨을 쉴 수 없다고, 엄마 때문에 아프다고 말했지만, 엄마는 미동조차 하지 않았다. 대신에 내 얼굴에 대고 수치스러운 존재라고 계속해서 소리를 지를 뿐이었다.

델라 언니가 방에서 나와 엄마를 떼어내 화장실로 끌고 들어갔다. 언니가 문을 닫아 우리를 떼어냈음에도 엄마는 끊임없이 천박한 욕설을 퍼부어댔다. 나는 아무런 대꾸도 하지 않았다. 내 목소리는 더 이상 중요하지 않다는 것을 깨달았기 때문이다. 그날 이후, 누군가에게 무엇을 설명하려는 노력 따윈 그만둬 버렸다.

몇 달 후, 엄마는 우리를 데리고 바로 옆 동네인 모스 비치로 이사를 했다. 사람들의 수군거림으로부터 나를 떨어뜨려 놓으려는 것이 분명했다. 그녀는 내가 추잡스러운 가십과

평판을 견딜 필요 없도록 보호하고 있었다. 하지만 나의 결백은 한 톨도 남아있지 않았고, 본격적인 십 대 시절은 시작조차 하지 않았다. 닷지 콜트의 뒷좌석은 내게 다시 돌아오지 않을 며칠, 몇 분, 몇 년을 담은 타임캡슐이 되었다.

7. 시궁창 하우스, 1996

"거기 별일 없는 거니?" 한 여자가 아래에서 나를 향해 외쳤다.

그녀는 갈색 종이 가방을 허리춤에 들고 자갈이 깔린 모스 비치 마트 주차장에 서 있었다. 마트 바로 뒤, 공업용 철제 쓰레기통이 언제나처럼 세워진 사유지 경계선 가장자리에 우리 집이 있었다. 나는 조금만 있으면 열네 살이었다.

그녀는 한 손을 눈 위에 받쳐 밀려드는 저녁 햇살을 가렸다. 그리고선 내가 낡은 집에 달린 전기 계량기 가장자리를 타고 조심스레 넘어가려 애쓰는 모습을 바라보았다. 외벽에서 페인트가 벗겨져 작은 눈송이처럼 그녀의 머리 위로 떨어져 내렸다.

"음, 네. 왜 그러세요?"

나는 꽉 끼는 흰색 바지 차림의 십 대가 건물의 외벽을 오르는 것이 딱히 놀랄 일이 아니라는 듯 가능한 침착하게 소리쳤다. 나는 두 층 위에서 그녀를 내려다보며 세로줄이 난 나무 몰딩 벽의 날카로운 가장자리를 손톱으로 움켜쥔 다음,

입에 손가락을 가져다 대고 '쉿'해 달라는 신호를 보냈다. 내가 무슨 짓을 하고 있는지 엄마가 몰랐으면 했다.

내 다리 한 짝은 집 창문 바깥으로 달랑거리고 있었다. 다른 한 짝도 창틀 너머로 들려 있었지만, 아직 반절이나 방에서 빠져나오지 못한 상태였다. 나는 외출 금지를 당했고, 엄마는 '죽을 때까지 다시는' 방을 나올 생각하지 말라고 내게 말했다.

내 방문이 벌컥 열렸다. 나는 엄마 쪽을 바라보다가 하마터면 창문 밖에 서 있는 여자 위로 떨어질 뻔했다. 그녀가 숨을 몰아쉬는 소리가 들렸고, 식료품이 바닥으로 떨어졌다. 사방에서 허둥대는 발소리가 났다.

엄마는 총알처럼 쏜살같이 방을 가로질러 와 내 벨트를 움켜잡았다. 그리고선 네모난 창문 사이로 내 몸을 홱 잡아당겼다. 그녀는 나를 마룻바닥에 내동댕이친 후, 화학 무기 같은 손으로 인정사정없이 두들겨 팼다. 우리 두 사람의 얼굴을 가리고 있는 엄마의 빨간 머리 외에는 아무것도 보이지 않았다.

엄마에게서 벗어나기 위해 집의 외벽을 올라 전신주를 타고 길에 뛰어내릴 작정이었다는 말은 굳이 꺼내지 않았다. 요즈음 우리는 한순간도 싸움을 멈추지 않았고, 엄마의 말은 픽업트럭에 치이는 것 이상으로 내게 상처를 입혔다. 엄마는 늘상 퍼시피카 사람들에게서 주워들은 말을 들먹였다.

엄마가 나를 움직이지 못하게 붙잡았다. 엄마는 얼굴이 시뻘건 폭탄으로 변해 두 뺨이 터지기 일보 직전이 될 때까지 단단한 방바닥에 나를 꽉 눌렀다. 그때 레오는 네다섯 살쯤이었다. 그 애는 빨간 멜빵을 어깨에 걸치고 초록색 고무공을 든 채 조용히 문가에 서 있었다.

  우리가 싸울 때면 레오는 한마디도 하지 않았다. 그럴 때 뭔가 말해봤자 불 난 데 부채질하는 격이라는 사실을 우리를 지켜보며 알게 된 것이다. 대신에, 어린 애 머리로는 이해하기 어려운 것들을 받아들이려 애쓰며 반짝이는 눈과 장밋빛 뺨을 하고 출입구에 기대어 있었다. 그야말로 '사랑의 전쟁터' 한복판에서 커가는 중이었다.

  그 사이 엄마는 바깥세상에서 벌어진 일들에서 멀리 떨어진 그 집, 그 방에 나를 가둬 놓으려 했다. 하지만 너무 늦었다. 그 일들은 진작에 왔다가 떠났고, 델라 언니처럼 사라졌다. 마지막에 들은 바로는 언니는 어떤 나이 많은 남자와 도망쳤고 메스암페타민에 중독되었다고 했다. 우리는 언니를 몇 달이나 보지 못했는데, 딱 한 번 메인 스트리트에서 마주쳤을 때 언니는 우리가 말을 걸기도 전에 재빨리 모습을 감췄다.

  방에 정적이 찾아왔다. 레오는 요새 푹 빠져있는 파워레인저라도 보는 양 조금 떨어진 거리에서 책상다리로 앉아 우리를 지켜보고 있었다. 그 애는 고무 공을 마룻바닥 위에 조심스레 올려놓았다. 집 안에서 일어나는 모든 일을 목도한 후, 그 애는 매사에 항상 조심스럽게 굴었다. 그 애는 우리 집의 유일한 평화유지군이었다.

나는 발길질을 멈추었고, 엄마 얼굴이 다시 바닐라 색으로 돌아왔다. 레오는 머리를 기울이더니 일어나 부엌으로 갔다. 그날 누구 하나 죽어 나갈 일은 없다는 사실을 안 모양이었다. 그 애가 냉장고를 열고 콜라병을 따는 소리가 들렸다. 엄마가 마침내 내게서 떨어졌고, 바깥에 있던 아줌마가 뭐라고함치는 소리가 창문 아래 주차장에서 들려왔다. 엄마는 일어나 나무 창틀에 창문을 밀어 닫았다. 그리고선 아줌마에게 손을 흔들며 엄지를 치켜들고 가짜 미소를 지어 보였다.

"네 아빠랑 다시 합치려고." 엄마가 내게 말했다.
"감옥에 있는 거 아니었어?" 내가 물었다.
나는 당황한 채 마룻바닥에서 몸을 일으켰다.
"막 출소해서 갈 곳이 필요하대." 엄마가 말했다.
"음, 그게 왜 여긴데?" 내가 물었다.
"내가 너한테서 좀 벗어나야겠거든." 엄마가 말했다.

하지만 엄마는 내게서 벗어나지 않은 적이 없었다. 터무니없는 소식을 듣는 내내 나는 침대에 걸터앉아 엄마의 얼굴을 바라보았다. 엄마가 아빠를 내 '아빠'라고 부른 것은 이번이 처음이었다. 엄마는 아빠를 대개 '씨발놈'이라고 부르곤 했다. 그리고 그 씨발놈이 이제 나와 함께 살게 되었다. 어쩌구니가 없었다.

"아빠는 저 아래 차고에서 지내게 될 거야." 엄마가 내게 말했다. 내 눈을 쳐다보지도 않은 채 말이다.

"저 아래 지하실에 있는? 그 차고?" 분명히 하기 위해 내가 물었다.

"그래, 로렌. 우리 집에 딱 하나 있는 차고 말이야." 엄마가 눈을 흘기며 대답했다.

엄마는 방을 나가 화장실로 가버렸다. 그리고선 샤워기를 틀고 문을 닫았다. 나는 문틈에서 끓어오르는 두꺼운 수증기를 바라보았다. 내 마음도 부글부글 끓어올랐다.

열세 살의 나는 제대로 설명하기 힘든 십만 가지 재료가 들어간 레시피가 된 것 같았다. 혼란스러움과 분노라는 감정이 아침에 잠에서 깨어나 옷장을 열고 살가죽을 몸에 걸치면 어떤 모습일지 궁금했다. 나의 유일한 산소 공급원인 엄마한테 버림받는 기분이었다. 그래서 어지러움에 내 화살이 잘못된 과녁을 맞힐 때까지 돌고 또 돌았다. 내가 정말로 원했던 것은 엄마가 내 곁에 조금만 더 머무르는 것뿐이었다. 하지만 문은 쾅 닫혔지, 머리카락은 한 움큼이나 뽑혔지, 거기에다 입가는 비릿한 피 맛으로 가득해 차마 사실대로 말을 할 수 없었다. 엄마를 사랑한다고 말이다.

아빠가 나타난 날엔 비가 왔다. 1997년의 새해가 막 밝아온 참이었고, 나는 투팍의 '캘리포니아 러브'가 시끄럽게 울려 퍼지는 거실에 있었다. 아빠는 올리브색 빈티지 여행 가방을 든 채 현관에 서 있었다. 주위에는 담배 연기와 해안가의 안개가 자욱했다. 야위고 주름진 이마 아래로 기관사 모자챙이 내려와 있었다. 아빠가 감옥에 있던 시간이 하도 길어, 얼굴을 알아보기 힘들었다. 나는 나무문 반대편에서 먼지투성이 유리창으로 아빠를 바라보며, 그를 집 안으로 들어오게 해야 할지 고민했다.

"그래, 어떻게 지냈냐?" 종잇장처럼 얇은 유리창을 사이에 두고 아빠가 말했다. 나는 아빠의 목소리가 더 잘 들리도록 라디오 볼륨을 줄였다.

아빠는 감방 동료를 대하듯 말을 건네며 기다란 은빛 손톱으로 얇은 유리창을 가볍게 두드렸다. 그리고선 바깥쪽 불빛 아래로 나아갔다. 도깨비 같은 그림자 뒤 현관 입구에는 부드러운 보슬비가 내리고 있었다. 아빠는 이가 하나 빠져 비어버린 틈새로 뾰족한 혀를 넣더니 고개를 기울이며 비뚜름히 미소를 지었다. 그리고선 두 손을 허공 위로 올리고는 깡마른 어깨를 으쓱했다.

나는 그 귀신같은 얼굴을 보고 문가에서 일 미터 정도 떨어진 곳에 얼어붙은 채 서서, 아빠가 어쩌다 저렇게 늙고 무섭게 변한 것인지 의아해했다. 누구든지 감옥에 가면 담배 연기와 바닷물 냄새를 풍기는 쭈글쭈글한 바다 괴물처럼 보이게 되나? 유리창 너머로 봐도?

"들어가게 해줄 거냐, 꼬맹아?" 아빠가 물었다.

정말 좋은 질문이었다.

아빠를 들여보내야 하나?

아빠가 낡은 여행 가방을 문의 유리 부분에 기댔다. 나는 그 가방이 무기와 마약, 잘린 목, 아빠가 맨손으로 때려죽인 사람들의 빗장뼈로 가득 차 있을 거라고 상상했다. 아빠에 대해 그렇게 생각하는 게 이상하다는 건 알지만, 최소 6년 동안이나 만나지 못한 아빠를 집 안으로 들여야 하는 상황이었다. 집의 삼나무 벽이 말을 할 수 있다면 과연 뭐라고 말할지 궁금했다.

아빠는 내게 편지를 백 통은 보냈다. 아빠의 죄수 번호인 P-55372를 외울 정도였으니까. 발신 주소는 포트 리븐워스 교도소였고, 봉투에서는 항상 담배 냄새가 났다. 편지들은 집배원이 우리 집 우체통에 밀어 넣기 전까지 몇 번이나 뜯기고 다시 봉해졌다.

이 뼈만 남은 유령을 우리 집으로 맞이할 준비를 하며 손으로 문손잡이를 감싸자, 부드럽게 딸랑거리는 소리가 나를 스쳐 지나갔다. 나는 강철로 된 손잡이를 돌려 아빠를 안으로 슬며시 들여보냈다. 마치 몇 년 전 그가 뱀처럼 슬며시 집을 떠났을 때처럼 말이다.

아빠는 황급히 집 안으로 뛰어들었다. 그리고선 삼나무 바닥 위에 여행 가방의 자그마한 금속 바퀴를 끌며 사냥개라도 되는 양 온 방의 공기 입자를 킁킁 빨아들였다. 못 보던 물건을 볼 때마다 머리를 움찔하곤 물집이 잡힌 입술 아래로 욕설을 중얼거렸다.

아빠는 욕실 수건을 얼굴에 덮고 면섬유와 피부 연고 향기를 들이마셨다. 아빠에게서는 주유소 커피 냄새와 타들어 가는 담배 찌든내가 났다. 옷장 문을 열어 옷가지와 얼룩진 수건들을 휙휙 넘겨보는 짓이 마침내 끝나자, 아빠는 나이 든 얼굴로 우쭐한 표정을 지으며 나를 보았다. 우리가 살고 있는 거지 같은 집구석에 놀란 기색이 역력했다. 달리 어떤 것을 기대했던 걸까?

아빠가 순찰을 마무리 짓는 동안 나는 소파 베드 근처에 서 있었다. 아빠는 베드에 커다랗게 주름 잡힌 부분에 털썩 주저앉아 그 깊은 구렁텅이 속에서 과자 부스러기를 끄집어냈다. 그리고선 캔버스 천으로 된 보트 슈즈를 벗어 올려 나무 테이블 위에 떨어뜨렸다.

"우리 이제 룸메이트인가 보네." 그가 말했다.

아빠는 거실 한 가운데서 입안을 갈색 담배로 가득 채우곤 불을 붙였다. 그런 아빠를 보며 나는 눈썹을 잔뜩 치켜 올려, 집 안에서 담배 피우는 것을 엄마는 절대 허락하지 않을 것이라는 표정을 지어 보였다.

"엄마는 신경 끄라고 해, 꼬챙아!" 아빠가 말했다.

그는 연기가 자욱이 낀 그을음 속으로 얼굴이 사라질 때까지 담배를 뻑뻑 피워댔다. 가느다란 손가락 사이에서 담배의 긴 몸통이 서커스 지휘봉처럼 빙글빙글 돌았다. 그는 나무 테이블 너머로 나에게 담배를 내밀었다.

"자, 한 대 피워, 딸." 아빠가 말했다.

우리 사이의 긴장이 깨지고, 엄마가 단 한 번도 한 적 없는 일을 아빠가 해낸 순간이었다. 나와 연결고리를 형성하는 일 말이다. 나는 손을 뻗어 바싹 마른 아빠의 피부를 만졌고, 아빠는 그런 내게 필터가 없는 기다란 니코틴 덩어리를 내밀었다.

나는 축축하게 젖은 담배의 끄트머리를 잡고 입으로 밀어 넣은 다음 숨을 들이마셨다. 담배의 맛과 향은 언제나 아빠를 향한 그리움을 불러왔다. 우리는 깡마른 다리를 포도 덩굴처럼 꼬아서 테이블 위에 올려놓은 채 함께 소파에 앉아 두꺼운 연기 속을 떠돌았다. 어쩌면 아빠는 엄마가 늘상 말하던 것처럼 '씨발놈'일 수도 있겠지만, 동시에 좋은 아빠일 수도 있겠다는 생각이 들었다.

한 시간쯤 뒤, 아빠가 자기 방을 보고 싶다고 말했다. 우리는 부엌문을 나와 계단을 내려갔다. 사람의 발길이 끊긴 지 하도 오래되어, 이끼와 곰팡이투성이가 된 낡은 널빤지는 숲에 사는 괴물이 토해낸 무언가처럼 보였다.

우리 집은 벽돌로 지어진 낡은 식민지풍 건물 뒤에 있었다. 그곳은 '댄스 플레이스'라는 이탈리안 레스토랑이었다.

아빠는 그곳에서 항상 '좆 같은 똥' 냄새가 난다고 했다. 거기엔 작고 다 쓰러져 가는 우리 집을 내려다보는 거대한 아치형 창문이 있었다. 골목길에는 끔찍한 악취를 풍기는 쓰레기통이 줄지어 있었다. 나는 내가 사는 곳이 부끄러웠고, 누군가 차를 태워줄 때면 집이 아닌 모스 비치 마트에 내려달라고 했다. 우리 집이 얼마나 방치되어 있는지 남들이 몰랐으면 싶었다. 집은 우리에 대해 너무 많은 것을 말해주었다.

우리는 지하실 문 앞에 섰다. 나는 자물쇠의 다이얼을 이리저리 돌린 다음, 자물쇠를 흔들어 녹슨 철문에서 떼어냈다. 이런 자물쇠 뒤에 그토록 오랜 세월을 갇혀있었다니, 아빠가 어떤 기분이었을지 궁금했다.

아빠가 먼지투성이 손잡이를 콘크리트 표면을 따라 자신의 항공 점퍼에 달린 구리 단추 쪽으로 휙 잡아당겼다. 그리고선 깜깜한 어둠 속에서 문 안으로 손을 넣고 휘저으며 문틀에 낀 두꺼운 거미줄을 제거하려 애썼다. 나는 아빠를 앞세운 채 낮게 드리워진 지붕 아래로 걸어가 지하실의 블랙홀 속으로 들어갔다. 아빠가 천장에 매달린 끈을 잡아당겼다. 불이 켜지며 광산 갱도의 더러운 갈색 벽 같은 것을 비추었다. 흰곰팡이와 부패하는 동물 사체 냄새가 났다.

"아주 시궁창이 따로 없구먼." 아빠가 말했다.

하지만 우리가 가진 것, 우리가 아는 것이라고는 이런 게 다였다.

아빠가 발밑의 먼지 뭉치를 걷어찼다. 먼지가 작고 지저분한 토네이도가 되어 빙그르르 도는 동안, 아빠는 시멘트 더미 위로 올라가 보라색 태피스트리를 치워 버렸다. 그것은 누가 그걸로 목이라도 매단 것처럼 천장에 매달려 있었다.

"이런 데서 어떻게 사는 거야?" 아빠가 물었다.

"여기 안 살아. 여기 내려오지도 않는다고." 내가 말했다.

"음, 그래도 여전히 집의 일부잖냐. 이대로 버려두면 너도 모르는 새 네 발밑에 온갖 똥 덩어리가 살게 될 거다."

인제 와서 집에 신경 쓰기엔 너무 늦었다.

지하실 서편의 나무 대들보로 향하는 동안 우리는 몸을 수그려 살아있는 생명체들을 피했다. 나는 혹시라도 생명체가 둥지를 틀고 있을 사태를 대비해 앞뒤로 손을 휘저었다. 최근에는 낡아 빠진 녹슨 세탁기 근처에 타란툴라가 기어가는 것을 봤다. 아빠는 주머니 속을 더듬어 담배를 꺼내더니 지포 라이터를 탁 열었다. 입가에서 불꽃이 깜박거렸다. 그림자가 드리운 얼굴이 행성처럼 반짝였고, 아빠는 거미가 들끓는 지하 던전을 몇 번이나 둘러보며 고개를 위아래로 끄덕였다.

"음, 여기 몇 군데 좀 손봐야 할 것 같지, 꼬맹아?"

그게 과연 가당키나 한 일인지, 이곳이 완전히 맛이 가 버린 것은 아닌지 궁금했다. 어쩌면 우리 모두 맛이 가버렸을지도? 아빠가 느릿느릿한 동작으로 고개를 흔들었다. 그리고선 셔츠에 묻은 먼지를 털고 퀴퀴한 냄새가 나는 까만색 구덩이를 살펴보며 담배를 뻑뻑 피웠다.

"내 생각엔 우리가 이곳을 다시 살릴 수 있을 것 같아." 아빠가 말했다.

그 순간에는 지하실을 깨끗이 치우고 다시 한번 기회를 준다는 것이 불가능하게 느껴졌다. 하지만 이곳을 다시 살릴 수 있다면 우리 모두에게도 희망이란 게 있을지도 모른다는 생각이 들었다.

몇 시간 후 아빠는 뭐라도 저녁거리가 될 만한 음식을 찾아 냉장고를 뒤졌다. 나는 조리대 위에 앉아 아빠가 이미 수천 번은 와 본 사람처럼 방안을 미끄러지듯 활보하는 모습을 지켜보았다. 술이 죄다 어디에 숨겨져 있는지, 별별 것들이 들어있는 빌어먹을 통조림 오십 개를 우리가 어디에 감춰뒀는지 속속들이 알고 있다는 듯 말이다. 아빠는 나에게 지나치게 붙어서 라인 댄스를 추더니, 앙상한 팔을 내 머리 뒤쪽으로 뻗어 커튼을 쳤다.

"레스토랑 머저리들이 우리가 평범한 사람들처럼 행동하는 걸 안 봤으면 하는데." 아빠가 말했다.

우리 둘 다 우리가 평범한 사람들이 아니라는 걸 알았다.

구시렁대는 아빠의 입술 사이로 얇은 담배 한 개비가 흔들거렸다. 냉장고의 찬 바람 쪽으로 담배 연기가 뿜어져 나왔다. 아빠는 아기 팔뚝만 한 두꺼운 고깃덩어리를 도마에 대고 몇 번이나 두들겼다. 아빠가 서커스 조랑말처럼 제자리에서 날뛰며 쿵쿵대는 동안 조리대가 미친 듯이 흔들렸다.

"이런 식으로 네가 생긴 거란다, 딸!" 아빠가 내게 말했다.

아빠는 돼지 등심을 단단한 나무 도마에 내리치며 한쪽 발을 다른 쪽 발 앞에서 이리저리 움직였다. 육즙이 주방 곳곳을 향해 샴페인 병처럼 폭발했다.

아빠의 행동이 역겹다는 것은 알았다. 아빠의 말 역시 어린 딸에게 하기엔 부적절하기 그지없었다. 하지만 나는 다른 사람들의 생각 따윈 신경 쓰지 않는 아빠의 사고방식이, 남들이라면 일생에서 단 한 번도 입 밖으로 내지 않을 말을 큰 소리로 지껄이는 방식이 마음에 들었다. 입안에 빙고 게임 같은 구멍들이 있든, 이빨이 타르로 얼룩져 있든 아빠는 아무런 신경도 쓰지 않았다. 또한, 엄마처럼 나를 멍청하고 성가신 어린애로 취급하지 않았다. 아빠는 나를 인간으로 바라봐 주었다. 그래서 왜 지금껏 아빠를 인간 취급하지 않았는지 자꾸만 잊게 되었다.

자러 가기 전, 아빠가 레오의 방에서 매트리스를 끌고 뒤쪽 계단으로 내려가는 것을 도와주었다. 매트리스가 다 썩어 들어가는 뒤쪽 현관 난간을 쿵쿵 쳤다. 나는 지하실 문밖의 콘크리트 틈새에서 국화가 자라나고 있다는 사실을 향기로 알아챘다. 이전까지는 전혀 눈치채지 못했다. 우리가 매트리스를 끌고 시궁창 같은 집구석 바닥을 가로질러 가는 내내, 아빠는 혼잣말로 천박한 말을 중얼거리며 빈 루트 비어 캔을 걸어찼다.

"바로 여기야!" 아빠가 외쳤다.

우리는 차고 서쪽 구석, 그을음과 쥐똥이 잔뜩 쌓인 곳에 매트리스를 털썩 내려놓고 그 위에 앉았다.

"한 대 피울래?" 아빠가 웅얼거렸다.

"당연하지." 담배라면 언제라도 마다할 이유가 없었다.

중학교 야구 그물망 뒤쪽에서 친구 키미와 담배를 피우다가 걸린 적은 이미 수도 없이 많다. 정학도 두 번이나 당했다. 키미는 내가 아는 동갑인 애 중에 나만큼이나 골초인 유일한 애였다. 걔네 엄마도 집을 나가 돌아오지 않았다.

아빠는 바지 뒷주머니를 뒤졌다. 그리고선 성냥갑에서 한 개비를 꺼내 까만색 끄트머리를 침대 옆 콘크리트 바닥에 대고 긁었다. 오렌지색 불씨와 유황이 소용돌이쳤다. 아빠는 상자에서 담배 한 대를 더 꺼낸 다음 두 개의 끄트머리를 맞부딪쳤다. 담배가 또 다른 담배에 불을 붙였다.

"이걸 항문 섹스라고 한다, 꼬맹아." 아빠가 말했다.

아빠는 위에 있던 담배를 나에게 건네고 웃음을 터뜨렸다. 아빠의 눈썹이 〈샤이닝〉에 나오는 잭 니컬슨처럼 치켜 올라가 있었다. 우리는 함께 킥킥 웃었다.

매트리스 바로 위 벽에는 아빠에게 자그마한 빛줄기를 선사하는 창문이 달려 있었다. 아빠는 어찌 됐건 그걸로도 충분하다고 했다. 나는 담요 몇 장을 들고 아래층으로 내려가

탁상용 램프와 재떨이로 쓸 세라믹 그릇을 건넸다. 문을 닫기 전, 테이프가 감긴 안경을 쓰고 책 속에 고개를 박은 채 구석에 웅크린 아빠의 모습이 보였다. 우리 집에서 아빠는 너무나 편안해 보였다. 별 것 아닌 일이긴 해도, 엄마나 아빠 중 하나라도 곁에 있다는 사실에 기분이 좋았다.

아빠의 침대 위에는 지하실에서 나무 지반을 거쳐 올라가 위층 내 방 근처 바닥까지 이어지는 철제 난방 통풍구가 있었다. 그것은 복도까지 조금 더 이어져 실 전화기 같은 역할을 했고, 양쪽의 소리를 증폭시켜 주었다. 아빠는 그 사실을 아직 알아채지 못했지만, 나는 아빠가 저 아래 시궁창에서 무엇을 하고 있는지 샅샅이 들을 수 있었다.

몇 시간이 지났다. 나는 잠에서 깨어나, 건조하고 불안한 눈초리로 목제 지붕 위의 자그마한 패턴들을 바라보았다. 그리 멀지 않은 곳에서 낯선 인기척이 느껴져 불안감이 밀려왔다. 통풍구 밖으로 늑대인간과 용의 소리가 새어 나왔다. 나는 난방 통풍구 모서리로 기어 올라가 귀를 가져다 댔다.

으르렁거리는 소리가 들려왔다. 시트와 담요가 뒤엉켜 빙빙 도는 소리도 들렸다. 저 아래 끓고 있는 아빠라는 이름의 스튜에서 먼지와 곰팡내가 피어올랐다. 통풍구 관 사이로 작은 불빛이 비쳐 천장에 그림자 인형들을 드리웠다. 나는 아빠가 무슨 꿍꿍이인지 알아내기 위해 열심히 귀를 기울였다. 매트리스 스프링이 진동하는 소리가 울려 퍼진 지 몇 분 후,

나는 자리에서 일어나 아빠를 확인하러 갔다.

지하실 문은 반쯤 열려 있었다. 나는 머리를 들이밀어 침대 위에 달린 자그마한 창문으로 별빛이 부드럽게 비치는 것을 보고는 콘크리트 바닥을 가로질러 아빠를 향해 걸어갔다. 아빠는 더듬거리는 손길로 하얀색 면 시트를 거미줄처럼 빙빙 꼬고 있었다.

"아빠, 괜찮아?"

나는 아빠가 깜짝 놀라지 않도록 속삭였다. '아빠'라는 단어를 내뱉는 것이 마치 목구멍에서 외계인을 끄집어내는 일처럼 느껴졌다.

얼굴이 보이지는 않았지만, 아빠는 몸을 마구 떨며 숨죽인 목소리로 신음을 내뱉고 있었다. 나는 까치발을 들고 옆에 먼지투성이 양장본들이 쌓여있는 침대맡으로 살금살금 다가갔다. 새까만 담배꽁초 그을음 위에 발이 멈췄다.

"아빠." 손을 뻗어 아빠의 떨리는 어깨 위에 놓으며 조금 더 큰 목소리로 내가 말했다.

별안간, 아빠가 매트리스에서 벌떡 일어나 천장의 대들보를 들이받을 뻔했다. 가느다란 콧수염 앞에서 싸움 자세를 취한 꽉 쥔 주먹은 하얗게 질려 있었다. 아빠는 만화경이라도 보는 듯한 얼빠진 눈으로 나를 바라보았다. 마치 내가 천 가지의 기이한 패턴 중 하나라도 되는 것처럼 말이다.

"아빠!" 내가 소리 질렀다.

콘크리트 벽에 튕겨 나온 내 목소리가 메아리처럼 울려 퍼졌다.

"아빠!" 다시 소리쳤지만, 아빠는 넋이 나가 있었다.

그는 링 위에 선 권투선수처럼 흰 주먹 관절을 눈 쪽으로 바싹 끌어당기며 침대 위에 살짝 웅크렸다.

아빠의 눈동자에서 광채가 증발하고, 내 얼굴을 바라보고, 내가 누구며 지하실 안에서 우리가 무엇을 하고 있었는지 떠올리는 건 그리 오래 걸리지 않았다. 그는 마침내 젖은 머리를 말리려는 것처럼 꽉 쥔 주먹을 다리 쪽으로 떨어뜨리고 고개를 앞뒤로 흔들었다.

"제기랄, 로렌! 그렇게 깜짝 놀라게 하지 마! 감방에 갇혔던 남자한테 절대로 몰래 다가가선 안 돼! 뒤지게 맞거나, 따먹히거나, 둘 다가 될 테니까!"

아빠는 뻣뻣한 매트리스에 털썩 주저앉아, 두꺼운 누빔 양말 한 켤레를 꺼내 신었다. 그러자 아빠의 발은 앙상한 보랏빛 닭 발톱처럼 보였다. 둘 다 무슨 말을 해야 할지, 어떻게 사태를 수습해야 할지 몰라서 조용해졌다. 나는 고작 십 대였고, 그는 이미 몇 년 동안 꿈과 현실에서 사람들과 싸우고 있었다. 그러한 진실을 뒤로 한 채 아빠가 살아오며 겪은 일을 바로잡으려 한다는 게 말이 안 되는 일처럼 느껴졌다. 나는 아빠를 도울 방법을 몰랐고, 그런 불가능한 일을 감내하기에는 너무나 어렸다.

얼마 지나지 않아 위층으로 올라가 침대로 기어들어 갔지만, 잠이 오지 않았다. 종잇장보다도 얇은 바닥에서 불꽃이 타오르듯 타닥거리고 펑 하는 소리가 났다. 아래에서는 온갖 잡다한 소리가 들려왔다. 지포 라이터를 딸깍거리는 소리, 자유를 찾아 마당으로 뛰쳐나가 댄스 플레이스 벽돌담에 오줌을 갈기는 소리. 아빠가 정신적으로 매우 불안정한 상태라는 것을 깨달았지만, 어쨌거나 내 아빠였다. 그리고 딸이 된 이상 아빠를 사랑하는 것이 도리처럼 느껴졌다.

새벽 두 시가 지나 지포 라이터 소리가 어느새 잦아들었고, 아빠는 다시 격렬하게 잠에 빠져들었다. 나는 아빠가 얼마나 망가졌는지, 내가 얼마나 무력한지 생각하며 베갯잇 위에서 흐느꼈다. 내가 할 수 있는 건 아무것도 없었다.

불과 몇 시간 전까지만 해도, 이 사람이 나타나 내 아빠가 되어 줄 거라는, 나를 지켜줄 수 있을 거라는 작은 희망이 있었다. 아무도 그러지 못했으니까. 하지만 우르르 울리는 바닥과 아빠의 목에서 새어 나오는 신음 위에 누워, 그가 그 자신조차 도울 수 없다는 사실을 깨달았다. 아빠가 나를 도울 수 있을 리는 없었다.

8. 보니 앤 클라이드, 1997

엄마의 낡은 구릿빛 쉐보레 셀러브리티가 집 앞 버지니아 애비뉴에 세워져 있었다. 카마로를 사기 전까지 엄마가 몰던 차였지만, 엄마는 자신이 집에 발길을 끊은 것에 대한 위로의 의미로 아빠에게 열쇠를 넘겼다. 차 앞부분은 전부 박살이 났고, 조수석 문은 곁면을 따라 붙어있는 청테이프 덕분에 겨우 차체에 붙어있었다.

아빠가 앞쪽 현관 계단에서 나를 응시했다. 그는 나를 위아래로 훑더니, 땅따먹기 게임이라도 하듯 내 바지 무늬를 이리저리 뜯어보았다.

"다리가 꼬챙이 같네. 다리가 그렇게 생겨먹었으니 공부 열심히 해야겠다!"

아빠는 고개를 뒤로 젖히고서 웃음을 터뜨렸다. 나는 가느다란 나무젓가락 같은 아빠의 깡마른 다리를 바라보며, 내 다리가 아빠 다리를 닮았다는 사실을 깨달았다. 아빠에게서 또 무엇을 물려받았을지 궁금했다.

"타, 꼬챙아."

아빠는 뼈만 남은 앙상한 몸에서 자꾸만 흘러내리는 짙은 파란색 리바이스 청바지를 끌어 올렸다. 그리고선 셀러브리티의 운전석 문을 열더니 내게 차로 오라는 손짓을 했다.

"딸내미 먼저." 아빠가 말했다.

나는 운전석 쪽으로 기어들어 갔다. 그렇게 하지 않으면 조수석 문이 자갈밭에 처박힐 것 같았기 때문이다.

"우리 어디 가?" 내가 물었다.

나는 헤드라이너 아래로 몸을 숙여 조수석 쪽으로 건너갔다. 맥도날드 감자튀김 냄새가 폴리에스테르 시트에 스며들어 있었다. 아빠는 운전석에 앉아 문을 닫았다.

"보물찾기하러 가는 거지!"

아빠는 스톤헨지 같은 거무죽죽한 이빨을 드러내며 씩 웃었다.

"저 시궁창을 저택으로 바꿀 시간이다, 우리 딸!"

아빠는 셜록 홈스가 쓸 법한 모자의 챙을 앞으로 기울였고, 점화 장치 근처 작은 금속 구멍에서 열쇠들이 쨍그랑거리는 소리가 들렸다. 딱히 쓸 곳도 없으면서 왜 그리 열쇠가 많은지 궁금했다. 차는 집 앞을 떠나 언덕 위로 올라갔다. 아빠는 담뱃갑을 흔들었고, 담배 한 개비가 대포알처럼 내 옆의 얼룩진 좌석으로 날아왔다. 아빠가 고개를 끄덕였다.

"한 대 피워, 딸." 아빠가 차량용 라이터를 내밀었다.

아빠는 부드러운 재즈가 흘러나오는 채널을 찾아 라디오

다이얼을 만지작거렸다. 우리는 캘리포니아 애비뉴를 지나 에델도어 쪽으로 올라가 우뚝 솟은 삼나무로 가득 찬 어느 마을로 흘러 들어갔다. 아빠의 들쭉날쭉한 운전실력에 불안감이 엄습했고, 저렇게 배배 꼬인 감초 사탕 같은 정맥이 툭 불거진 팔로 대체 어떻게 운전대를 인정사정없이 움켜쥐고 있는 것인지 걱정스러웠다. 감옥에서 몇 년 만에 나와 운전하려니 기분이 이상할지 궁금했다. 그리고 내가 열두 살 때부터 이 차를 훔친 적이 서른 번도 넘는다는 사실을 아빠가 알고 있는지도 궁금했다.

"뭐 찾는 건데?" 내가 물었다.

작은 금속 버튼을 눌러 창문을 내리려 했지만, 꿈쩍도 하지 않았다. 아빠는 차를 세우고 나를 도와 맨손으로 유리창을 끌어 내렸다. 차 안에서 자욱한 연기가 뿜어져 나왔다.

"우리는 강단이란 것을 찾고 있는 거야, 딸. 그게 뭔지 아냐?" 아빠가 물었다.

무슨 뜻인지는 몰랐지만, 골치 아프게 들렸다.

"이 세상에서 살아남고 싶다면 말이지, 원하는 걸 어떻게 손에 넣을 수 있을지 알아야 해, 딸. 투지와 꾀가 있어야 하는 거지."

대놓고 말하지는 않았지만, 그 말은 사람들을 털어먹을 줄 알아야 한다는 의미였다. 아빠는 소나무 쪽으로 갑작스레 우회전해 시브라이트로 들어가며, 감옥에 있었던 시절에 대해 이야기했다. 아빠는 원하는 모든 것을 얻는 법을 정확히 알고 있었다. 담배. 오레오. 치실. 치약. 트윅스. 펩시콜라. 책. 글을 쓰는 데 필요한 종이와 펜.

"펜은 오직 암시장에서만 구할 수 있었지만 말이야. 뾰족해서 누군가를 찌를 수 있거든. 거기에선 허구한 날 칼부림이 벌어졌어." 아빠가 말했다.

우리는 엘 그라나다 해안가의 뱃고동 소리를 뒤로하고 동쪽으로 떠났다. 아빠가 말하는 동안, 나는 앞 좌석에 함께 앉아 쓸모 있는 사람이 된 듯한 기분을 느끼며 주름진 의자 속으로 편안하게 파고들었다. 하지만 앞 유리 너머 끔찍한 진실도 펼쳐져 있었다. 다른 어른들과 부모들이 아이들로부터 숨기기 급급한 진실, 이 야만스러운 세상에서 살아남기 위해서는 썩어빠진 짓거리를 해야 한다는 진실 말이다. 아빠는 도덕성이나 옳고 그름에 대해 가르쳐주지 않았다. 그 대신 생존에 대해 가르쳐주었다. 아빠 나름의 생존 방식을.

우리는 버려진 보물을 찾아 차를 타고 천천히 동네 곳곳을 누비는 부치 캐시디와 선댄스 키드[7]같았다. 우리는 선샤인 밸리 로드의 가파른 커브를 따라 동쪽으로 향했다. 아빠는 눈을 가늘게 뜨고 수백 미터나 떨어진 곳에 있는 무언가를

---

[7] 미국 서부 개척 시대의 이름난 갱단 '와일드번치'를 이끈 로버트 리로이 파커와 해리 롱바우. 이들의 실화를 바탕으로 만들어진 영화 〈내일을 향해 쏴라〉(1969)의 원제 역시 〈부치 캐시디와 선댄스 키드(Butch Cassidy and the Sundance Kid)〉이다.

바라보았다. 눈이 마치 작은 검은콩같았다. 금이 간 창문 사이로 축축한 흙냄새와 유칼립투스 향기가 흘러들어왔다.

차는 여전히 움직이고 있었지만, 아빠는 나에게 차에서 뛰어내려 화강암으로 된 천사 날개가 달린 작은 요정 동상 근처의 나무 협탁을 낚아채 오라고 했다. 그래서 시키는 대로 했다. 협탁 가장자리를 들고 쉐보레를 따라잡으려 전력으로 질주하는데 커피라도 마신 듯 몸 안에서 아드레날린이 샘솟는 게 느껴졌다. 뒷좌석 안으로 뛰어 들어온 나는 안전벨트 버클에 걸려 비틀거렸다. 내가 컨버스 운동화를 차 안으로 넣고 문을 쾅 닫은 뒤 둘 다 미친 듯이 웃음을 터뜨렸다.

"넌 타고났어, 딸." 담배를 든 손으로 경례를 하며 아빠가 말했다.

그리고 우리는 오래된 풍차 근처 누군가의 옆 마당에 있는 양치식물에서 반짝이는 조명을 뜯어냈다. 그리고 경찰서 뒤에서는 사무용 회전의자를, 주인 모를 집의 현관 앞 계단에서는 레밍턴 타자기를 찾았다. 아빠가 원케 웨이에 있는 아이용 장난감 집에서 파란색 커튼을 뜯어낸 후, 우리는 피츠제럴드 마린 리저브 인근의 오두막집에 기대져 있는 낡은 모로코식 카펫을 트렁크로 끌고 갔다.

오후가 반쯤 지나자 차 안에 더 이상 어떤 것도 들어가지 않았다. 너덜너덜한 카펫 가장자리와 부엌 의자에 달린 나무 다리가 뒷좌석 창문으로 비어져나왔다. 고전 소설 〈분노의 포도〉에 나오는 덮개 달린 마차를 타고 달리는 사람들이 된 것 같은 기분이 들었다. 상황이 꼭 '좋았던 그 시절의 전형적인 미국'같지는 않았지만, 분명히 아빠의 방식, 그러니까 '전형적인 시궁창 같은 집구석'처럼 돌아가고 있었다.

집으로 돌아오는 길에 우리는 나랑 같은 학교에 다니는 남자애들 옆을 지나쳤다. 나는 걔들이 촌스러운 남자와 촌스러운 자동차에 타고 있는 내 모습을 보지 못하도록 머리를 수그리고 좌석 아래로 미끄러졌다.

"걔네 이제 없어," 아빠가 말했다.

나는 바닥에서 뭘 줍고 있었던 것뿐이라고 말했지만, 아빠는 바보가 아니었다. 아빠는 딱히 별말 하지 않았고, 왜 숨었는지 설명할 필요가 없다는 게 좋았다. 아빠는 아무도 이해할 수 없는 나만의 작은 비밀이었다. 걔네는 스쿨버스에서 나에게 종이를 구겨 던지며 내 찢어진 바지와 둥그런 엉덩이에 대해 지껄여 댄 남자애들과 한패였다.

"저 놈들이 네 털끝 하나라도 건드리면 죽여버릴 거야." 아빠가 말했다.

아빠는 두 손으로 운전대를 꽉 움켜잡고 있었다. 손은 잠깐 보라색으로 변했다가 아빠가 힘을 풀자 다시 핏기없이 창백한 하얀색으로 돌아왔다. 아빠는 라디오 다이얼을 손으로 튕겼고, 우리는 그 일에 대해 다시는 언급하지 않았다. 하지만 그 순간에는 아빠가 정말로 걔들을 죽여버릴 수 있다는 것을 알았다. 아직은 실행에 옮기지 않았더라도 말이다.

　아빠와 나는 매주 동네를 털었다. 그것이 시간이 날 때마다 우리가 한 짓이었다. 어떤 부모들은 아이들과 야구를 하거나 영화관에 가거나 해변에 놀러 간다. 하지만 우리는 쓰레기 처리장에 뛰어들고 높은 트럭 뒤에 숨었다. 또한, 둘 중 한 명이 동네 사람들의 주의를 끄는 동안 나머지 한 명은 벼룩시장에서 물건을 훔쳤다.

　저녁이면 담배와 아빠가 모스 비치 마트에서 산 미니 보드카를 걸고 포커를 쳤다. 그리고 나서는 지하실이 그야말로 너구리굴이 될 때까지 담배를 피워댔다. 우리는 크리스마스 트리를 꾸미는 것처럼 먼지투성이 목제 트렐리스 맞은편의 이웃집 처마에서 훔친 조명을 지하실에 매달았다. 온 동네 앞마당에서 가져온 베르베르 스타일 카펫과 가죽 골동품들을 놓자 지하실은 점점 모로코처럼 보이기 시작했다. 아빠는 우리가 물건들을 그저 '빌려왔을' 뿐이라고 말했지만 나는 바보가 아니었다.

　우리는 내가 듣기에는 과하게 어른스러운 주제로 이야기를 나누었다. 그때의 대화는 가마 속에서 점토 그릇이 단단하게 구워지듯 나의 사고방식과 세상을 보는 눈을 빚어냈다. 온갖 곳을 누비며 나는 물러지고 단단해졌고, 그 어느 때보다도 내가 남들과는 다른 특별한 존재라고 믿게 되었다. 우리 가족은 지루한 핵가족 따위가 아니었다. 비록 마음속 깊은 곳에서는 바로 그런 가족을 원하고 있었지만 말이다. 어쩌면 그건 내게 너무 과분했는지도 몰랐다.

 아빠가 우리 집 지하실에서 살게 된 이상, 내 삶은 비밀의 수프나 다름없었다. 나는 아래층이나 쉐보레 안에서 일어난 일을 학교 애들에게 말하지 않았다. 확실한 건 위층에서 혼자 있는 것보다는 아래층에서 아빠와 함께 있는 것이 더 좋았다.

 노란색 스쿨버스는 전과자인 아빠가 우리 집 지하 차고에서 살고 있고, 우리가 보니와 클라이드처럼 차를 몰고 은밀히 부업을 하러 다니고 있다는 진실을 숨기는 곳이 되었다. 친구들에게 털어놓지 못했던 이야기를 일일이 기억할 수는 없지만, 설령 털어놨다 한들 그 애들은 이해조차 못 했을 것이다. 아빠의 귀환은 동창회에서 나눌 만한 이야기가 아니었다. 대신에 나는 아빠가 사준 보드카와 길에게 만난 이들에게 받은 LSD 속에 스스로를 감추었다. 키미와 나는 약을 몇 번 빨고 모스 비치 증류소 옆 절벽 가장자리에 서 있는 상록수 나무들 사이로 달려가곤 했다. 사람들은 그곳에 유령이 나온다고들 말했지만, 우리가 볼 때 약에 취한 채 유령 사냥을 떠나는 것이야말로 금요일 밤을 보내기에 가장 좋은 방법이었다.

 집에 있을 때면 아빠가 곁에 있다는 사실이 꽤나 위안이 되었다. 하지만 아빠의 존재는 십 대답게 자라는 데는 별로 도움이 되지 않았다. 내 또래의 애들은 〈풀 하우스〉를 보고 첫 키스를 했다. 나는 그럴 맘이 들지도 않았을뿐더러, 그런 행동들이 유치하게 느껴졌다. 또래들 사이에서 나는 네스호의 괴물이나 마찬가지였다. 철저하게 혼자였고, 나만의 삶에 고립되어 있었다.

이듬해, 아빠는 제넨텍사(社)에 정규직 요리사로 취직했다. 주말에 아빠가 집에 없을 때면, 나는 내 몸을 텅 비운 후 박제시켰다. 담배를 피우는 나이 많은 남자들과 우중충한 모텔방에서 어울리는 식으로 말이다. 쪽지를 건네고 삐삐에 8238)[8] 따위의 메시지를 남기는 십 대 남자애들보다는 그들과 있는 게 더 편안하게 느껴졌다. 나와 다른 또래 애들 사이에는 메우기에 너무나 큰 간극이 존재했다.

문제에 휘말릴 때마다 엄마는 내 위치를 어떻게 해서든 귀신같이 알아내, 엄마가 내 목에 비밀 추적 장치를 심은 것은 아닌지 의문이 들 정도였다. 엄마는 늘상 어디선가 나타나 발길질을 하고 소리를 지르며 자기를 향해 있는 대로 욕설을 퍼붓는 나를 끌고 그곳을 벗어났다. 나는 엄마의 걱정과 사랑을 완전히 다른 무언가로 착각했다. 엄마는 너무 과격했고, 지금 와서 생각해보면 그때의 나도 똑같았다. 주먹다짐은 우리의 애정표현이었다.

엄마와 내가 그 난리를 칠 때면, 아빠는 자신만의 빛의 축

---

[8] Thinking of You의 글자 수를 딴 메시지. 즉 '지금 네 생각 중이야'라는 의미이다.

제가 열리는 지하실 위에서 들려오는 발길질과 비명에 진절머리를 냈다. 아빠는 나무 빗자루의 둥근 끝부분으로 천장을 쳐대며 난방구를 통해 우리에게 온갖 천박한 말을 쏟아냈다.

"이 미친 것들아! 제발 아가리 좀 닥쳐!"

엄마와 내가 진흙탕 싸움꾼처럼 삼나무 바닥 위에서 엎치락뒤치락하는 동안, 아빠의 고함이 열기구처럼 바닥을 뚫고 솟아올랐다. 레오는 복도에서 이 꼴을 보고 있었다. 레오를 더 제대로 지킬 수 있기를 간절히 바랐지만, 현실은 나 자신을 지킬 힘도 없었다. 유혈사태가 종료되면 엄마와 레오는 언제나처럼 엄마의 남자친구인 척 아저씨네로 가 버렸고, 나는 아빠와 줄담배를 태우러 아래층으로 내려갔다.

제넨텍에서 일하기 시작한 지 몇 달이 지난 어느 날, 아빠가 집에 일찍 돌아왔다. 아래층에서 아빠가 문을 쾅 닫고 숨죽여 욕설을 내뱉는 소리가 들렸다. 무슨 일인가 보러 가니, 아빠는 어둠 속에서 머리 양옆을 현란한 귀도리로 가린 채 사다리 모양의 등받이가 달린 의자에 앉아있었다.

"나 잘렸어." 아빠가 말했다.

"어쩌다가?" 내가 물었다.

나는 아빠의 매트리스에 앉았다.

"내가 만든 음식이 마음에 안 든 모양이야. 감방에서 나오는 음식 같다나." 아빠가 말했다.

나중에 가서야 아빠가 상사와 마찰을 빚어 점심시간 구내

식당 한복판에서 그의 목에 고기 써는 칼을 들이밀었다는 사실을 알게 되었다.

어느 날 오후, 또 엄마와 한바탕한 뒤 시궁창으로 내려갔다. 아빠는 타자기를 두드리고 있었다. 위층에서 엄마와 내가 질러대는 고함이 안 들리도록 귀도리 주위로 빨간색 스카프까지 싸맨 채로 말이다. 대체 뭘 쓰고 있는 것인지는 몰랐지만, 어쨌든 아빠가 글을 많이 쓴다는 게 좋았다. 아빠는 그게 자기 인생을 토대로 한 소설이라고 했다. 완결을 낼 수 있다면 꽤나 재미있을 게 분명했다. 비록 끊임없이 학교에서 골치 아픈 일에 휘말리기는 했지만, 나는 상당히 똑똑했고 언제나 작가가 되고 싶었다.

촛불만이 켜져 있었고 아빠는 터번을 쓰고 동굴에 들어간 시크교도 같아 보였다. 그는 나를 보고선 머리를 살짝 흔들더니 담배를 끄고 머리통을 감싸고 있던 스카프를 풀었다.

"너랑 네 엄마 때문에 뒈질 것 같아! 머리가 체르노빌이 된 것 같다고. 더는 못 참겠다!"

아빠는 귀도리를 빼서 침대 발치로 던져버렸다. 촛불 빛에 아빠의 시든 얼굴이 비쳐 보였다. 그가 엄마와 나의 끊임없는 싸움에 패배했다는 것을 알 수 있었다. 시궁창 같은 집구석을 궁전으로 만들기 위해 할 수 있는 모든 것을 다 했을지는 모르지만, 그 속에 살고 있던 시궁창 같은 인간들마저 바꿀 방법은 없었다.

아빠가 지하실에서 산 지는 1년밖에 안 됐지만, 더 오래 버티지 못할 것은 자명했다. 결국, 모두가 떠나버렸다. 당연하다면 당연한 일이었다. 아빠가 입 밖으로 꺼내지는 않았지만, 마음속으로 이미 알고 있는 것을 확인 사살하기 위한 언어 따윈 필요하지 않았다. 전에도 그런 표정을 본 적 있으니까. 아빠는 우리를 포기했고, 그 사실은 아빠의 온 얼굴에 쓰여 있었다.

아빠는 구제 불능이었다.

9. 그림자 인형극, 1998

우리가 업랜드로 여행을 다녀온 그해 여름, 아빠의 상태는 불빛처럼 깜박였다. 아빠의 팔뚝에 찍힌 자그마한 자국들이 설탕을 찾는 개미 떼처럼 보였다. 야경증이 도질 때면 공포 영화에서 날 법한 소리가 열기와 함께 금속 난방 환기구를 뚫고 나왔다. 나는 열다섯 살이었다.

아빠는 지하실에 틀어박혀 끊임없이 타자기를 두드리며 위스키를 탄 커피를 물처럼 들이켰고, 마당에 있는 매리언 베리 덤불에 오줌을 갈겼다. 아빠는 내게 소설을 거의 다 썼다고 말하며 스스로를 '셰익스피어식 카우보이'라고 불렀다. 자기가 문학을 즐기면서 담배도 피우는 데다, 자유롭게 오줌을 싸지를 수도 있다는 이유로 말이다.

이즈음 언젠가 언니가 다시 나타나 위층 거실에 매트리스를 깔고 자기 시작했다. 딸기색 머리를 죄다 잘라내고 남은 부분을 새까맣게 염색한 언니는 소심하고 낯선 사람이 되어 있었다. 어느 날 아침 아빠는 커피에 작고 따뜻한 플라스틱 통에 든 크리머 열 개를 부은 뒤 언니와 나에게 시궁창으로 들어오라고 했다. 아빠가 흡연 의식을 치르는 동안 우리는 바닥에 털썩 주저앉았다.

"나는 죽어가고 있다, 얘들아." 아빠가 말했다.

아빠는 유령처럼 새하얀 종이 한 장을 집어 들고 종이접기라도 하는 양 가장자리를 자그마한 날개 모양으로 접었다. 그리고선 종이의 왼쪽 끝과 오른쪽 끝을 모으고 가장자리에 주름을 만든 다음 바닥의 선을 따라 구불구불하게 접었다. 그러자 아빠의 손 한가운데에는 내가 본 것 중 가장 완벽한 종이비행기가 놓여 있었다. 비행기는 잠시 동안 아빠의 손바닥 안에 엎어져 있었다. 아빠는 그것을 다시 한번 보고 주먹을 쥐어 구긴 다음. 또 다른 종이 뭉치들이 굴러다니는 구석으로 던져버렸다.

"너희에게 말해주지 않은 게 몇 가지 있지."

아빠의 손가락이 보이지 않는 베틀질이라도 하는 것처럼 허공을 부유했다. 아빠는 업랜드에서 만났던 여자가 맡아두었던 서류 봉투를 집어 언니의 무릎에 떨어뜨렸다. 봉투는 너무나 무거웠던 나머지 언니의 다리를 강타했다. 아빠는 반쯤 피운 담배를 창가의 나무 기둥에 튕겨 버렸다. 그렇지만 언니와 나는 아빠가 우리에게 말해주지 않은 게 있다는 사실을 진작부터 아주 잘 알고 있었다.

아빠는 플라스틱 회전의자에 앉았다. 그리고선 성냥갑에 남은 마지막 성냥으로 가스램프에 불을 붙이고, 마치 우리가 뭔가를 밝혀내기 일보 직전인 영화 〈구니스〉 속 등장인물이라도 되는 것처럼 모래시계 모양의 불빛을 얼굴 쪽으로 바싹 끌어당겼다. 언니가 내 쪽으로 더 가까이 왔다. 너무나 오래 집을 떠나 있었던 나머지 언니의 존재가 어색하게 느껴졌다. 하지만 무슨 이유에서인지 흰곰팡이가 잔뜩 핀 그 좁아터진 곳, 선사 시대에 지어진 그 계단 아래에서, 언니와 나는 형언할 수 없는 뭔가를 공유하고 있었다. 그게 무엇인지는 미처 몰랐지만 우리는 서로가 한배를 타야 한다는 건 알았다.

"죽음이 나를 쫓고 있구나, 얘들아." 아빠가 말했다.

볼 위로 소름 끼치는 뭔가가 기어 다니기라도 하는 양 아빠의 표정이 휙휙 바뀌었다. 아빠는 마치 부기맨 같았다. 최근 아빠의 눈은 샌드위치 소스처럼 빨갛고 노랬다.

"그래서 업랜드에 갔던 거야, 딸. 의료 기록지를 떼서 너희에게 직접 보여주려고."

아빠는 계속해서 상상력이 매우 뛰어난 아이가 지어냈을 법한 이야기를 우리에게 들려주었다. 거액의 돈을 손에 넣었으며, 나와 언니가 자신을 기억할 수 있도록 이별 선물을 주고 싶다고 말이다. 아빠는 우리에게 새 차를 사줄 테지만, 엄마가 알아채지 못하도록 캘리포니아 거리 모퉁이에 있는 고목 아래 세워 놓아야 한다고 말했다.

"엄마한테는 죽어도 말하지 마라. 이건 비밀 선물이고, 숨기는 게 비밀을 지킬 수 있는 유일한 방법이니까."

거짓말은 우리의 모국어나 다름없었다. 영어보다도 유창할 정도였으니까. 델라 언니와 나는 둥글게 모여앉아 옛날이야기를 듣는 어린애들처럼 정보를 흡수했다. 어떤 이야기는 믿었지만, 대부분은 기껏해야 듣고 어이없는 눈으로 쳐다볼 뿐이었다. 그야말로 아빠가 허공에서 만들어낸 터무니 없는 이야기였다. 과장이 아빠의 주특기였다.

아빠에 따르면 바로 내일이 결전의 날이었다. 아빠는 잠에서 깨면 차에 타서 우리의 새 차가 기다리고 있는 샌프란시스코 중고차 판매장으로 가라고 했다. 아빠의 말을 들으며 언니와 나는 웃긴 표정과 함께 서로에게 미소를 지어 보였다. 그것이 재킷 주머니에서 손가락 총을 꺼내 은행을 털려던 남자의 입에서 나오는 헛소리에 불과하다는 사실을 우리는 알고 있었다. 그리고 나서 아빠는 자기는 죽으러 사막으로 갈 거라고 했다. 인간이 아니라 동물이나 할 법한 행동처럼 들렸다. 아빠는 자신을 다시는 만나지 못할 거라고도 했다. 마치 언니와 함께 가족을 상대로 줄다리기를 하며 진실과 거짓 사이에서 서로를 이리저리 잡아당기는 것 같았다.

"우리는 아직 면허도 없어. 거기서 어떻게 차를 끌고 오라고?" 내가 아빠에게 물었다.

아빠의 다크 초콜릿색 눈구멍에서 눈이 꿈틀거렸다. 거기까지는 생각이 미치지 못한 모양이었다. 아빠는 커피를 후루룩 들이마시고 침대에서 쿵 하고 내려와 우리 옆에 앉더니,

우리 얼굴 쪽으로 몸을 바짝 들이밀었다.

"두고 보면 알게 되겠지?" 아빠가 웃으며 말했다.

알게 되기야 하겠지만, 어려운 방법일 게 뻔했다.

아빠는 열차 배기가스 같은 연기를 내뿜으며 다시 다홍색 이불 위에 누웠다. 나는 아빠가 무엇을 보는 건지 천장을 올려다보았다. 천장 구조물 주위로 거미가 집을 짓고 있었다. 거미는 비계를 지그재그로 가로질러 난방구까지 줄을 치며 올라갔다. 거대한 거미줄에 갇혀버린 파리가 된 듯한 기분이 들었다. 다른 점이 있다면, 내가 갇힌 거미줄은 우리 엄마 아빠가 친 것이라는 사실이었다.

다음 날, 델라 언니와 나는 연청색 트레일러 맞은편 주차장 한복판에 있었다. 살짝 갠 하늘이 저 멀리 베이지색과 옥수수염 색으로 변하고 있었다. 마치 바람에 휩싸여 중고차 대열과 육중한 콘크리트 사이에 떨어진 〈오즈의 마법사〉 속 도로시가 된 것 같았다.

언니가 포드 머스탱의 운전석 안으로 몸을 기울이고는, 고개를 끄덕이며 분홍빛 후미등을 쓰다듬었다. 아빠는 주차장 건너편에서 폭스바겐 제타를 살펴보고 있었다. 그리고는 이곳이 샌프란시스코 베이에서 제일가는 중고차 판매장이라며 목청 좋게 자랑하는 통통한 얼굴의 중고차 판매원과 수다를 떨었다. 그는 와이셔츠 옷깃이 땀에 잔뜩 젖어, 부어오른 살의 긴장을 풀기 위해 고개를 빙빙 돌리고 있었다.

언니가 머스탱의 문을 열었다. 그리고선 미끄러지듯 좌석에 앉아 창백한 손가락으로 윤이 나는 운전대를 감쌌다. 아빠는 건너편에서 우리를 향해 쌍 따봉을 날렸다. 판매원이 잠시 고개를 돌리자, 아빠는 손가락으로 총 모양을 만들더니 관자놀이에 가져다 댔다. 자신을 향해 방아쇠를 당기는 모양새였다.

　"음, 우리 둘 다 이게 오래 가지 않을 거라는 걸 알잖아. 그러니 차라리 승리자처럼 구는 편이 낫겠지. 나는 이 차로 할래." 언니가 말했다.

　언니는 올리브색 글로브 박스 위에 손을 올려놓고 고개를 살짝 흔든 다음 아빠에게 따봉으로 화답했다. 몇 달 동안 애써 외면해 온 지긋지긋한 골칫거리에 대해 누구도 언급하려 하지 않았다. 아빠가 또다시 약에 손을 대고 있고, 그렇기에 아빠의 말을 믿어서는 안 된다는 사실 말이다. 그 대신 우리가 갖기에는 너무 화려한 자동차 운전석에 앉아 흥분에 도취한 채 찰나의 순간순간을 만끽할 뿐이었다. 상황이 거짓말처럼 지나치게 잘 돌아가면 그건 대부분 거짓말이라는 걸 우리는 이미 잘 알고 있었다.

　뱃속에서 내장이 간에 핀볼처럼 튕기고 부딪히며, 몸 안 곳곳에 상처를 입혔다. 하지만 법을 어기는 것, 아직 운전대를 잡을 나이가 아니라는 것, 우리 집 지하실에 얹혀사는 걸 보면 아빠가 빈털터리일 가능성이 아주 크다는 것에 대해서는 생각하고 싶지 않았다. 아빠의 누렇게 뜬 피부나 삭아가는 앙상한 몸뚱이에 대해서도. 내가 생각하고 싶은 건 오로지 새 차 냄새를 풍기는 포드 머스탱에 앉아 행복으로 상기된 언니의 모습뿐이었다. 현실을 외면하고 눈앞의 빛나는 물체로 눈을 돌리기로 한 것이다. 나는 빨간색 쉐보레 카발리에를 골랐다. 그 차를 보면 〈보이즈 온 더 사이드Boys on the Side〉에서 드루 베리모어가 몰던 차가 떠올랐다.

얼굴이 통통한 판매원이 나에게 열쇠를 던졌다. 주차장 한 바퀴를 돌아봐도 된다고 했다. 위장이 목구멍 쪽으로 백 텀블링을 하는 듯한 기분이 들었다. 그가 언제쯤 면허증을 보자고 할지 궁금했다. 하지만 그는 그러지 않았다. 그 대신 즐거운 드라이브를 격려할 뿐이었다.

"차를 끌고 동네 한 바퀴 잠깐 돌고 오는 게 어떻니? 어디, 샌프란시스코에서 잘 굴러가나 보렴." 그가 말했다.

그는 진작에 차량 계약 서류를 준비해놓은 것처럼 클립보드에 꽂힌 종이에 뭔가를 메모했다. 아빠는 그것 참 좋은 생각이라며 강아지처럼 고개를 흔들었다. 이것마저 전부 계획의 일부인지 궁금했다. 우리가 정말로 이 차들을 사게 될지, 석양을 향해 차를 몰고 떠나 〈델마와 루이스〉에서처럼 절벽 아래로 떨어지게 될지도.

아빠가 '나를 따르라'라고 말했고, 우리는 그렇게 했다. 우리는 아빠를 쫓는 새끼 사슴들처럼 진회색 제타 뒤를 일렬로 따라갔다. 나는 아빠가 탄 제타의 범퍼 근처에 차를 대고 백미러로 이미 담배에 불을 붙이고 있는 언니의 모습을 지켜보았다. 언니는 골백번은 해본 양 익숙하게 라디오 손잡이를 만지작거렸다. 평범한 사람들인 척 거리를 활보하는 사기꾼 집단이 따로 없다는 생각이 들었다.

우리는 노란불에 좌회전과 우회전을 하고 속도를 높이며 자동차로 가득한 좁은 길을 따라 이동했다. 이런 뻔뻔한 행동은 선천적인 건지 궁금했다. 누군가는 선하게 태어나고 누군가는 악하게 태어난다면 말이다. 나는 그 스펙트럼에서 우리가 어디쯤 놓여 있는지 알고 있었고, 그 사실에 대해 침묵하는 게 목소리를 내기보다 점점 더 쉬워지고 있었다. 침묵을 깨는 것은 암묵적인 규칙을 깨는 것을 의미하기도 한다. 그러는 대신, 우리는 아빠 뒤에 바짝 붙어 감옥 문처럼 입에 굳게 빗장을 질렀다. 나는 우리가 이대로 멕시코가 있는 남쪽으로 내려가는 대신 빨리 차를 반납하러 가기를 바랬다. 아빠라면 그러고도 남았다. 하지만 사실대로 말하면, 아빠가 그랬다면 우리도 그대로 따랐을 것이다. 우리는 그런 식으로 연결되어 있었고, 그건 우리의 잘못도 아니었다. 생물학은 이상하고 골치 아픈 방식으로 작용했다.

납작한 샌프란시스코 빌딩 숲 위로 태양이 찌그러져 있었다. 차를 모는 우리처럼 빌딩들이 죄다 똑같이 생겨선 서로 바짝 붙어있다는 사실을 알아챘다. 아빠가 주차장을 향해 좌회전했고, 우리는 체인이 달린 울타리를 유유히 지나갔다. 판매원은 이쪽저쪽으로 몸을 기댈 때마다 비틀거리며 계단 위에 서 있었다.

그는 우리에게 트레일러 옆에 차를 대라고 말하며 두 손을 허공에 내밀고 다시금 엄지손가락을 치켜세웠다. 그는 관제사처럼 온갖 수신호를 보내며, 서류 작업을 빨리 마치고 우리가 떠날 수 있도록 근처에 차를 세우게 했다. 아빠는 제타에서 뛰어내려 페니 로퍼를 신은 발로 땅을 쿵쿵거렸다. 그리고는 깡마른 중지로 기관사 모자를 빙글빙글 돌렸다.

"이 녀석을 타고 있으니 트레일러 파크[9]에 부는 토네이도보다도 행복하네요!" 아빠는 길고 가느다란 담배에 불을 붙이고는 검게 탄 성냥을 콘크리트 바닥에 던졌다.

"다 사겠소! 전부 다요!" 아빠가 말했다.

그 말을 들었을 때 내 마음은 편치 않았다. 어떻게 그 차들을 다 살 수 있다는 것인지 알 길이 없었다. 담배 한 보루와 보드카 몇 병을 빼고 우리는 아무것도 살 여유가 없었다. 판매원은 방금 슈퍼볼에서 우승을 거머쥔 사람처럼 두 손을 허공에 번쩍 들었다. 그리고는 손을 흔들며 우리 모두 이동식 사무실로 들어오라고 했다.

몇 분 후, 우리는 쉭쉭 소리가 나는 네온 불빛 아래 놓인 학교에서 볼 법한 플라스틱 의자에 앉아있었다. 아빠는 사무

---

9) 이동식 주택이 모여있는 주차장. 주로 저소득층이 거주한다.

실 트레일러 안을 서성거렸다. 아빠가 발을 구르는 소리에 바닥이 울리고 우리를 둘러싼 벽이 흔들렸다. 욕지거리를 내뱉는 아빠의 셔츠 칼라 주위가 축축하게 젖어 있었고, 얼굴을 따라 땀방울이 흘러내리고 있었다.

아빠는 작은 화장실로 걸어 들어가 크래커처럼 얇은 문을 쾅 하고 닫았다. 안쪽의 불빛이 문틈 아래로 새어 나왔다. 아빠의 그림자가 불빛을 몇 번 가리더니 문에 뭔가 부딪히는 소리가 크게 울려 퍼졌다. 빛이 있던 자리에 어둠이 쏟아져 들어왔다.

안에서 목제 기둥에 기댄 채 화장실 바닥에 앉아있을 아빠의 모습이 보였다. 약국에서 날 법한 소리가 안쪽에서 뿜어져 나왔다. 플라스틱병이 달그락거리고, 고무 뚜껑이 열리는 소리. 종이 가방이 구겨지는 소리. 아빠는 잠깐 일어나 수도꼭지를 틀고 물이 흐르도록 놔두었다. 그리고는 다시 앉았다. 아빠의 무게 중심이 움직이며 우리 아래 깔린 바닥이 불만스러운 소리를 냈다. 우리는 지금까지 들려온 소리, 그러니까 아빠가 안쪽에서 끔찍한 짓을 하며 나는 소리를 못 들은 척했다. 그것만이 기만으로 가득 찬 트레일러에서 우리의 결백을 지켜낼 방법이었다.

언니의 닥터 마틴이 내 컨버스를 걷어찼다. 판매원은 느릿한 동작으로 서류를 작성하고 펜을 딸깍거리고 봉투에 침을 바르느라 정신이 없었다. 그는 키보드를 시끄럽게 두들기고 우리를 흘끗 보더니 재빨리 고개를 돌렸다. 뭔지는 몰라도 이 일에 연루되고 싶은 마음이 추호도 없어 보였다. 판매원이 안경을 코 위로 밀어 올리자 우리는 안경테 윗부분에 가로막혀 그의 시야를 벗어났다. 하지만 그가 우리를 볼 수 없다고 해서 우리가 실재하지 않는 것도, 도움이 필요하지 않은 것도 아니었다. 우리는 정말로 도움이 필요했다. 하지만 누구도 도움의 손길을 내밀지 않았고, 우리는 혈연의 소용돌이 속에 꼼짝없이 휘말려 스스로를 돕는 방법을 몰랐다.

마음 한구석에서는 판매원이 그저 제 할 일을 하고 있을 뿐이라는 것을 알고 있었다. 그에게는 이 거래로 챙긴 수수료로 크리스마스 선물을 사줄 아이들이 있을 테니 말이다. 하지만 한편으로는 그 역시 우리가 본 것을 똑같이 봤고, 이 모든 게 뭔가 잘못되었다는 것을 인지하고 있다는 생각이 들었다. 우리는 자동차 세 대를 한꺼번에 살 수 있을 만한 부류의 사람으로는 보이지 않았다. 우리는 거기에 엘에이 폭동을 뚫고 온 것처럼 보이는 쉐보레 셀러브리티를 타고 갔다. 하지만 그는 다른 모든 이들과 마찬가지로 옳은 일을 하는 데에는 관심이 없었다.

몇 년이 지나서야 알게 된 것이지만, 누군가가 나를 도와주지 않고, 내가 존재하지 않는 사람인 것처럼 굴수록 정말 그런 것처럼 느껴졌다. 내 생각에 나는 애초부터 도와줄 가치가 없는 인간이었다. 누군가 내게서 등을 돌릴 때마다 나는 벽돌을 또 하나 집어 들어 수치심이라는 벽을 쌓아 올렸다.

　마침내 어두컴컴한 공간에서 나온 아빠는 입으로 변기에 빠진 사과 건지기 게임이라도 한 사람 같았고, 긴장감 어린 땀과 하수구 냄새를 풍겼다. 그는 커다란 전광판에 나와 온 우주에 대고 이야기하는 것처럼 비좁은 사무실 안에서 큰 소리로 고래고래 소리를 질렀다.

　우리는 이 모든 게 끝나기를 기다리며 입을 꾹 다물고 방의 가장자리를 따라 서성거리는 아빠를 지켜보며 조용히 미소지었다. 우리는 '잘못됨'이라는 연극 속에서 저마다 무슨 역할을 맡았는지 알고 있었지만, 그 누구도 목소리를 높여 공연을 멈출 만큼 용기 있지 않았다.

　"좀 빨리할 수는 없을까요? 기다리다 숨 넘어가겠는데요" 아빠가 웃으며 말했다.

　아빠는 지나치게 자란 손톱으로 나무 책상을 더듬고 손등으로 이마를 닦았다. 그리고선 손등을 리바이스 청바지에 문지르고 마침내 멈춰 서서 컴퓨터 근처 접이식 금속 의자에 앉았다.

　"수표만 좀 확인하면 됩니다." 얼굴이 빨간 판매원이 넥타이를 느슨하게 풀며 말했다.

　그는 뒷주머니에서 손수건을 꺼내 눈썹을 닦은 다음, 책상 위 펜과 무전기로 가득한 가방 옆에 놓았다. 양방향 무전기를 보고 있으니 그가 비밀 요원 같은 게 아닌가 싶어 불안감이 들었다. 어쩌면 경찰이 이미 우리를 잡아 영영 붙잡아두려 이쪽으로 오고 있는지도 몰랐다. 이 집에 태어났다는 것은 평생 경찰에게 쫓기고 있다는 불안감에 떨며 살아간다는 것을 의미했다.

델라 언니가 내 청바지에 딱밤을 날렸다. 내가 언니를 쳐다보자, 언니는 혀를 내밀고선 눈동자가 뒤통수로 넘어갈 정도로 눈알을 치켜떴다. 언니는 상황을 그리 심각하게 받아들이지 않았는데, 그 덕분에 쿵쾅거리는 심장이 조금은 가라앉았다. 판매원이 플라스틱 펜이 든 커다란 가방을 열었다. 그는 아빠에게 펜 한 자루를 건네 이름을 수천 번쯤 휘갈겨 쓰게 했다. 그리고는 아무런 문제가 없어 보인다고 말했다. 그럴 리가 없다는 걸 내가 뻔히 알고 있었는데도. 지금 일어나고 있는 일 중에 아무런 문제가 없는 건 아무것도 없었다.

일렬로 늘어선 콘크리트 집들 뒤로 태양이 자취를 감추자 판매원은 한층 더 부어 보였다. 길고 까만 시곗바늘이 일곱 시를 가리켰다. 아빠는 시공간에 신경 쓰는 사람인 양 자꾸만 고개를 들어 침묵하는 숫자들을 바라보았다. 그 숫자들이 정말로 중요한 것이라도 되는 것처럼. 그때 이미 아빠의 머릿속에는 차들을 몰고 주차장을 빠져나와 여느 때처럼 사라져 버리는 것밖에 없었다.

판매원이 나에게 열쇠 뭉치를 던졌다. 언니에게도. 실수로 열쇠를 바닥에 떨어뜨린 언니는 줍기 위해 몸을 숙였다.

"열쇠 잃어버리면 안 된다. 이 차들은 진정한 사랑이니까." 판매원이 말했다.

"아니거든요. 죄다 같잖은 개소리일 뿐이에요." 언니가 말했다.

언니는 그를 향해 눈을 부라리곤 밖으로 나가 머스탱으로 다가갔다. 세상에는 두 종류의 사람이 있다. 잔에 물이 반밖에 안 남았다는 사람과, 잔에 물이 반이나 차 있다는 사람. 내가 폭식증이라도 걸린 것처럼 가능성에 매달렸던 반면, 언니는 늘상 뭔가 잘못될 일만 생각했다. 나는 사람이 변할 수 있다고, 우리의 인생이 실제 모습과 달라질 수 있다고 간절히 믿고 싶었다. 하지만 그날 중고차 판매장에서 우리는 마치 벽에 비친 그림자 인형 같았다. 어떤 형상이 보이는 듯싶어도, 막상 커튼 뒤에 있는 건 완전히 다른 무언가였다.

아빠가 언니의 뒤를 쫓았다. 그는 창문 안으로 머리를 밀어 넣고 언니에게 귓속말로 뭔가를 속삭였다. 그리고는 이마에 입을 맞추었다. 언니는 라디오를 틀고 상향등을 몇 번 깜박였다. 아빠는 나를 안았다. 아빠의 등에서 튀어나온 뼈가 느껴져 마치 좀비가 내 팔을 껴안은 것 같은 기분이 들었다. 무슨 말을 해야 할지 몰랐다. 고맙습니다라고 해야 하나? 아니면 꺼지세요? 정말로 알 수가 없었다. 그래서 그냥 아빠를 껴안고 아무 말도 하지 않았다.

떠나면서 우리는 쉐보레 셀러브리티를 트레일러 뒤에 세워

놓았다. 그리고 체인이 걸린 울타리와 부서진 건물들을 유유히 지나쳐 불빛들이 셀 수 없이 반짝이는 도시의 야경 속으로 들어갔다. 남쪽으로 향하는 고속도로 진입로에 들어갈 때 나는 언니 뒤에 있었다. 내 뒤에는 아빠가 있었다. 등 뒤로 아빠가 켠 상향등이 느껴졌고, 백미러 속에는 새빨간 담뱃불이 비쳐 보였다.

언니의 스포츠카에서 깜박이는 밤색 불빛을 따라 남쪽으로 가는 차선에 합류하기 위해 왼쪽 깜빡이를 켰다. 우리가 남쪽 차선에 완전히 합류했을 때 즈음, 빨간 불빛은 오직 내 앞차에서만 빛나고 있었다. 내 뒤쪽의 불빛은 멀어져 갔고, 백미러 속에는 오직 칠흑 같은 어둠만이 존재했다. 아빠가 반대 방향으로 가고 있었다.

언니와 나는 1번 도로를 타고 슬로우 모션처럼 느릿느릿 데블스 슬라이드 쪽으로 나아갔다. 우리는 절벽 아래로 떨어지지 않도록 노란색 중앙선 쪽으로 바짝 붙었다. 면허도 없이 차를 끄는 두 꼬맹이라는 사실을 들키지 않으려 안간힘을 써야 했다. 다시 모스 비치로 돌아가는 동안 나는 자욱한 안개 사이로 보이는 붉은빛을 뒤따랐다. 언니는 캘리포니아 애비뉴에서 좌회전했다. 할 줄 아는 게 따라 하는 것밖에 없었던 나 역시도.

우리는 참나무 고목 아래 아스팔트 위에 차를 세우고 브레이크가 제대로 걸렸는지 확인한 후 내렸다. 그리고선 뒷문에 핀 금잔화를 마구잡이로 밟아대며 잔뜩 자란 잡초 사이를 말없이 걸어갔다. 안도감이 들었다. 하지만 그 이유가 우리가 다친 곳 없이 무사히 돌아와서인지, 아빠가 집에 오지 않아 지하실 불이 꺼져 있어서인지는 알 수 없었다.

그날 밤, 언니와 나는 내 침대에서 같이 잠이 들었다. 같은 비밀을 짊어진 덕분에 친밀감이 덩굴처럼 자라났다. 우리는 그날 있었던 일을 두고 울다가 웃다가 했고, 어른이 되면 이 모든 일에 대해 책을 쓰거나 영화를 만들어야 한다고 서로에게 말했다. 나는 그렇게 하겠다고 언니에게 약속했다. 우리는 차를 압류당할지, 아니면 둘 다 감방 신세가 될지 내기했다. 우리 가족의 전적을 생각해보면, 이것은 둘 중 뭐가 먼저 일어날지 점쳐보는 동전 던지기에 불과했다.

10. 라이어 클럽, 1998

아빠 소식이 끊긴 지 19일인가 20일이 지났다. 계단에 쿵쿵거리는 소리가 들릴 때마다, 전화벨이 울릴 때마다, 초콜릿색 마당에서 발소리가 날 때마다 뱃속이 요동쳤다. 아빠는 떠났지만 내 몸은 아빠를 기억하고 있었다.

 아빠의 흔적은 거실 서쪽 매트리스 위에 생생히 남아있었다. 아빠의 담배 연기 역시 삼나무 벽에 자그마한 소용돌이 무늬로 아로새겨져 있었다. 희미해져 가는 엘 그라나다의 안개경보 장치에서 아빠의 목소리가 들렸고, 내 머리카락, 그리고 가스레인지 위에서 지글거리는 로즈마리와 마늘에서는 아빠 냄새가 났다. 부드러운 가염버터, 쌉싸름한 보드카, 삶은 감자를 보면 아빠의 모습이 떠올랐다. 아빠는 여전히 어디에나 있었지만, 어디서도 찾을 수 없었다.

 나는 매일같이 고목 아래 무성히 자란 잔디밭 맞은편에 빨간색 카발리에를 주차했다. 뒷자리에 태운 남자애들과 동네 애들 몇 명을 내려준 다음에는 엄마가 보지 못하도록 차를 숨겼다. 그 어느 때보다도 친구가 많았다. 걔들을 태우고 이곳저곳 누빌 수 있는 차가 있었기 때문이다. 델라 언니도 마찬가지였지만. 언니는 차가 생기고 일주일 만에 또다시 집을 떠났다.

학교에서 다들 누가 그 차를 사준 거냐고 물어댔다. 나는 할머니가 주셨다거나, 이른 생일 선물로 받은 것이라고 둘러대며 뭔가 그럴듯하게 들리는 이야기들을 지어냈다. 다른 사람들이 지켜주지 않는 상황으로부터 나 자신을 지키기 위해 거짓말을 하는 것은 괜찮지 않을까 싶었다. 적어도 나는 그런 식으로 자기합리화를 하곤 했다. 별로 듣기 좋은 소리는 아니란 이유로 진짜 이야기는 숨긴 채 말이다. 누구도 실제 일어났던 일을 납득할 수 없을 것 같았다. 할리우드 영화 속 이야기라면 또 모를까, 모스 비치 마트 뒤에 사는 여자애에 대한 것이라면 그럴 리 없었다.

아빠가 떠난 후 엄마와 레오는 조금 더 자주 집에 오기 시작했다. 엄마는 와인을 서너 잔이 아닌 한두 잔만 마셨고, 나나 언니에게 무슨 일이 일어났는지, 혹은 아빠가 어디로 사라졌는지에 대해서 아무것도 묻지 않았다.

레오는 거의 매일 길 건너 공원에서 놀았다. 나는 거실 창문을 통해 그 애가 성처럼 생긴 놀이기구를 타고 오르는 것을 바라보았다. 그 애는 벽에 대고 몇 번이고 축구공을 찼고, 혼자서 테더볼을 하곤 했다. 때로는 또래 동네 아이와 포켓몬 카드를 교환했다. 줄곧 혼자 있는 레오의 모습을 보고 있자니 마음이 아팠고, 그 애를 어딘가 좀 더 나은 곳으로 데려갈 수 있었으면 했다. 하지만 그 애가 자립심을 배웠다는 게 감사하기도 했다. 자립심은 우리 가족에서 살아남기를 원한다면 반드시 익혀야 할 기술이었다. 고작 일곱 살이었지만, 레오는 잘 해내고 있는 것 같았다.

아빠가 떠났다고 말했을 때 엄마는 눈 하나 깜짝하지 않았다. 그저 "빌어먹을 개새끼", "내가 뭐랬니", "그 작자가 말하는 건 한 마디도 믿지 마라", "순진해 빠져가지고"라고 더 많이 말했을 뿐이다.

엄마 말이 맞아서 웃음이 나왔다. 아빠는 정신 나간 개새끼였다. 하지만 조금만 더 순진한 채로 지내고 싶은 게 그렇게나 나쁜가? 맞는 말로 나를 지켜주려는 마음은 알겠지만, 언제나처럼 그냥 거짓말로 넘길 수는 없는 걸까? 어쨌든 우리는 라이어Liar 클럽이 아닌가?

몇 주가 지났다. 나는 스타킹을 신고 발목까지 내려오는 검은 원피스를 입은 채 차트 하우스 레스토랑의 입구 카운터에 서 있었다. 카발리에를 타고 그곳에서 집까지 왔다 갔다 하며 일한 지 겨우 몇 주밖에 되지 않았다. 휴지와 조그만 양초로 선반을 채우고 있는데 머리가 떡진 남자들이 걸어 들어왔다. 중고차 판매장에서 본 남자들이었다. 드디어 자동차를 압류하러 온 것이다.

그들은 '우리 집에 왜 왔니' 놀이라도 하는 것처럼 일렬로 서서 입구에 진을 쳤다. 마치 스테로이드를 복용한 레슬링 선수처럼 보였는데, 왜 온 건지 아주 잘 알고 있었다. 나는 아빠가 돌아오기를 기다려 온 것처럼 그들을 기다리고 있었다. 나쁜 예감은 틀린 적이 없다.

그들은 트렁크에 넣고 노끈으로 칭칭 감아 단단히 묶고 싶다는 듯 나를 바라보았다. 나는 빠르게 걸어가 말들을 울타리 안으로 몰아넣듯 그들을 카운터와 샐러드 바 쪽이 아닌 바깥으로 내보내려고 애썼다. 식당 입구에서 나 때문에 문제가 생기는 꼴을 남들이 못 보았으면 했다. 어차피 누구도 놀랄 것 같지는 않았다. 사고뭉치라는 평판은 마치 개처럼 나를 졸졸 따라다녔다. 대마초를 너무 자주 피우고 낙제한 과목이 하도 많은 탓에 중학교 졸업식에 참석하는 것조차 허락받지 못한 터였다.

"나가서 이야기하면 안 될까요? 잘리고 싶지 않아서요." 내가 물었다.

열 쌍의 눈동자가 나를 향했다. 남자들은 꽉 쥔 붉은 주먹으로 서류를 쥔 채 교도관처럼 무거운 검은색 신발을 신고 있었다.

"빌어먹을 네 아빠 어디 있어!" 얼굴이 빨간 판매원이 앞으로 나오며 말했다.

그는 로봇 같은 눈을 하고 입가에 흰 게거품을 물고 있었다. 웨이터 몇 명이 무슨 일인가 보려고 벽 뒤에서 고개를 내밀었다. 나는 그들에게 따봉을 날리며 별 거 아닌 가족 일이라고 말했다. 그리고선 낡아 빠진 금전 등록기 두 대 사이로 빠져나와 문을 열고 모퉁이 뒤로 내달렸다.

"망할 놈의 차들은 어딨고?" 또 다른 남자가 물었다. 그는 나를 쫓아 나왔는데, 열쇠를 하도 많이 쥔 탓에 손가락 사이에 호신용 너클을 끼우고 있는 것처럼 보였다.

"전 몰라요. 다 걸고요! 차를 사준 후론 아빠 코빼기도 못 봤다고요!" 내가 애원했다.

손바닥에 땀이 축축하게 고였고, 반질거리는 팬티스타킹 사이로 오줌이 새어 나왔다. 레스토랑 안에 있던 종업원들이 창문으로 훔쳐보는 게 보였고, 커다란 선글라스를 쓴 한 여자는 별일이 없는지 확인하려고 자동차 창문을 내렸다. 괜찮지 않았지만, 너무나 수치스러운 나머지 그 부도덕한 상황에 동참한 채 다이애나비처럼 웃으며 손을 흔들 수밖에 없었다. 사람들이 내 인생에 무슨 일이 벌어졌는지 몰랐으면 싶었기에, 걱정에 찬 관객들에게 이들은 정신 나간 삼촌들일 뿐이라고 외치며 연극을 이어나간 것이다. 어찌나 연기를 잘했던지 거의 에미상 감이었다.

"아빠는 니들한테 차를 사준 게 아니야, 꼬맹아. 위조 수표를 쓴 거지. 니들은 다 같이 차를 훔친 거야." 어두운 머리칼에 하얀 새치가 듬성듬성 난 남자가 말했다.

사실 처음부터 알고 있었다. 내 직감도 그렇게 말했지만, 나는 실제와는 다른 진실을 믿고 싶었다.

나는 그에게 목소리를 낮춰 달라고 부탁한 다음 아빠가 우리에게 들려준 이야기를 설명했다. 열다섯 살짜리 여자애가 아닌 정신병 환자의 입에서나 나올 법한 이야기였다. 남자들의 가슴이 와이셔츠 사이로 고동쳤다. 그들의 목 주위에서는 폭포와 강바닥이 부글부글 끓고 있었다.

그들은 경찰을 부르든지 나를 데려가겠다고 위협했다. 나를 비롯한 모두가 내가 유죄란 사실을 알고 있었음에도, 나는 그들에게 계속해서 결백을 호소했다. 대놓고 드러내지는 않았지만, 마음속으로는 내가 누구인지, 무슨 일에 가담한 것인지 알고 있었다. 입 밖으로 무슨 말을 내뱉는지는 아무 상관없었다. 내 몸이 목격자였으니까. 인제 와서 잊었을 리는 없다.

카발리에는 '직원 전용'이라고 쓰인 나무 표지판이 문에 걸린 뒤쪽 주차장에 세워져 있었다. 상어 떼와 함께 레스토랑의 정문을 지나 자동차 쪽으로 가며, 처형대를 향해 걸어가는 〈데드 맨 워킹Dead Man Walking〉 속 죄수가 된 기분이 들었다.

얼룩진 앞치마를 두른 웨이터들이 주방문 밖으로 고개를 빼꼼히 내밀고 마치 서커스라도 되는 양 구경했다. 여전히 그 누구도 끼어들지 않았다. 소라게들이 지그재그로 모래를 가로질러 몬타라 스테이트 비치의 절벽을 지나 차도로 올라온 모습이 보였다. 삶이 어찌나 평탄해 보이는지 부러울 정도였다. 차에 다다르자, 나는 보닛 앞쪽에 선 채 뒤로 돌아 최후의 변론을 펼치기 시작했다.

"아빠가 어디 있는지 몰라요. 맹세해요."

나는 열쇠 꾸러미를 그들에게 넘겼다. 지난 주말 메인 스트리트 호박 축제에서 산 자질구레한 장신구 열 몇 개가 달려 있었다. 우리에게 차를 판 판매원이 나를 보며 고개를 절레절레 흔들었다. 그리고선 세탁기만 한 배 아래 달린 가죽벨트를 바로잡고 손가락을 앞뒤로 꼼지락거리며 입술을 수차례 핥았다.

"그렇겠지, 꼬맹아. 니가 뭐라 하든 우리는 안 믿는단다." 그가 말했다.

아무도 내 말을 진지하게 생각하지 않았다. 그는 언니도 진작에 찾아서 차를 압류했다고 덧붙였다.

"그 애도 너랑 똑같은 헛소리를 지껄이더군. 니들은 부끄러운 줄 알아야 해! 니네 애비랑 다를 게 없으니까!" 이마 전체에 보랏빛 상처가 있는 마른 체구의 남성이 말했다.

우리는 부끄러웠다. 단지, 우리가 느끼는 그 감정을 '부끄러움'이라고 부른다는 사실을 아직 깨닫지 못했을 뿐이었다.

판매원이 열쇠를 받아서 차 문을 열었다. 양복을 입은 두 남자가 빨간 카발리에 안으로 들어갔다. 그들은 시동을 건 다음, 글로브 박스를 우악스럽게 열어보고, 앞 좌석 아래를 살펴보고, 아빠의 흔적을 찾아 햇빛 가리개를 열었다 닫았다 했다. 그들은 정지 표지를 지나며 창문 밖으로 내 배낭을 던졌고, 나는 그들이 1번 도로를 타고 북쪽으로 떠나는 모습을 바라보았다. 자동차 후미등의 빨간 불빛이 그레이 웨일 코브 너머 모래 언덕 속으로 사그라들 때까지.

열 개의 달이 지나갔다. 하나같이 크고, 차갑고, 장엄했다. 나는 잠이 들지 못했다. 어느 날 밤늦게 전화벨이 울렸다.

밖은 까마귀처럼 어두웠지만, 어쨌든 플라스틱 수화기를 집어 들었다. 나는 아빠가 죽음에서 되살아나기를 끊임없이 기다리고 있었다.

"여보세요?" 내가 말했다.

지지직거리는 잡음. 비명을 질러대는 남자들. 낯선 언어. 여자.

"네, 네, 전화 받았어요!" 나는 그녀에게 소리쳤다.

지지직거리는 소리 반대쪽에서 아빠의 목소리가 들려왔다.

"딸," 아빠가 말했다.

"딸!"

아빠의 목소리가 들렸다 안 들렸다 했다. 모든 단어가 정확히 들리지 않았다. 아빠는 로데오 경기장에 있는 것 같았다. 확성기 소리와 화나고, 심술 맞고, 낮고, 상처 입은 수많은 목소리가 한데 뒤섞여 있었다. 아빠의 목소리도 그중 하나였다. 나는 전화기 안으로 뛰어들어, 테니스화 뒤에 달린 라벨로 스파크를 내뿜으며 전선을 타고 전력 질주하고 싶다는 열망에 사로잡혔다.

"삼천 달러."

아빠 목소리였다. 그리곤 전화가 네 번 지지직거렸다.

"아빠. 아빠. 아빠. 아빠!"

나는 몸집을 줄여 수화기 구멍 속으로 미끄러져 들어가 아빠를 끄집어내기라도 할 태세로 자그마한 구멍을 통해 연신 아빠를 불러댔다. 아빠는 여기에 없었고, 지금 어디에 있는지는 모르겠지만 그곳을 빠져나오려면 삼천 달러가 필요했다. 하지만 삼천 달러는 거대하고 푸른 달만큼이나 내게서 멀리 떨어져 있었다. 그만한 돈을 마련하는 것보다 달 위를 걸을 확률이 더 높았다.

이튿날 아침, 엄마가 남자친구네에서 집으로 돌아왔다. 엄마는 창문 아래 앉아 휴대용 거울의 금이 안 간 쪽을 들여다보기 위해 블라인드를 열었다. 엄마가 가죽 가방을 뒤지자 바닥에서 유리병이 서로 부딪쳤다. 뒤에서는 〈제시카의 추리극장〉 소리가 시끄럽게 울려 퍼지고 있었다. 엄마는 커피에 보드카 한 잔을 부은 다음, 병을 다시 가방 속으로 던지고 파란색 아이라이너를 꺼냈다. 그리고 눈 테두리를 따라 아이라인을 그리기 시작했다.

"아빠가 감옥에 있대. 어제 전화 왔어."

엄마는 내가 방금 한 말을 전혀 듣지 못했다는 듯 계속해서 짙은 파란색 아이라이너를 눈 주위에 그어댔다.

"으으으으으음," 눈 바깥쪽 끄트머리까지 꼼꼼히 그릴 수 있도록 눈가 피부를 아래로 당기며 엄마가 말했다.

"고데기 켜져 있는지 좀 봐줄래? 오늘 웨딩 피로연 일이 있어서." 엄마가 내게 물었다.

그녀는 커피를 다시 한 입 마시고는 쌉싸름한 맛에 살짝 몸을 움츠렸다.

"내 말 듣고 있어?"

나는 아까와는 다르게 사납게 목소리를 높여 다시 한번 물었다. 아빠가 감옥에 있다고도 말했다.

"어젯밤에 전화 왔다니까!"

나는 자동차들, 그리고 그것들을 압류하러 레스토랑을 찾아온 양복 차림의 남자들에 관해 이야기했다. 차들을 참나무 아래에 세워 놓았던 것. 아빠의 병, 서류들, 사막을 비롯해 아빠가 엄마한테는 말하지 말라고 한 것들까지. 하나도 남김없이 엄마에게 전부 털어놓으며, 아빠가 약에 절어서 나를 업랜드까지 운전하게 한 일도 설명했다. 아빠가 내내 사이코처럼 굴었으며, 감옥에서 나오기 위해 삼천 달러가 필요하다는 사실도.

내가 말하는 내내 엄마는 한 번으로는 충분하지 않다는 듯 몇 번이고 반복해서 아이라인을 그렸다. 그리고선 팬터마임이라도 하듯 얼굴을 바깥쪽으로 늘리더니, 아이라이너를 가방에 던져 넣고 세븐일레븐에서 난 스티로폼 컵을 집어 들었다. 엄마는 플라스틱 뚜껑 사이로 내용물의 냄새를 맡았다.

"좋은 이야기네. 책으로 내야겠는데." 엄마가 말했다.

나는 진실 따윈 중요치 않다는 것을 깨달았다. 말해봤자 아빠가 말했을 때보다 미친 소리로 들릴 뿐이었다.

"하, 이런." 엄마가 중얼거렸다.

엄마는 고개를 흔들고는 가방을 끌어당겼다. 가죽 가방 바닥에서 '징글벨'이 울려 퍼졌다. 나는 엄마가 수표책 같은 것을 꺼내서 보석금을 내고 아빠를 빼낼 수 있도록 큰 액수를 써줄 줄 알았다. 그런 대신, 엄마는 자그마한 립밤을 꺼내선 입술 전체에 바르기 시작했다.

"내가 뭐랬니. 미안하지만 엄만 못 도와줘. 네 아빤 천하의 씨발놈이라니까." 엄마가 말했다.

엄마는 "씨발놈"이라는 단어를 연속으로 열 번쯤 반복하더니 매트리스에서 일어났다. 부츠의 진회색 뒷굽이 마룻바닥을 가로질러 난방구 위를 지나가더니 화장실로 또각거리며 들어가는 소리가 들렸다. 엄마는 붉은 머리칼을 라자냐 면만 한 크기로 나누어 뜨거운 고데기에 끼웠다. 머리에서 김이 지글지글 뿜어져 나왔다.

"아빠는 그 안에서 죽을 거라고!" 나는 화장실 입구에서 발을 쿵쿵 구르며 소리 질렀다.

나는 내가 아빠를 도울 수 있도록 엄마가 나를 도와주길 바랐다. 또 내가 고된 일을 겪었다는 사실을 알아주고 위로해주길 바랐다. 하지만 엄마는 광대뼈에 브러쉬로 가볍게 블러셔를 칠하고 김을 내뿜는 고데기에 머리카락을 감고 있었다.

"그냥 죽으면 어디가 덧나니?" 엄마가 물었다.

엄마는 이 모든 대화에 진이 빠진다는 듯 한숨을 크게 내쉬더니 콘센트에서 검은색 코드를 빼 고데기 주위에 감았다. 그리고선 그것을 세면대 아래 서랍장에 집어넣고 거울을 바라보며 신디 크로퍼드처럼 고개를 흔들었다. 나는 조금 전까지 엄마의 붉게 물들인 머리칼을 볶던 고데기처럼 김을 펄펄 내뿜으며 엄마 면전에 대고 화장실 문을 쾅 닫았다.

"한 번만 더 그러면 네가 아예 쾅 닫을 수 없게 문을 뜯어낼 줄 알아!" 나무 문틀 반대편에서 엄마가 소리 질렀다.

나는 방으로 걸어 들어가 침대에 누워 곰팡내가 나는 이불을 뒤집어썼다. 우리 집에 있는 것들은 죄다 홍수에 잠겼던 것처럼 그런 냄새가 났다. 얇은 벽 사이로 엄마가 칫솔로 세면대를 두드리는 소리가 들려왔다.

대문이 닫히고 엄마의 차가 자갈밭에서 빠져나가자마자, 나는 레스토랑 종업원 일 외에 돈을 마련할 수 있는 백 가지 방법을 떠올렸다. 처음에는 〈귀여운 여인〉의 줄리아 로버츠처럼 몸을 팔까도 생각했다. 입으로 해주거나 마약을 팔까도 생각했다. 남자들이 내 가슴 위에서 코카인을 들이마시게 할 수도 있었다. 그들이 모스 비치 마트에서 내가 커피에 설탕을 넣는 모습을 지켜보던 것을 생각하면 그러고 싶어 할 것 같았다.

남자들에게 성적인 행위를 해주고 돈을 받는 게 보석금을 마련하기 위해 할 수 있는 가장 쉬운 일 같았다. 하지만 노인네들과 그 짓거리를 한다는 것은 생각만 해도 역겨워서, 아이들이 하는 일, 예컨대 주말마다 포장지나 잡지를 파는 일로 생각을 옮겼다. 머지않아, 내가 그만한 돈을 마련할 방법은 없다는 결론에 도달했다.

그날 밤, 엽총의 총열만 한 창살이 달린 벽장 크기의 감방에 갇힌 아빠를 떠올리며 잠이 들었다. 그곳은 오래된 지린내를 풍길 것만 같았고, 나는 몇 년 동안 반복해서 꾸었던 꿈을 꾸었다. 나는 문손잡이도, 출구도 없는 작고 새까만 방에 갇혀있었다. 반대편에서 발자국이 보였다. 어둠 속에서 사람들이 왔다 갔다 했다. 나는 그들에게 다가갈 수 없었다. 누구든 나를 좀 꺼내 달라고, 문을 열고 나를 풀어 달라고 소리를 질렀지만, 누구도 내 비명을 듣지 않았다. 그들은 단지 계속해서 걸을 뿐이었다.

 다음 날, 그 꿈이 반복되는 것이 갇혀있는 아빠에 대한 두려움 탓인지, 아니면 빠져나갈 수 없는 내 삶에 대한 두려움 탓인지 곰곰이 생각했다. 내가 완전히 혼자라는 사실을, 내가 아무리 크게 소리 질러봤자 소용없다는 사실을 깨달았다. 나를 구하러 올 사람 따윈 아무도 없었다. 나는 신데렐라가 아니었다. 내가 있는 곳에서 빠져나갈 수 있는 유일한 방법은 다른 누군가가 나를 구하러 올 것이라는 생각을 멈추는 것이었다. 나 자신을 구원할 사람은 나였다.

11. 운명, 1999

이듬해, 엄마와 쳑 아저씨는 약혼했다. 우리는 퍼시피카에 있는 아저씨네 집으로 이사했고, 나는 밥 먹듯이 전학을 갔다. 아빠는 여전히 행방이 묘연했다. 몇 달째 소식이 끊긴 채였고, 아직도 감옥에 있는지도 확실치 않았다. 편지도, 전화도, 아무것도 없었다.

어느 날 오후, 고등학교 강당 객석에 서 있었다. 나는 학교 연극에 참가해 배역을 하나 맡았다. 연기는 내 특기였다. 그것은 에너지를 쏟을 수 있는 분출구였다. 사람들은 내가 뛰어난 배우라고 말했고, 나는 무대에서 영혼과 용기를 재건하기 시작했다.

엄마가 강당 여닫이문을 박차고 들어왔다. 캔버스 가방을 들고 주머니가 깊은 짙은 색깔 트렌치코트를 입고 있었다. 그건 내가 태어나기 전부터 있던 옷이었다. 가방 위로 반짝이는 고데기 선 한 무더기가 삐져나와 있었고, 십 대 소녀들의 활기찬 에너지로 강당이 가득 찼다.

극장은 몇 년 만에 처음으로 내가 평범하다고 느낀 장소였다. 심지어 친구도 몇 명 생겼는데, 다들 어찌나 틀에 박힌 것처럼 고만고만했는지, 아빠가 봤다면 '이빨 빠진 호랑이'라고 놀렸을 게 뻔했다. 하지만 나는 주변부를 맴돌기보다 어딘가에 속하고 싶었고, 무리의 일부가 되고 싶었다.

여자애들이 모두 한 줄로 섰다. 다들 나무로 된 객석의 가장자리를 하이힐로 두드렸고, 머리칼을 휙휙 넘겼다. 엄마는 자진해서 조연을 맡은 여자애들이 올림머리를 하는 것을 도왔다. 이는 나와 엄마가 다시 연결될 수 있는, 혹은 조금이라도 연결될 수 있는 아주 큰 기회였다. 다른 여자애들의 엄마도 학교에서 자원봉사를 했기 때문에, 일회성이라 해도 엄마가 봉사한다는 게 좋았다.

칼보다 예리한 눈을 가진 린 레이건이 엄마의 코트 안에 뭐가 들어있는지 알아차리는 데까지는 단 1분밖에 걸리지 않았다. 엄마가 린에게 다가갈 때 나는 린의 눈을 바라보았다. 린은 희뿌연 코트 주머니를 매의 눈으로 살펴보았다. 나에게도 그 안에 든 것이 보였다. 린의 눈이 혜성처럼 빛났다. 주머니 밖으로 삐져나온 버드와이저 캔의 곡선이 완벽한 카메오 역할을 하고 있었다. 반대편 주머니에서는 레이브 헤어스프레이가 이리저리 움직이고 있었다.

"공구 벨트 멋지네요, 셰리 아줌마!"

린이 적어도 열두 명은 되는 십 대 여자 애들 앞에서 돌연 소리를 질렀다. 그 애는 히스테릭하게 웃음을 터뜨렸다. 야생 하이에나 한 무리처럼 다른 애들이 동조하기 시작했다. 굴욕

감이 엄습했다.

"아주 완벽한 무기네요! 레이브 스프레이와 맛 좋은 시원한 맥주라니!" 린이 소리쳤다.

나는 나 자신이 〈아웃 오브 디스 월드Out of This World〉에 나오는 에비10)라고 상상하며, 검지를 맞대 시간을 멈춘 후, 뒷문으로 빠져나와 한달음에 집으로 갔다. 그리고 나서야 엄마가 아직 강당에 있고, 엄마가 우리 엄마라는 걸 모두가 이미 알고 있다는 게 떠올랐다. 우리의 피, 그리고 똑같이 생긴 푸른 눈을 넘어설 수는 없었다.

엄마 역시 수줍음 많고 얌전떠는 부류는 아니었다. 순순히 모두의 놀림거리가 되어 줄 생각 따위 없었다. 엄마는 새빨간 손톱을 주머니 속으로 밀어 넣고 맥주캔을 꺼내 땄다. 그리고선 작은 입구를 창백한 입술에 가져다 대더니, 고개를 뒤로 젖히고 금빛 액체를 꿀꺽꿀꺽 들이켰다. 대기실 형광등 아래 두꺼운 목의 피부와 정맥들이 벌새의 날갯짓같이 요동쳤다. 맥주가 목구멍 아래로 힘차게 흘러가는 소리가 마치 태평양의 파도 소리 같았다.

맥주를 다 마시자 엄마는 캔을 찌그러뜨려 농구라도 하는 양 방 건너편 쓰레기통 철망 속으로 던져 넣었다. 린과 다른 암탉들의 열렬한 박수 소리만 들으면 무슨 래리 버드11)라도

---

10) 1987년부터 1991년까지 방영된 미국 시트콤으로 주인공 에비는 반은 인간이고 반은 외계인인 소녀이다. 에비는 양 검지를 맞대면 시간을 멈출 수 있는 초능력이 있다.

온 것 같았다. 걔들은 엄마를 좋아했지만, 엄마와 한 지붕 아래 살아야 하는 건 걔들이 아니었다.

엄마는 창백한 어깨에 걸친 코트를 벗어 망토처럼 목에 감고선 선생님 책상 여기저기에 흩어져 있는 종이들 위로 무거운 가방을 던진 뒤 말했다.

"오드리 헵번처럼 보이고 싶은 사람?"

엄마는 그것을 할머니한테 배웠을 것이다. 내가 그랬듯이 말이다. 엄마는 구릿빛 고데기를 끄집어내 검을 휘두르듯 공중에 흔들었다. 엄마의 얼굴에는 능글맞은 미소가 번져 있었고, 소녀들의 눈동자는 새해 전야를 장식하는 반짝이처럼 빛났다. 그 애들은 기뻐하며 손을 들었고, 내게 우리 엄마가 학교 연극 전에 대기실에서 맥주를 단숨에 들이켠 것이 얼마나 멋진지에 대해 쉬지 않고 재잘거렸다. 나는 고개를 주억거리며 동조했다. 하지만 차라리 다른 애들처럼 집에서 쿠키를 굽는 엄마가 있는 게 더 나을 것 같았다.

척 아저씨네 집은 미식축구 기념품과 도리토스 칩이 꽉꽉 들어찬 캐비닛으로 채워진 30평 남짓한 공간이었다. 이제는 더 이상 그곳에 살지 않는 남자들의 흔적이 옷걸이와 복도 옷장 선반 위에 남아있었다. 레드 와인 얼룩과 고양이 오줌으로 카펫이 젖어 있었다. 아저씨는 우리 전에 있었던 룸메이트가 최소 열 명은 되고, 화장실은 하나밖에 없다고 했다.

---

11) 1980년대 NBA의 흥행의 주축이었던 농구 선수. 당시 드물었던 백인 선수로, 보스턴 셀틱스의 승리를 세 차례나 이끌며 매우 높은 인기를 구가했다.

마치 남학생 기숙사에서 살게 된 것 같았다.

그해 추수감사절, 나는 화장실 옆 내 방 문간에 기대어 서 있었다. 내 차례를 기다리며 삐삐를 확인했고, 새 남자친구인 라이언이 조금 전 보낸 숫자 143[12]을 해독하려 애썼다. 그 애는 자꾸만 나에게 사랑한다고 말했다. 내 사전에 사랑이란 없었던 걸 생각하면 긴장이 되곤 했다. 엄마와 내가 서로 그 말을 주고받는 일은 거의 없었지만, 어쨌든 라이언에게는 시도해보려고 했다. 사랑과 연애에 있어서는 물 밖에 놓인 생선이 된 기분이었지만 말이다.

화장실에서 실험실에서 날 법한 소음이 쏟아졌다. 찬장 문을 열었다 닫는 소리, 물을 틀었다 잠그는 소리가 들렸다. 코팅된 세라믹 세면대에서 쿵쿵대는 소리가 울려 퍼졌고, 문틈 아래에서는 불빛이 변덕스럽게 깜박거렸다. 누군가 화장실에서 나오기까지 수십 년씩 걸리는 건 내 세상에서 드문 일이 아니었다. 특히 그들이 마약을 하는 중이면 더더욱.

마침내 문이 열렸고, 카우보이모자를 쓰고 하나로 묶은 희끗희끗한 머리가 어깨 정도까지 내려오는 한 남자가 걸어 나왔다. 눈가에는 깊고 넓은 주름이 져 있었다. 그는 뒤뜰에서 편자를 던지며 놀고 입에 담배를 문 채 시끄럽게 떠드는 다른 손님들과 다를 바 없어 보였다. 청바지 주머니 밖으로 담뱃갑이 툭 튀어나와 있었다. 그가 내 쪽으로 몸을 기대어 입

---

12) I love you의 글자 수를 딴 메시지. 즉 '사랑해'라는 의미이다.

을 열자 누렇고 탁하게 얼룩진 앞니 두 개가 보였다.

"안녕, 예쁜이." 그가 말했다.

깊은 저음의 목소리를 지닌 그는 비행기를 타려고 줄 서 있는 다른 사람과 부딪히기라도 하는 것처럼 내게 몸을 들이밀었다. 그에게서는 감초 향기가 났는데, 뭔지는 몰라도 화장실 안에서 삼킨 것을 숨기려고 찬장에 있는 구강 청결제를 꺼내 쓴 게 분명했다. 은색 뒷머리가 목덜미까지 내려온 이 사람은 엄마의 오빠인 벅 삼촌이었다. 우리 집안의 나이 많은 남자들은 지난 몇 년간 나에게 관심이 꽤 많아 보였다.

"이렇게 뵈니까 좋네요." 나는 장단을 약간 맞췄다.

연상의 남자들과 시시덕거리는 일은 재미있고 익숙했다. 삼촌과 시시덕거리는 거나, 그가 복도에서 열여섯 먹은 내 몸뚱이를 시선 강간하게 놔두는 게 끔찍한 일이라는 것도 알았다. 하지만 어쨌든 나는 그렇게 했다. 미처 깨닫지 못한 것이 있다면, 내가 불건전한 사랑이란 사랑은 있는 대로 끌어들이고 있었다는 사실이다.

"운명이겠지, 꼬맹아."

삼촌의 말에 따르면 한날한시에 우리 둘 다 복도에 있는 건 운명이었다. 하지만 맥주를 물처럼 들이키는 촌뜨기가 저기 스무 명은 더 있었고, 그들이 물을 뺄 수 있는 화장실은 딱 한 군데뿐이었다. 강제로 싸구려 맥주 냄새를 풀풀 풍기는 이들과 함께 있는 처지가 되면, 그 무엇도 운명이 아니다. 그저 저절로 일어날 뿐이다. 또한, 엄마 아빠가 살아온 걸 보면, 무슨 일이 벌어진다 해도 숨김이라고 넘기면 그만이었다. 그러면 모든 죄가 사해질 테니까.

　삼촌은 화장실로 걸어 들어가는 내 엉덩이를 찰싹 때렸다. 나는 문을 닫고 확실히 잠겼는지 확인하기 위해 자물쇠를 만지작거렸다. 삼촌이 안으로 들어오려고 해도 놀랄 일이 아니었다. 볼일을 다 보고 나왔을 때 그가 다른 곳으로 가고 없다는 사실에 안도감이 들었다. 나는 삼촌이 걸어가며 부츠에 달린 박차가 찰가닥거리는 소리조차 듣지 못했다. 나는 복도를 걸어 내려가, 서로 '가족'이라고는 주장하지만, 정확히 어떻게 연결된 사이인지는 설명하지 못하는 사람들이 여럿 모여있는 뒷문으로 향했다. 그들은 와셔 던지기 게임을 하고, 맥주를 마시고, 위스키 샷을 들이켜고 있었다.

　엄마는 한때는 잔디밭이었던 곳을 팔자로 가로질러 우리 집 개 엘비스를 뒤쫓았다. 나는 문간에서 엄마 뒤로 먼지구름이 자욱하게 피어오르는 모습을 지켜보았다. 엄마는 얼룩진 회색 트레이닝 바지를 입고 있었고, 양 주먹으로 프라이팬과 웍을 쥐고 있었다. 뜨겁게 달궈진 고데기를 빼면 그것들이 엄마의 주 무기였다.

　줄무늬스컹크처럼 흑백 무늬인 엘비스는 사활이 걸리기라도 한 것처럼 엄마가 구운 칠면조의 황금색 다리를 물고 있었다. 엄마가 에그노그에 브랜디를 부으려고 고개를 돌렸을 때 조리대에서 빼돌린 것이다. 엄마는 엘비스를 잡아 혼쭐을 내주려고 단단히 작정했다. 그녀는 우리에게 태클을 걸라고 소리 질렀다. 하지만 우리는 이 소동에 정신이 아찔해지도록 즐거워하며 마당에 휘몰아치는 토네이도를 지켜보기만 했다.

"저놈 아가리에서 칠면조를 뺏는 사람이 없으면 추수감사절은 끝날 줄 알아!" 엄마가 고래고래 외쳤다.

엄마는 마당을 이리저리 전력 질주했지만, 아무도 돕지 않았다. 그저 썩어가는 간이테이블 근처에 서서 엄마가 엘비스의 입에서 칠면조를 끄집어낼 수 있을지 없을지 내기를 할 뿐이었다. 엄마와 몇 바퀴 더 추격전을 벌인 후, 마침내 엘비스가 칠면조를 뱉었다. 그런 다음 땅 위로 질질 끌고 가, 살점을 벗겨댔다. 흙투성이가 된 칠면조는 뼈만 앙상했다.

엄마는 엘비스의 개목걸이를 붙잡고 태클을 건 다음 먼지 구름 속으로 사라졌다. 몇 초 후, 엄마는 네 다리가 모두 잘린 칠면조 사체를 움켜쥐고 다시 나타났다. 엘비스는 먼지투성이가 된 꼬리를 휘두르고는 재빨리 마당 맞은편으로 달음질했다. 우리와 마찬가지로 엘비스 역시 엄마를 두려워했다.

엄마는 축사에서 진흙탕 싸움이라도 벌인 것처럼 보였다. 양 볼에 비쳐 보이는 실핏줄 위로 먼지가 묻어 있지만, 엄마는 분노 따윈 잠시 잊고 슈퍼히어로처럼 우뚝 서서 자부심을 만끽했다. 엄마가 갈기갈기 찢긴 칠면조를 머리 위로 들어 올리자, 우리 모두 그녀가 방금 추수감사절을 구했다는 듯 함성과 고함을 터뜨리고 서로 하이파이브를 했다.

불현듯 엄마는 아까의 분노, 그리고 잃어버린 추수감사절 칠면조 즉, 잃어버린 통제력을 기억해냈다. 엄마는 소프트볼 투수처럼 두껍고 난폭한 팔을 들어 올려, 가슴이 통통한 새를 뒷담장 너머로 던져버렸다.

우리는 날개가 꺾인 동물이 저기압 구름 너머로 붕 뜨더니, 이내 썩은 나무 뒤로 자취를 감추는 것을 슬로우 모션으로 지켜보았다. 쾅. 단단한 이십 파운드짜리 덩어리가 마른 덤불을 으스르뜨리는 소리가 들려왔다. 엄마는 한 명 한 명을 한심한 듯 쳐다봤고, 천천히 손가락을 들어 자신의 광기를 바라보는 우리를 가리켰다. 엄마가 태클을 걸지도 모른다는 두려움이 우리를 엄습했다. 엄마의 별명이 '무서운 셰리'인 데는 이유가 있었다.

"다들 부끄러운 줄 알아. 추수감사절은 끝났어!"

엄마는 이렇게 소리친 다음 질척질척한 커피 찌꺼기처럼 보이는 먼지를 턱에서 털어내고 집으로 걸어 들어가 문을 쾅 닫았다. 척 아저씨의 아들인 제레미가 짙은 눈썹을 치켜올리며 나를 쳐다보았다. 그리고는 배수로 아래 늘어져 있는 부서진 차양 쪽으로 고개를 기울였다.

"아무래도 앞으로 평생 촌뜨기식 추수감사절을 보내게 생겼는데." 그가 말했다.

틀림없이 그럴 게 뻔했다.

그날 늦은 저녁, 남자친구인 라이언네 집 원형 식탁에 둘러앉았다. 리넨 냅킨 하나하나가 완벽하게 접혀 놓여 있었다. 식탁 중앙에는 윤이 나는 촛대와 밤, 로즈메리 잔가지들이 장식되어 있었다. 마치 텔레비전 드라마 〈비버에게 맡겨 둬〉의 세트장에 있는 것 같았다.

CD 플레이어에서는 명절 분위기에 맞는 음악이 흘러나왔다. 거실 벽난로에서는 불이 타닥타닥 소리를 내며 타올랐고, 쟁반 위에는 시나몬이 뿌려진 에그노그 잔이 늘어서 있었다. 라이언네 엄마가 치마와 펌프스 차림으로 돌아다니며 각자의 앞에 에그노그를 한 잔씩 부드럽게 내려놓았다.

"어서들 마시렴."

그녀는 그렇게 말하고는 빨갛고 하얀 체크 무늬 앞치마에 손을 문질러 닦았다.

페퍼민트 향기가 나는 평범한 집에 있는 내 모습이 이질적으로 느껴졌다. 내 행동거지 또한 걱정스러웠다. 조악한 간이 테이블에 의자 대신 양동이를 깔고 앉은 게 아니라니. 식기를 잘못 사용하면 어쩌지? 눈앞에는 포크가 세 개나 있었다. 어떤 요리에 어떤 것을 써야 할지 몰랐다. 나는 그 자리에서 대화를 나눌 만큼 나 자신이 똑똑하지 않다는 사실이 두려웠고, 그들이 아빠들에 대한 것이나 졸업하면 무엇을 하고 싶은지 묻지 않기를 기도했다. 졸업이 가당키나 한지 의문이었다. 아빠가 또다시 떠나버린 이후로 내 성적은 그야말로 개판이었다.

라이언네 엄마는 심리학자였고, 아빠는 변호사였다. 나는 똑똑하게 들릴 만한 뭔가가 있을까 머리를 굴려 보았다. 하지만 떠오르는 것이라고는 포탄처럼 허공을 가로지르는 칠면조와 박차가 달린 부츠를 신고 나랑 자고 싶어 안달이 난 삼촌뿐이었다.

"연휴 초반은 어땠니?" 라이언네 엄마가 물었다.

그녀는 남편의 잔에 육두구를 살짝 뿌리고는 탁자에 앉아 축제 분위기가 물씬 나는 치마를 다리기 시작했다.

"아, 괜찮았어요. 여기랑 거의 비슷했죠." 나는 새빨간 거짓말을 했다.

그저 살아있다는 것만으로도 소외감은 충분했고, 그 이상은 사절이었다. 나는 가족들과 보체볼 게임을 하고 비건 아티초크 딥을 먹었다고 말했다. 실제로는 비어퐁을 하고 화장실에서 헤로인 주삿바늘을 몸에 찔러넣은 이빨 빠진 촌뜨기들과 시시덕거리며 놀았음에도 말이다.

그렇지만 탁자를 둘러보며 가능성을 엿본 건 이번이 처음이었다. 모두가 미소를 짓고 있었고, 누구도 주먹질하지 않았다. 미식축구 경기를 요란하게 틀어놓은 텔레비전도, 마당에서 천박한 욕설을 시끄럽게 지껄이는 촌뜨기도 없었다. 직접흡연, 간접흡연, 삼차 흡연으로 숨 막히는 일 또한 없었다. 그 대신, 양초에서는 토피 향이 났고, 반짝이는 불꽃은 모두를 예뻐 보이게 만들고 부드러운 분홍빛으로 뒤덮었다.

 라이언은 내 다리에 손을 얹었고, 내가 말할 때면 주위의 모든 이가 귀를 기울였다. 그 완벽한 사람들의 성에서, 내 말은 중요하게 여겨졌다. 그 누구도 끼어들지 않았다. 다들 그저 얌전히 앉아 크리스마스트리 옆에 늘어선 캐서롤 접시에서 호박 고구마를 퍼 올릴 뿐이었다. 완벽한 저녁이었고, 내가 선천적으로 타고난 것보다 더 큰 가능성이 보이기 시작했다.

12. 부서지고 더러운, 2000

척 아저씨네 집으로 이사하고 얼마 지나지 않아, 엄마는 온갖 보관함으로 가득한 데다가 서까래 밑에 라쿤이 집까지 지은 차고로 제레미를 내보냈다. 엄마는 그렇게 해야 집 안에 공간이 더 생긴다고 말했지만, 나는 제레미를 자기 집에서 쫓아낸 것 같아 기분이 좋지 않았다. 문제의 그 날 밤, 차고가 너무 추운 나머지 제레미는 내 방에서 잠을 잤다. 서리가 콘크리트 바닥을 뒤덮었고, 세탁기 호스가 얼어붙었다.

새벽 한 시쯤 침실 문이 카펫 위로 끌리는 소리가 들렸다. 복도의 불빛이 소리 없이 새어 들어왔고, 벌거벗은 남자의 실루엣이 침대 발치를 향해 천천히 걸어왔다. 그는 망을 보는 야경꾼처럼 가만히 서 있었고, 빅풋을 닮은 그림자가 침실 벽에 드리워져 있었다. 나는 팔을 휘두르며 허겁지겁 일어났다. 침대 시트가 매트리스 위에서 회오리처럼 빙글빙글 돌았다. 제레미도 벌떡 일어섰다.

"아빠! 씨발 뭐 하는 거야!" 제레미가 소리 질렀다.

나 또한 아저씨에게 소리 질렀지만, 그는 꿈쩍도 하지 않았다. 그는 침대 발치에 서 있는 벌거벗은 사스콰치처럼 보였다. 그는 허벅지 중앙으로 손을 뻗더니 성기를 움켜잡았다. 듣고 싶지 않았던 '쉬이이이'하는 물줄기가 흐르는 소리가 들렸고, 온 바닥과 새로 산 가죽 부츠가 오줌투성이가 돼 버렸다. 지독한 오줌 냄새가 방을 가로질러 내 코를 찔렀다.

제레미와 내가 멈추라고 악을 쓰며 소리를 질러댔지만, 분출은 적어도 일 분은 계속되었다. 오줌 세례를 맞을까 봐 무서웠던 나머지, 둘 중 누구도 침대에서 뛰어내려 그를 멈추려 하지 않았다. 기다리는 것 외에 우리가 할 수 있는 것은 없었다.

그러고 나서, 아저씨는 아무 일도 없었다는 듯 내 방에서 좀비처럼 걸어 나가 자신의 방으로 돌아갔다. 제레미와 나는 그가 몽유병으로 집 곳곳을 돌아다니고 있으며, 내 방을 화장실로 착각했다는 사실을 깨달았다.

나는 매트리스에서 뛰쳐나와 소변으로 가득한 저수지를 뛰어넘었다. 분노의 소용돌이가 내 안을 휘감았다. 아저씨와 엄마 방으로 뛰어 들어간 나는 욕이란 욕은 다 퍼붓기 시작했다. 주정뱅이, 패배자, 걸레년, 촌뜨기. 스탠드에 깜박하고 불이 들어왔다. 엄마가 침대에서 나오려다 그것을 넘어뜨렸다. 세라믹 막대가 옷장의 유리 표면에 부딪혀 산산조각이 났다. 엄마가 눈을 비볐고, 아저씨가 일어나 앉았다. 마침내 반쯤 정신이 돌아온 듯했다.

"무슨 소리냐?"

그는 이렇게 묻고는 수북한 검은색 음모 위로 이불을 끌어올렸다.

"아저씨가 내 신발에 오줌 쌌잖아요! 새로 산 지 얼마 안 된 거라고요!" 내가 악다구니를 썼다.

아저씨는 당황한 기색이 역력했다. 엄마는 내가 거짓말을 하고 있다는 듯 연거푸 고개를 내저었다.

"아니, 그럴 리가 없어, 로렌! 오버 좀 하지 마라." 엄마가 말했다.

엄마는 몸을 돌려 유리 조각을 주운 뒤 옷장 옆 쓰레기통에 버렸다.

"좀 평범하게 살면 안 돼요? 화장실이 어디 있는지도 모를 만큼 술을 들이켜야 하는 거예요?"

아저씨는 해가 뜰 때부터 질 때까지 브랜디를 마셔대기로 유명했다.

나는 누군가 내 말을 들어주기를, 내가 미쳐버린 게 아니라는 사실을 알아주기를 간절히 바라며 우주까지 들리게 소리 질렀다. 하지만 이런 말 같잖은 상황을 주기적으로 마주해야 한다는 것은 그야말로 미친 짓이었다. 밤이 되면 벽에 난 구멍으로 동물들이 기어드는 집에 사는 게 지긋지긋했다. 동물들이 기어들어 와 내 옆에서 자는 일이 없도록 나무 조각으로 구멍을 막아야만 했다. 까만 곰팡내를 맡는 것도, 엄마와 아저씨가 텔레비전을 크게 튼 채 와인을 음료수처럼 들이키는 소리도 지겨웠다. 볼륨 낮추기 버튼은 이제 작동하지도 않았다. 왜 내 주위의 모든 것은 부서지고 더러운 거지?

　엄마가 내 코앞까지 다가와 똑바로 섰다. 엄마가 방에서 나가라고 소리를 지르자 하얀 침 덩어리가 내 피부 위로 날아왔다. 나는 엄마를 밀쳤지만, 벽돌집같이 단단한 몸은 꿈쩍도 하지 않았다. 엄마는 내 어깨로 손을 뻗어 머리카락을 한 움큼 잡고 영화 〈비틀주스〉처럼 내 머리를 빙빙 돌린 다음, 내 방문 쪽으로 나를 끌고 갔다. 그러는 사이 아저씨는 침대에 바로 앉아, 텀블러에 담긴 투명한 무언가를 홀짝홀짝 마시고는 자기와는 아무 상관없는 일이라는 듯 평화롭게 이 소동을 지켜보았다.

　엄마가 나를 내 방으로 밀어 넣었다. 아저씨의 따뜻한 오줌 웅덩이를 밟은 나는 쿠거처럼 엄마에게 달려들었다. 나는 젖먹던 힘을 다해 엄마의 면전에 대고 문을 쾅 닫았다. 그러자 지진 같은 뭔가가 지붕 들보 사이로 밀려드는 듯한 대학살의 소리가 들려왔다. 벽과 문틀이 우르릉거렸다. 엄마가 문을 경첩에서 뜯어내 육중한 팔로 감싸자 나무 조각들이 내 쪽으로 날아왔다. 엄마는 서프보드처럼 나무문을 겨드랑이 사이에 끼고 있었다.

　"또 한 번 그런 식으로 면전에 대고 문 닫으면 문짝을 뜯어낼 거라고 했지! 이제 문 없이 살던가 아님 이 집에서 나가!"

　엄마는 몸을 돌려 뒷문을 향해 전속력으로 복도를 달려갔다. 제레미와 나는 마치 헐크를 보듯 엄마를 응시했다. 나는 툭 튀어나온 이두박근으로 문을 든 채 맨발로 젖은 흙 위를 쿵쿵거리며 담장으로 가는 엄마를 쫓아 별빛 아래로 나갔다. 이웃집 현관 불이 켜지고 문이 열렸다. 누군가 우리에게 아무 문제 없냐고 물었다. 우리는 대답하지 않았다. 단 한 번도.

 엄마는 커다란 나무 널빤지를 머리 위로 들고 나를 돌아보았다. 늑대인간 같은 이빨을 드러낸 게 보일 정도의 달빛이 엄마의 얼굴에 드리웠다. 엄마는 문을 담장 너머로 쏘아 올렸고, 그것은 마치 UFO처럼 캄캄한 하늘을 가로질러 날아갔다. 문짝이 땅에 착륙해 우리가 버려댄 다른 모든 것들 위에서 으스러지는 소리가 들렸다. 뒷담장 너머는 우리가 생활 쓰레기를 버리는 폐기장이었다.

 몇 분 후, 대문을 쿵쿵 두드리는 소리가 났다. 빨갛고 파란 불빛의 소용돌이가 지붕 꼭대기에 드리워져 있었다. 한밤중에 경찰이 들이닥친 것은 처음이 아니었다.

 문을 여니 푸른 제복을 입은 사람 둘이 현관 계단에 서 있었다. 그들은 진압봉을 쥐고 짜증스러운 눈길로 나를 바라보았다. 차는 여전히 엔진이 켜진 채 우리 집 진입로 건너편에 세워져 있었다. 불빛이 온 동네 창문이란 창문은 전부 휘감았다. 고장 난 낡은 텔레비전 두 대가 서로 포개진 채 계단 밑에 놓여 있었다. 경찰 하나가 깨진 화면 위를 진압봉으로 두드렸다.

"어머님, 안에 무슨 일 있나요? 소음으로 신고가 들어와서요." 그가 말했다.

엄마는 여느 때처럼 트레이닝 바지와 낡은 티셔츠 차림으로 소파 뒤에 서 있었다. 나는 그날 밤 일어난 사건을 순서대로 설명하려 안간힘을 썼다.

"새오빠랑 자고 있었는데, 새아빠가 몽유병으로 제 방에 들어와서 제 신발에 온통 오줌을 갈겼어요."

두 경찰 모두 미간을 찌푸리고는 혼란스러운 눈길을 주고받았다. 잠옷 차림으로 자기네들 현관에 서서 우리를 지켜보는 이웃들이 눈에 들어왔다. 그들은 눈을 가늘게 뜬 채, 저 멀리 펼쳐지는 난리 통을 보려 애썼다. 나는 말을 이었다.

"엄마한테 말하려고 엄마랑 아저씨 방에 갔는데, 싸움이 벌어진 거예요. 엄마가 제 머리를 잡아당기고, 제 방문을 뜯어서 담장 너머로 던졌어요. 엄마는 모든 걸 담장 너머로 던져 버리거든요!" 내가 말했다.

"오, 아니에요, 선생님. 쟤 지금 오버하는 거예요!"

엄마가 거실 맞은편에서 소리쳤다. 엄마는 자신이 이 참사의 관계자라는 걸 실제로 목격한 사람이 있을까 봐 대문 근처에 오려 하지 않았다. 하지만 사람들은 바보가 아니었다. 눈앞의 경찰관 두 명을 비롯한 동네의 모든 이들이 우리 집 사정을 알고 있었다.

"저 말이 사실입니까? 따님 문을 담장 너머로 던지셨나요?" 키가 더 크고 지나치게 헐렁한 바지를 입은 경찰관이 물었다.

"그런 것 같아요." 엄마는 손을 허공에 들고 미식축구 선수 같은 어깨를 으쓱했다.

"여기 고소하실 분 계십니까?" 푸른 눈의 다른 경찰관이 물었다. 동네 여자애들 전부 그를 사랑했기 때문에 나 역시 그를 알고 있었다. 그는 이미 몇 번이나 소음 신고를 받고 우리 집으로 온 바 있었다. 그가 출동한 날에는 몇 배나 더 당혹스럽고 부끄러웠다.

"저기, 숙녀분들. 조용히 하셔야 합니다. 안으로 들어가시고 목소리를 낮추세요. 다시 오게 하지 마시고요." 바지가 헐렁한 쪽이 말했다.

척 아저씨가 무슨 일이 일어나고 있는지 보려고 침실 창문 블라인드를 열었다. 그리고 경찰이 그쪽을 바라보자 재빨리 블라인드를 쳤다. 아저씨는 늘상 모든 일에 최대한 엮이지 않으려고 애썼다.

몸을 돌려 차로 돌아가기 전, 경찰들은 고개를 내저으며 경멸 어린 표정을 지어 보였다. 우리에게는 이미 너무나 익숙한 표정이었다. 나는 문을 닫았고, 엄마는 그들을 '잘난 척하는 씹새끼들'이라 칭하며 방으로 돌아가 문을 쾅 닫았다.

일 년쯤 시간이 흘렀고, 냄비, 프라이팬, 엄마가 싫어하는 내 옷들, 심지어는 엄마가 무언가로 화가 난 탓에 제대로 끝

마치지 못한 식사까지, 적어도 백 가지는 되는 것들이 새총 알처럼 담장 너머로 날아갔다. 라이언네 가족은 언제나 유쾌하고 조용한, 동네의 괜찮은 구역에 살았기에, 나는 될 수 있는 한 오래 그 애 집에서 시간을 보냈다. 그 집 수납장에는 음식이 있었고, 벽난로는 복도뿐 아니라 온 집을 따뜻하게 데웠다.

라이언네 엄마인 캐서린 아줌마는 내가 그 집에서 자고 가는 건 안 된다고 말했다. 그녀는 우리가 남녀로서 밤을 함께 보내기에는 너무 어리다고 생각했다. 하지만 라이언과 나는 사랑하는 사이였다. 나는 이전에 했던 어떠한 마약보다도 그 애에게 빠져있었다. 그 애한테 빠진 이후로 어떠한 약이나 술도 필요하지 않았다.

밤이 되면 그 애와 나는 아래층 그 애의 방 옆에 있는 유리 미닫이문을 몰래 빠져나갔다. 단 하룻밤이라도 떨어져 있는 것은 우리에게 고문처럼 느껴졌다. 아침이 되어 아줌마가 라이언에게 인사를 하러 오면 나는 매트리스 옆 바닥에 숨었다. 아줌마는 내가 숨어 있다는 사실을 알았지만 아무 말도 하지 않았다. 밤에 우리가 아래층 문을 빠져나가면 아줌마는 침실 창문을 통해 그 모습을 엿보았다. 그녀는 나를 걱정했고, 집에 무슨 일이 있는지 질문을 스무 개쯤 던진 다음, 아침, 점심, 저녁을 차려주곤 했다. 그 애와 그 애 가족이 준 사랑과 보살핌은 내 생명줄이 되었다.

고3 마지막 즈음, 라이언과 나는 프롬 킹과 프롬 퀸 후보로 지목되었다. 확성기에서 내 이름이 나오자, 나는 학교 마당에서 오렌지 소다를 뿜고 말았다. 그리고 학생회가 그저 장난이었다고 말해주길 계속해서 기다렸다.

우리 이름이 학교 마당에 울려 퍼졌을 때 라이언은 그다지 놀란 기색이 아니었다. '프롬 킹'이 된다는 것은 그 애의 DNA에 새겨져 있었다. 애초에 그럴 자격을 타고난 것처럼, 왕관을 쓰는 것은 그 애의 운명이었다. 나는 세상이 자기 놀이터처럼 느껴질 정도의 금수저로 태어난다는 건 어떤 느낌일지 궁금했다. 상상하기는 힘들었지만, 나 또한 그 역할을 충실히 연기하려 노력했다. 중요한 사람처럼 보인다는 건 너무나 기분 좋은 일이었다. 이 시기쯤 나는 나 자신에 대한 스스로의 가치관에 의문을 품기 시작했다. 사람들은 내가 나를 대하는 것과 다르게 나를 대하기 시작했다. 어쩌면 나는 생각보다 괜찮은 사람이었을지도 모른다. 정말로 그러기를 바랐다.

그 해, 성적도 오르기 시작했다. 나는 영어와 문예 작문 과목에서 우등상을 받았고, 언젠가 작가가 되면 어떨지 선생님과 이야기를 나누기 시작했다.

"음, 분명 너에게는 재능과 대박 날 만한 이야기가 있어." 어느 날 오후 수업을 마치고 선생님이 내게 말했다.

나는 그 말을 끊임없이 되새기며 가슴을 당당히 펴고 주차장으로 걸어 나갔다.

어느 날 오후 엄마가 프롬 파티 드레스를 사러 가자고 했다. 엄마는 바쁜 와중에 시간을 빼 차를 끌고 유니언 스퀘어 근처 '거니색'이라는 가게로 나를 데려갔다. 고층 빌딩 안에서 엄마는 올림머리를 세팅하는 것보다도 빠르게 진열대에 걸린 실크 드레스를 꼼꼼히 살폈다.

"너, 나도 프롬 퀸이 될 뻔했던 거 알지. 하지만 넌 분명 나보다 훨씬 멋질 거야." 엄마가 말했다.

엄마가 나를 자랑스러워한다는 느낌을 받은 것은 이번이 처음이었다. 엄마는 한쪽 어깨가 드러난 긴 빨간색 드레스를 자기 몸에 대 보고는 크게 숨을 내쉬더니, 입어보라며 내 쪽으로 휙 던졌다. 그리고 자기가 놓친 것들을 내 성취로 보상받을 수 있다는 듯 맹렬히 드레스를 골라댔다.

나는 탈의실을 런웨이처럼 걸으며 엄마 앞을 지나고 거울 앞에서 빙그르르 돌았다. 내가 무슨 드레스를 입어도 엄마는 미소 지은 얼굴로 엄지손가락을 세워 보였다. 마침내 나는 한쪽 어깨가 드러나고 발목까지 내려오는 드레스를 골랐다.

"나라도 그 드레스를 골랐을 거야. 분명 그 옷을 입으면 프롬 퀸이 될걸."

계산대에서 엄마의 신용카드는 거절되었다. 엄마는 가방 밑바닥에서 카드 몇 장을 주섬주섬 찾았다. 드디어 직원이 카드 한 장을 엄마에게 돌려주며 계산이 완료되었다고 말했다.

"네 엄마 노릇을 하려면 아랫돌 빼서 윗돌 괴는 수밖에 없구나." 주차장으로 가는 엘리베이터에서 엄마가 내게 말했다.

그때는 그게 무슨 말인지 이해하지 못했지만, 넉넉지 않은 형편에도 드레스를 사준 엄마가 고마웠다. 프롬 파티가 있던 밤, 라이언과 나는 킹과 퀸이 되지 못했다. 하지만 가능성을 갖는다는 건 삶의 궤적을 바꾸는 데 도움이 되었다. 태어나서 처음으로, 상황이 달라질 수 있겠다는 희망을 품게 되었다.

라이언네 엄마는 학교 상담 선생님이기도 했다. 어느 날 오후, 아줌마는 나를 사무실로 불러 커뮤니티 칼리지[13])에 진학하는 게 어떻겠냐고 말했다. 그녀는 지원 방법과 장학금을 받을 수 있는 절차를 자세히 설명했다.

"너는 대학을 안 가기엔 너무 아까워. 더 큰 사람이 되고 싶다면 꿈도 더 크게 꿔야 한단다." 그녀가 말했다.

아줌마랑 이야기를 나누고 라이언이 원서를 쓰는 모습을 보기 전까지는 대학에 가려는 생각조차 해본 적이 없었다. 그 애는 콜로라도에 있는 대학에 가게 되었다. 나는 엄마와 상의를 해보려 했지만, 엄마뿐 아니라 우리 집에서 대학 문턱을 밟아 본 사람은 단 한 명도 없었기에 딱히 도움이 되지 않았다. 고등학교를 졸업할 즈음, 학기 내내 전 과목 A를 받았다. 알고 보니 난 꽤 똑똑했던 것이다. 그저 그 사실을 상기시켜줄 누군가가 주위에 없었을 뿐.

학교를 졸업하고 초가을이 되자, 세기의 폭풍이 들이닥쳤

---
13) 미국의 공립 2·3년제 전문대학

다. 엄마는 부엌에서 레드 와인을 넣은 비프 스트로가노프 냄비를 휘젓고 있었다. 거실 창문 밖 마당에 바람이 휘몰아치며 야외용 플라스틱 의자와 텅 빈 맥주 냉각기를 쓰러뜨렸다. 엄마가 썩 비키지 않으면 죽여버리겠다고 개를 협박하고 있던 차에 내가 안으로 들어왔다. 총알 같은 빗방울이 유리창을 강타했다. 갑작스레 건물이 우리 위로 무너져내리는 듯한 거대한 충돌음이 들려왔다.

내가 창가로 달려가자마자 뒤쪽 담장이 무너져내렸다. 바람이 담장을 무너뜨렸고, 널빤지가 땅에서 뜯겨나가고 있었다. 하나 남은 기둥은 마지막 힘까지 끌어모아 땅바닥에 달라붙어 있었다. 엄마가 창가로 다가와 내 옆에 섰다. 우리는 담장이 도미노처럼 무너지는 모습을 바라보았다. 나무 조각들이 마당에 널브러져 있었고, 어두운 잿빛 하늘이 용오름처럼 휘몰아쳤다. 그러자 마지막 기둥이 무너졌고, 담장은 자취를 감추었다.

"망할. 저건 다시 못 붙일 거 같은데." 엄마가 말했다.

엄마는 무엇이든 초강력 접착제로 붙여버리기로 유명했다. 우리는 웃음을 터뜨렸고, 엄마는 부엌으로 가 다시 냄비를 젓기 시작했다. 어쨌든 그것이 그때 엄마가 할 수 있는 최선이었으니까. 그 후 우리는 소파에 앉아 폭풍이 지나가기를 기다리며 뜨거운 국수를 먹었다.

다음 날, 잠에서 깨어난 우리는 마당으로 나갔다. 알고는 있었지만 애써 외면해 온 모든 것들이 납작해진 덤불 위에 흐트러진 모습이 마치 공동묘지 같았다. 사방에 더러운 빨랫감이 나뒹굴었다. 주방용품, 식기류, 뼈, 깨진 유리, 술병, 맥주캔이 여기저기 널브러져 있었다.

담장 뒤에는 경사가 진 자그마한 공간이 있었다. 우리는 그 아래쪽에 사는 동네 사람들 모두 여기서 벌어졌던 대학살의 잔해를 볼 수 있었다는 사실을 깨달았다. 유일하게 우리만 그걸 볼 수 없었다. 묘지 한가운데에는 온통 젖은 내 방문이 갈색 진흙 범벅이 된 채 덩그러니 놓여 있었다.

둘 다 입을 열지 않았다. 서둘러 보수에 들어가거나 무언가를 주우려고 하지도 않았다. 대신, 그 모든 과거의 유물을 가만히 받아들였다. 우리 역사의 민낯이 똑똑히 보란 듯 흩어져 있었다. 우리의 사랑법이 역겹다는 사실은 알고 있었다. 하지만 그게 우리가 아는 유일한 방법이기도 했다. 나는 그걸 바꾸려고 하는 대신, 받아들이기 시작했다.

13. 몰몬교가 되(지 않)는 법, 2002

그해 가을, 금색 혼다 어코드 글로브 박스에 들어있던 지도에서 작은 마을 하나를 발견했다. 굽이치는 '서프$_{Surf}$ 시티'라고 적힌 글씨 위로 자그마한 푸른색 파도가 그려져 있었다. 서핑을 시작한 지는 얼마 되지 않았고 한 번도 가본 적도 없지만, '서프 시티'라는 곳에서 살아보고 싶다는 생각이 들었다. 헌팅턴비치는 야자수와 아름다운 사람들, 사파이어색 파도로 발 디딜 틈 없었다. 지난달 라이언이 대학 문제로 다른 주로 가게 되며 우리는 관계를 정리했다. 어려운 결정이었지만, 장거리 연애로 인한 감정 소모를 막기 위해서는 꼭 필요한 일이기도 했다.

늦가을 즈음, 비치 불러바드에 내 생애 첫 아파트를 구했다. 나는 크레이그리스트[14] 오렌지 카운티 지역에서 샌드라라는 룸메이트를 구했다. 그 애는 록밴드 퀸보다도 가죽옷이 많았는데, 알고 보니 스트리퍼였다. 그 애의 야간근무 스케줄과 새벽 두 시가 넘도록 아파트를 들락날락하는 남자들 덕에

---

14) 미국의 온라인 부동산 및 중고 거래 플랫폼

그 사실을 깨닫는 데는 오래 걸리지 않았다. 내 행동거지라고 크게 달랐던 것은 아니었기에 처음에는 딱히 신경 쓰지 않았다. 하지만 그들이 나까지 그 짓에 끌어들이려고 하자, 떠날 때가 되었다는 것을 알았다.

나는 오렌지 코스트 전문대학의 지역 게시판에서 네 번째 룸메이트를 찾는다는 전단을 발견했다. 당시 나는 수업 몇 개를 들으며 고등학교를 졸업한 평범한 사람이라면 으레 할 법한 일을 하려 노력하고 있었다. 전단에는 몰몬교도의 금욕적인 아파트를 함께 쓸 조용하고, 착하고, 책임감 있는 여자를 찾는다고 적혀 있었다. 나는 그 중 아무 데도 해당하지 않았지만, 그렇게 되고 싶었다. 그래서 구깃구깃한 전단 아래쪽의 번호를 뜯어 주머니에 넣었다.

그 번호로 전화를 걸자, 한 여자가 내게 몇 가지 질문을 던졌다.

"카페인 음료를 마시나요? 마약을 하시나요? 술을 마시나요? 드라마를 보시나요? 집으로 남자를 부르나요? 남자와 성관계를 하나요? 신을 믿나요? 기도하시나요? 폭력적인가요? 원만한 성격인가요? 브리검 영이 누군지 아시나요? 가정환경이 좋나요? 성적이 좋나요?"

그녀는 이 모든 것을 꽤나 사무적인 어조로 물었다.

"아뇨. 아뇨. 아뇨. 아뇨. 아뇨. 아뇨. 네. 네. 아뇨. 네. 네. 네. 네." 내가 대답했다.

지금까지 살아온 인생을 바꿀 수 있는 유일한 방법은 진실보다 깨끗한 이야기를 꾸며내는 것임을 깨달은 나는 모든 질문에 죄다 거짓으로 답했다.

바로 그다음 주에 '핑크 플라밍고'라고 쓰인 거대한 나무 표지판이 달린 아파트 단지 앞에 차를 세웠다. 잘 익은 과일 같은 피부의 여자가 수영장 맞은편에 누워있었다. 그녀는 왕방울만 한 얼룩무늬 선글라스를 낀 채 그을린 얼굴에서 약간 떨어진 곳에 알루미늄 포일로 된 햇빛 반사판을 들고 있었다. 그녀가 의도치 않게 은색 반사판을 자꾸만 내 쪽으로 기울였다. 반사된 햇빛에 눈이 탈 것만 같았다.

삼각 수영복을 입은 올리브색 피부의 젊은 남자가 물에 발을 살짝 담그더니, 첨벙 소리 없이 안으로 뛰어들었다. 그리고는 선명한 파란색 물을 가르며 배영으로 가뿐히 나아갔다. 손바닥만 한 수영복 속 뭔가가 툭 튀어나와 열기구처럼 수면 위에 둥둥 떠 있었다. 나는 그의 존재, 그리고 강낭콩 모양 수영장 주위의 쇠창살을 휘감은 담쟁이덩굴을 의식하지 않을 수 없었다. 벗어나고 싶은 나의 현실과는 동떨어진 그야말로 꿈만 같은 광경이었다.

몰몬교도들이 사는 아파트 정문에는 하트 모양의 빨간색 세라믹 장식품이 걸려있었다. 그것을 보니 유치원 교실에 걸려있는 뭔가가 떠올라 조금은 긴장이 풀렸다. 장식품은 유치하고 장난스러웠다. 너무도 빨리 어른이 되어야 했던 탓에 내 유년 시절에는 유치함도, 장난스러움도 없었다.

　나는 어깨에 가디건을 걸치고 엉덩이가 너무 꽉 끼지 않는 청바지를 입고 있었다. 내 딴에는 몰몬교도 여자애처럼 입은 차림새였다. 나는 똑바로 서서 스웨터 앞을 가볍게 두드리고 남아있는 담뱃재를 털어냈다. 배역에 알맞은 옷차림이라면 그 배역은 떼놓은 당상이라고 믿었다. 하지만 이것은 연극 오디션이나 프롬 퀸을 임명하는 자리가 아니었다. 자그마한 침실 두 개짜리 아파트에서 몰몬교도 여자애들 세 명과 지낼 만한 사람인지 알아보는 인터뷰 자리였다.

　맞은편에는 헤어롤로 머리를 만 여자가 있었다. 그녀는 내가 입안에 남은 퀴퀴한 담배 냄새를 숨기려 구강 스프레이를 뿌리는 모습을 퇴창을 통해 지켜보았다. 마샤 브래디[15]를 닮은 여자가 문을 열고 나를 안으로 맞이했다. 케이틀린이었다. 그녀는 스토브 위에서 소리를 내며 끓고 있는 주전자에서 캐모마일 차를 따라 나에게 건넸다.

　거실에서 그녀는 나에게 '선지자'와 '사도'라는 사람들의 사진으로 가득 찬 작은 탁자를 보여주었다. 거기엔 조셉 스미스라는 또 다른 남자의 사진도 있었으며, 냉장고에는 커트 코베인을 닮은 긴 머리 남자의 그림이 붙어있었다.

　"저 사람 커트 코베인이에요?" 내가 물었다.

　"세상에, 아니에요. 저분은 하나님 아버지세요." 케이틀린

---

15) 1965년부터 5년 동안 미국의 ABC에서 방영된 인기 시트콤 〈브래디 번치(The Brady Bunch)〉의 등장인물

이 말했다.

그녀는 하나님을 농담거리로 삼아서는 안 된다는 듯 눈썹을 약간 찡그렸다.

"하나님인 거 알아요. 그냥 농담이었어요."

그 사람이 진짜 하나님인지 아닌지는 몰랐지만, 나는 어물쩍 넘어가려 애쓰며 미소를 짓고 소리 내 웃으며 화답했다. 만약 하나님이 진짜로 존재한다면 내게 다른 상황이 주어졌을 게 분명했다. 나는 내가 무엇을 믿는지도 몰랐다.

"방을 보여줄게요."

그녀는 나를 데리고 한층 더 기괴한 사진으로 가득한 복도를 따라 걸었다. 70년대 록스타라 해도 위화감이 없을 지저분한 긴 머리의 중년 남자들의 사진이었다. 또 다른 아파트 건물과 드넓은 시멘트 바닥이 보이는 창문을 지나자 케이틀린의 금빛 머리칼이 보석처럼 반짝였다.

케이틀린은 내 또래처럼 보였지만, 나 같은 불량아와 방을 같이 쓸 사람이라기보다는 롤러 스케이트장에 있을 법한 아이처럼 느껴졌다. 하지만 동시에 케이틀린 곁에 서 있는 것만으로도 긴장이 풀리는 듯했다. 그 애의 존재는 든든하고 마음을 진정시켜 주었고, 아파트에서는 곰팡이와 담배 냄새가 아닌 봄 내음과 달맞이꽃 향기가 났다. 나쁜 일에 면역력이 있을 것 같은 곳이었다.

침실은 마치 작은 옷장 같았다. 방마다 천장에는 자그마한 야광 별자리와 행성 스티커가 붙어있었고. 이층 침대가 하나씩 있었다. 스티커는 커다란 십자가 모양을 이루고 있었고, 불이 꺼지면 형광으로 빛났다. 케이틀린은 룸메이트와 함께 옆 방에 살고 있는 메리앤에 대해서 이야기해 주었다. 그녀 역시 앞으로 몇 달간 어딘가에서 선교를 할 예정이었다.

케이틀린은 나에게 임무$_{mission}$를 수행해본 적이 있냐고 물었다.16) 지금껏 수많은 임무를 수행했지만, 그들이 하는 것과 같은 종류의 임무는 아니었다. 내 임무는 하나님과는 아무런 관련이 없는, 순전히 생존과 관련된 것이었다. 나는 그렇다고 대답한 후, CD로 가득 찬 수납 칸으로 이야기의 주제를 바꿨다. 안에 있는 CD 케이스의 앞쪽 라벨에 '찬송가'라는 단어가 적혀 있었다.

우리는 초록색 벨벳 소파에 앉아 잠시동안 대화를 나누었다. 그 애의 푸른 눈이 어찌나 둥글고 상냥했던지, 이야기에 도무지 집중할 수가 없었다. 그 애를 보면 초등학교 때 가장 친했던 친구인 애런이 떠올랐다. 하나님을 믿는 사람의 모습이란 바로 이런 건지 궁금했다. 그 애의 피부는 매끄럽고 건강하고 빛이 났다. 그에 반해 내 피부는 언제나 붉고 우둘투둘했다. 나는 끊임없이 여드름을 잡아 뜯어댔다. 강박적으로 그 행위를 반복한 덕분에, 내 얼굴은 전쟁터를 방불케 했다.

"너 진짜 맘에 든다." 그 애가 말했다.

---

16) be on a mission에는 임무를 수행한다는 의미도 있지만, 선교한다는 의미도 있다. 즉 케이틀린은 화자가 선교한 적 있는지 물은 것이다.

"이사 오는 건 좋은데, 허튼짓하지 않겠다고 약속해야 해. 여기는 아주 순결하게 운영되는 곳이거든."

나 역시 정말이지 순결한 곳에서 살고 싶었다. 케이틀린이 나를 껴안았다. 마치 대천사가 내 뼈를 꽉 붙들고 있는 것만 같았다. 그 애 목에 남아있던 순수함과 교회의 향기가 내 목으로 옮겨왔다. 그 애의 면 셔츠를 보니 담요를 덮듯 그 속에 안기고 싶었다. 안심해도 된다고, 다 괜찮다고 느끼고 싶었다.

그 애 뒤에는 중요해 보이는 책들이 쌓여있었다. 보아하니 그 애가 믿는 종교에 대한 책들 같았다. 문 쪽으로 뒷걸음질 치다가 나는 그만 거기에 부딪혀 다홍색 촛불을 쓰러뜨리고 말았다.

"당연하지. 허튼짓 안 해. 나 되게 범생이거든."

이 말은 사실이 아니었지만, 그 밀폐된 공간 안에는 다시 한번 맛보고 싶은 안정감이 있었다.

그다음 주에 나는 몰몬교도들의 아파트로 이사했다. 빨간 장난감 왜건에 옷 상자 몇 개를 싣고 옮겼다. 케이틀린은 내가 '핑크 플라밍고'의 풍선껌색 복도를 따라 물건을 옮길 수 있도록 왜건을 빌려주었다. 언제나 머리에 헤어롤을 말고 있던 여자가 내 일거수일투족을 주시했다. 그녀는 자기 집 블라인드와 창문을 모두 동원해 나를 지켜보았다.

나는 은색 반사판을 든 매력적인 여자가 누워있고 삼각 수영복 차림의 남자가 청록색 물살을 가르고 나아가는 강낭콩 모양의 수영장 옆을 짐을 끌며 지나갔다. 그들은 매일같이 그곳에 있었다. 남부 캘리포니아 사람들은 다들 이렇게 작열하는 태양과 커다란 초록 대추야자 아래서 구릿빛으로 살을 태우며 사는 걸까? 나처럼 사소한 것 하나하나 걱정할 필요 없이 온종일 느긋하게 쉴 수 있다는 것만으로도 꽤나 괜찮은 삶 같았다.

아빠로부터 전화가 걸려오기 전까지 몇 달 동안, 지속되는 평화 속에서 몰몬교도들과 함께 지냈다. 어느 날 이층침대에 앉아 달달한 차를 마시고 있는데 모르는 번호로 핸드폰에 전화가 걸려왔다. 아빠임을 직감했다.

아빠는 감옥에서 막 출소한 참이고, 15번 고속도로에서 그리 멀지 않은 곳으로 이사했다고 했다. 아빠와 살림을 차린 재닛이라는 여자는 아빠가 감옥에 있을 때 교도관이었다. 그녀는 수감자와 연애를 했다는 이유로 해고당했다. 엄연히 불법 행위일 테니 말이다.

열여섯 살 때 한번은 델라 언니와 아빠를 보러 오리건으로 갔지만, 출입을 거부당했다. 우리 복장이 적절치 못하다고 했다. 남자 교도소에 들어가기에는 내 배꼽티가 부적절하다나 뭐라나. 4년 전 주차장 사건 이후 편지를 몇 차례 주고받은 것 빼고는 우리는 만난 적이 없었다. 아빠는 다음 주에 저녁을 먹으러 집에 오라고 했다. 나는 알겠다고 했고, 아빠를 만나러 차를 몰고 인랜드 엠파이어에 있는 페리스라는 동네로 향했다.

쇼핑센터와 패스트푸드점 사이에 낀 썩어빠진 폐기물 처리장을 열 곳 정도 지나니, 석회 반죽이 발린 건물들 너머로 태양이 지고 있었다. 저 멀리서는 스모그가 햇볕에 그을린 산 위로 내려 앉아있었고, 나는 이 길이 어디에서 끝나고 어디에서 다시 시작되는지 알 길이 없었다.

도착한 곳은 윗옷이며 신발이며 벗어던진 사람들이 맥주캔을 들고 자동차 후드 아래 손전등을 비추고 있는 공동주택 단지였다. 녹슨 트럭 여러 대와 망가진 오토바이가 늘어선 진입로에 한 남자가 대마를 피우며 서 있었다. 그곳은 마약에 절은 범죄자가 더 나은 삶을 살기에 썩 좋은 곳 같지 않았다. 사실, 범죄자들이 또다시 감방에 가기 전에 잠시 머무는 곳에 더 가까웠다. 거긴 정확히 내가 몰몬교도 아파트로 이사하면서 멀어지고자 했던 유의 장소였다.

나는 지붕에서 테라코타 조각 몇 개가 떨어져 나간 베이지색 집 앞에 차를 세웠다. 지붕의 빈 곳은 커넥트 포 게임[17]처럼 밝은 색깔의 다른 재료들로 너저분하게 채워져 있었다. 진입로에는 파란색 PT 크루저가 서 있었다. 차창 안에서 레이스 천이 흔들렸고, 안에 있던 누군가가 차에서 내리는 나를 지켜보고 있었다. 내 또래로 보이는 젊은 남자가 재빨리

---

[17] 서로 다른 두 가지 색깔의 돌을 차례로 놓으며 같은 색의 돌을 연달아 4개 이어지도록 하는 게임. 틱택토나 오목과 비슷하다.

차에서 내려 내 쪽으로 걸어왔다. 미식축구 저지를 입은 그는 내 가방을 안으로 들어다 주겠다고 했다.

"로렌 맞지?" 그가 말했다.

후추로 가글이라도 한 것처럼 치아 사이사이에 검은색 작은 반점들이 끼어있었다.

"나는 브라이언이야. 재닛 아줌마 아들."

그는 작은 여행 가방을 낚아채 집으로 들어갔다. 옆집 사람이 현관 앞 야외용 의자에 앉아있었다. 그는 모기가 우글대는 등불 아래에서 우리를 바라보고 고개를 끄덕였다. 그리고선 우리를 향해 얼음 잔을 들어 올렸다.

"안에 들어가면 조심해야 할 거다." 집으로 들어가는 우리에게 그가 웃으며 말했다.

집에선 재순환된 비행기 내부 같은 냄새가 났고, 아빠는 거실 반대편 금속 테이블에 앉아 미닫이문을 향해 담배 연기를 내뿜었다. 바깥쪽 뒤편에는 낙엽, 바람 빠진 물놀이용 장난감, 녹슨 테라스 가구들로 가득한 더러운 수영장이 있었다.

"내가 기억하던 것보다 더 예쁘구나." 아빠가 말했다.

아빠는 다리를 반대로 꼬더니, 도무지 갈피를 잡을 수 없다는 듯 몇 초 후 다시 방향을 바꿨다. 아빠는 자기가 잘못 봤고, 더 제대로 살펴봐야 한다는 듯 눈을 가늘게 떴다. 브라이언이 잽싸게 고개를 끄덕였지만, 재닛 아줌마의 아들과 자면 안 된다는 사실은 이미 알고 있었다.

아빠가 자리에서 일어났다. 아빠의 골격은 인간이라기보다는 해골에 가까웠고, 이마는 마지막으로 봤을 때보다 거의 두 배는 넓어져 있었다. 머리통 뒤쪽으로 자꾸만 머리가 벗어지고 있었다. 아빠는 강철로 만들어진 사람처럼 긴장된 자세로 관절을 삐거덕거리며 내게 걸어왔다. 꽉 끼는 청바지가 허리 아래로 몇 인치 흘러 내려와 있었다.

"오, 전에는 안 예뻤나 봐?" 나는 칭찬을 기대하며 아빠에게 물었다.

"물론 예뻤지, 하지만 이제는 잘 익어서 준비가 끝났구나." 아빠가 말했다.

아빠가 아니라 아동 성추행범이 할 법한 말처럼 들렸다.

마치 잼 병처럼 생긴 키가 작고 안경을 쓴 오동통한 여자가 윤이 나는 플라스틱 화분을 지나 복도를 뒤뚱뒤뚱 걸어왔다. 그녀가 나를 끌어안자 아빠는 미소를 지었다.

"이야기 많이 들었단다." 그녀가 약간 혀 짧은소리로 말했다.

나는 아줌마에 대해 들은 바가 별로 없었다.

부어오른 커다란 귀 뒤로 보이는 머리칼은 추레하고 부스스했다. 말을 더듬는 버릇도 있었다. 그녀는 여러모로 아빠가 지금껏 말해준 과거의 다른 여자들과는 달랐다. 아빠는 눈을 약간 흘기며 아줌마에게 나를 그만 놓아주라고 핀잔을 주었다. 그녀는 초등학생 시절 만든 디오라마 모형 같은 방으로 나를 안내했다. 안은 텅 비어 소리가 윙윙 울려댔다.

"잘 지냈냐, 꼬챙아?" 아빠가 물었다.

그는 부엌으로 걸어 들어가 커다란 감자 통조림 주위로 캔 따개를 빙빙 돌렸다. 녹말과 기름 냄새가 풍겨왔다. 아줌마와 브라이언은 거실 가죽 소파에 앉아있었다. 소파는 솔기를 따라 찢어져 있었고, 뒤쪽으로 몸을 기댈 때면 주름진 부분에서 황갈색 스펀지가 쏟아져 나왔다. 브라이언은 초조한 듯 그것을 집어 들어 먼지가 될 때까지 바스러뜨렸다. 그리고선 카펫 위에 내려놓았다.

나는 아빠에게 몰몬교도 여자애 셋과 함께 살고 있다고 말했다. 다들 성경에서 딴 이름을 가졌고, 하나님을 위해 선교하러 갔고, 땅콩버터와 잼 향기가 난다는 말도 했다. 아빠는 너무 심하게 웃은 나머지, 자기 담배 연기에 질식할 뻔했다. 몇 분이나 더 기침한 끝에 아빠는 쌕쌕거리는 소리를 내며 호흡을 가다듬으려 애썼다. 입에서 튀어나온 자그마한 침방울이 아빠가 썰던 양파에 튀었다.

"네가 몰몬교의 그럴듯한 헛소리에 넘어가는 일이 없었으면 좋겠구나. 하나님은 그런 거짓부렁 헛소리를 믿는 것 빼고는 할 짓이 없는 머저리들을 위한 거야. 걔넨 지들 인생을 책임질 수 없거든!"

아빠는 자기가 바로 하나님 따윈 없다는 걸 보여주는 살아있는 증거라고 했다. 내가 개인적으로 무엇을 믿고 있었는지는 모르겠지만, 확실히 그것보단 더 나은 것을 믿고 싶었다.

아빠는 감자 통조림을 잘게 썬 흰 양파와 함께 캐서롤 접시에 쏟은 후 오븐으로 밀어 넣었다.

자라면서 가족과 하나님에 대해 이야기를 나눈 적은 별로 없었다. 이따금 뭔가에 죄책감을 느끼거나 남자와 헤어지면 엄마는 우리를 굿 셰퍼드 교회의 철야 예배나 새벽 예배로 끌고 갔다. 나는 하나님보다는 성찬식에서 성스러운 빵을 먹는 것에만 관심이 있었는데, 왜냐하면 내가 그것을 먹어서는 안 된다는 것을 알았기 때문이다. 그게 내 흥미를 더 돋우었다. 오직 특별한 사람들만이 빵을 먹고 와인을 마셨기 때문에 나도 그렇게 하고 싶었다. 하지만 엄마는 세례도 받지 않은 내가 그런 짓을 하는 게 얼마나 잘못된 행동인지 한탄을 늘어놓곤 했다.

우리 가족은 하나님이나 그 어떤 초월적인 것에 대해서도 이야기하지 않았다. 우리가 왜, 어떻게 존재하는지도 생각하지 않았다. 생존 모드란 보편적인 미스터리에 대해 생각할 여지 따위 없는 폐쇄적인 상자 같은 거다. 신앙이나 영성은 특권계층이나 향유할 만한 것처럼 보였다. 우리는 총에 맞거나 감옥에 끌려가지 않으려고 발버둥 치기 바빠 창조나 성스러운 것에 대해 사유할 수 없었다. 하지만 이제 내 안의 무언가가 보살핌과 길잡이를 필요로 했다. 지금껏 나를 키워준 사람들은 한 번도 그런 것을 준 적이 없었기 때문이다. 어떻게 보면 몰몬교도들의 집은 처음부터 다시 시작하기에 완벽한 곳이었다. 내가 그들처럼 될 수 없다는 건 알았지만, 최소한 더 나은 삶을 살려고 노력할 수는 있었다.

저녁을 먹으며, 아빠가 야위고 굶주린 사람처럼 보인다는 것을 알아챘다. 아빠는 내가 본 그 어느 때보다도 핼쑥하고 노래 보였다. 아직 쉰 살도 채 안 됐는데 노인처럼 몇 번이나 입에서 의치가 튀어나왔다. 그럴 때마다 이빨은 으깬 감자 위에 떨어졌다. 아빠는 감옥에 있는 동안 이빨이 썩어, 거기에서 일하는 치과의사가 윗니와 아랫니를 새로 만들어주었다고 했다. 그는 의치가 '자유'롭고, 옷장 서랍처럼 밀어 넣고 뺄 수 있다는 사실을 마음에 들어 했다.

내가 볼 때 아빠와 재닛 아줌마의 관계는 꽤나 분명했다. 아줌마는 아빠의 슈가마미, 즉 돈줄이었다. 그게 바로 아빠가 아줌마를 만나는 이유였다. 아마 그녀는 아빠의 엉망진창인 삶에 남은 최후의 보루였을 것이다. 나는 아빠가 이걸 얼마나 오래 지켜낼 수 있을지 궁금했다. 그녀는 분명 아빠가 가진 전부였다. 불행하게도 나는 아빠에게 줄 수 있는 게 없었.

어색한 저녁 식사가 끝나고, 나는 이만 떠나려고 했다. 이 집의 지저분한 소파에서 잠을 자거나 밤새도록 자욱한 담배 연기를 마시는 건 죽도록 싫었지만, 떠나지 말라고 사정하는 아빠에게 붙잡히고 말았다. 아빠는 이 '촌뜨기들'을 참아주기 힘들지만, 재닛이 자기 'ATM'이기 때문에 당분간은 여기 머물러야 한다고 말했다. 결국 나는 조금만 머무르기로 했고,

우리는 수영장 옆에 있는 플라스틱 선베드에 누워 낮게 매달린 케이블의 희미한 윙윙거림을 배경 삼아 대화를 나누었다.

"조만간 새집에 가봐도 되니?" 아빠가 물었다.

아빠는 마귀같이 기다란 손가락을 어색하게 움직이며 침묵을 채우려 했다. 아빠의 살갗은 축 늘어져 있었고, 만약 케이틀린이 아빠를 본다면 내가 숨기려고 했던 나의 모습을 알게 될 거라는 생각에 사로잡혔다. 아빠를 그저 보기만 해도 나와 내 과거에 대해 너무 많은 것을 알 수 있었다. 내가 괜히 집에서 그렇게 멀리 이사한 게 아니다.

"부탁인데 오지 마, 아빠. 몰몬교 애들한테 허튼짓 안 하기로 약속했단 말이야. 당분간은 내가 올게."

"그래라 그럼. 하나님이랑 한번 잘살아 봐."

아빠는 음울하게 고객을 끄덕이고는, 저 멀리 15번 고속도로를 따라 늘어선 깜박이는 불빛들을 향해 담배 연기를 구름처럼 내뿜었다.

그 후, 몇 달에 걸쳐 나는 수많은 삶을 동시에 살았다. 내가 누군지, 사람들에게 뭐라고 말하고 다녔는지 기억하기가 힘들었다. 나는 뉴포트 비치와 헌팅턴의 레스토랑에서 투잡을 뛰었고, 기분에 따라 골라 만날 남자들이 줄을 서 있었다. 나는 월요일부터 금요일까지 사과와 오렌지라도 되는 양 남자들을 가지고 저글링 했다.

스티븐은 나를 클레임 점퍼 레스토랑에 데려가는 남자였

다. 우리는 식사를 마친 뒤 주차장에 세워진 그의 차 안에서 섹스를 하곤 했다. 그리고 케빈은 내가 일하던 두 레스토랑 중 한 곳의 매니저로, 스포츠 아나운서가 꿈이었다. 그는 TV에 나오리라곤 상상이 안 될 만큼 입이 거칠었다. 이안은 다섯 살짜리 아들을 키우는 싱글대디였다. 그는 내가 자기 집으로 들어와서 애 키우는 것을 도와주길 바랐고, 나는 잽싸게 도망쳤다. 알고 보니 심각한 코카인 중독자였던 뉴포트 출신의 원자재 중개업자 제러드도 있었다.

남자들은 나를 위한 광대가 되었고, 그들이 날 즐겁게 해준 덕분에 혼자 있을 때 드는 기분을 느낄 필요가 없었다. 그리고 나서 나는 집으로 가 벨벳 제단을 지나 방으로 들어간 다음 불을 껐다. 그리고는 십자가 모양으로 천장에 붙은 야광 별들을 올려다보곤 했다.

꽃장식 향기를 풍기는 여자애들과 그 방에 함께 있으면 세상을 살아가는 또 다른 방식이 있다는 사실이 생각났다. 그건 내가 지금까지 살아온 방식이 아니었다. 케이틀린은 잠재력을 상징했고, 그 애가 하루하루 삶을 살아나가는 모습을 보면 내 안의 잠재력이 떠올랐다. 아빠가 지금까지 내가 살아온 모습을 보여준다면, 케이틀린은 내가 나아가고 싶은 방향을 알려 주었다.

"나랑 교회 갈래?" 어느 날 아침 케이틀린이 물었다.

그 애는 내게 카라가 달린 셔츠를 입으라며 주고는, 내 신념에 대해서는 일언반구도 하지 말라고 말했다. 그 무렵 그 애는 내가 몰몬교도가 아니라는 사실을 눈치챈 상태였고, 몰몬교도들이 몰몬교가 아닌 사람에게 예배를 권하는 것은 흔한 일이 아니었다.

그날 오후, 바가지 머리를 한 남자가 나무 단상에 서서 '공포를 극복하는 것과 주님께 헌신하는 것'에 대해 설교했다. 그리고 하나님이 어떤 식으로 세상을 회복시키려 하시는지 말을 이었다. 그가 하는 말 대부분은 억지스럽게 느껴져, 자리에 앉아있는 잘생긴 남자들을 쳐다보기만 하고 설교는 집중해서 듣지 않았다.

교회의 가르침은 때때로 극단적으로 느껴졌지만, 공동체 의식은 좋았다. 가장 좋았던 것은 일요 예배 후의 청년부 모임이었다. 우리는 핫초코를 마시며 내게는 유치하게 느껴지는 주제에 대해 이야기를 나누었다. 하지만 이러한 대화가 내 삶과 아빠의 최근 수감생활에 대한 가감 없는 묘사보다 낫다는 사실은 분명했다.

내겐 천진난만한 어린 시절이 없었기에 나는 천진난만한 것이라면 뭐든 매력을 느꼈다. 그들 가운데 있으면 놓쳐버린 것을 만회하는 기분이었다. 여기서 나는 역겹거나 수치스러운 사람이 아니었다. 나는 순수하고 때 묻지 않은 사람이었다. 바로 그들처럼 말이다.

어느 일요일 청년부 모임을 마치고, 청년부 몇 명과 차를 몰고 뉴포트의 피자가게로 향했다. 우리는 흑백 체크 무늬 타일 아래에 자리를 잡았다. 여자, 남자, 여자, 남자, 여자, 남자 순으로 차례차례 푹신한 의자에 앉았다. 같이 간 남자 중 내가 특히 매력적이라고 생각했던 대니가 다가올 남미 선교 활동에 대해 말하기 시작했다.

"근데 선교하러 가면 뭐 하는 거야?" 내가 물었다.

나는 내 말이 전혀 몰몬교도처럼 들리지 않는다는 사실을 깨달았다. 테이블에 앉은 모두가 나를 혼란스러운 눈길로 바라보았다.

"잠깐만, 너 몰몬교도 아니야?" 대니가 물었다.

그 애가 밀크 초콜릿 색 머리칼을 눈썹 위로 쓸어 올렸다.

"아냐." 내가 말했다.

"음, 그럼 뭘 믿는데?" 그 애가 물었다.

"나는 나를 믿어." 내가 답했다.

내 입에서 이런 말이 나왔다는 사실을 믿을 수 없었다. 사실이 아니었기 때문이다. 하지만 나는 이 말이 사실이기를 간절히 바랐다. 내 대답이 완벽하다는 듯 거기 있던 모두가 미소를 지었고, 나는 가시방석을 벗어나게 되어 안도감을 느꼈다. 그때 그 애가 말했다. "흠, 나는 몰몬교가 아닌 사람하고는 절대 못 만나."

그 애는 치즈피자를 한 입 베어 물고는 내게서 재빨리 눈길을 돌렸다. 그리고선 내가 예전에 스쳤던 수많은 사람처럼 시선을 내리깔았고, 화제는 이내 교회에서 내준 그 주의 과제로 바뀌었다. 다른 사람들은 다음 화제로 넘어갔을지 몰라도, 나는 스스로가 교회에 다니는 친절한 아이들 사이에서조차 철저한 아웃사이더라는 사실을 머리에서 떨칠 수가 없었다.

몇 달 후, 케이틀린은 점프슈트 차림의 여자가 배에다가 이상한 짓을 시키는 요가 수업에 나를 데려갔다. 긴 머리의 나이 든 남녀들이 뒷줄에서 크게 숨을 내쉬었다. 그들은 방 건너편에서 거칠게 숨을 쉬며 서로에게 야유를 보냈다. 시나몬과 육두구, 그리고 체육 시간을 합친 듯한 냄새가 났다. 우리는 손과 몸으로 이상한 모양을 만들며 끈적끈적한 매트 위에서 굴러댔다. 그야말로 프릭쇼가 따로 없었고, 뒷골목의 은밀한 마사지샵에서나 날 법한 소리가 들렸다.

그리고 정신을 차리고 보니, 시간의 흐름, 나 자신, 케이틀린, 그리고 장미 꽃잎으로 뒤덮인 제단과 타오르는 향 앞에 서 있는 강사의 존재를 느낄 수 없었다. 언제나 주변을 극도로 경계하는 내 성격을 생각하면 이상한 일이었다. 카페인은 한 방울도 안 마셨는데 평소보다 기운이 샘솟았다. 몸이 벌처럼 부르르 떨렸다.

너무 많이 움직여서 토할 것 같았지만, 강사가 시키는 수많은 이상한 자세들을 따라 하지 않는 유일한 사람이 되고 싶지 않아 자리를 지켰다. 나는 코로 숨을 들이마시고 헐떡인 다음, 엎드린 채로 뒤로 뻗은 발을 손으로 잡으며 사자처럼 포효했다.

"다시!" 강사가 외쳤다.

점심으로 먹었던 것이 목구멍 끝까지 솟구쳐 나갈 곳을 찾고 있었기에, 동작을 반복할 자신이 없었다. 하지만 강사는 팔을 들어 올려 바깥쪽으로 뻗었고, 점심거리에 달려드는 흑표범처럼 보이는 경지에 이르렀다.

그녀가 고함쳤다. "다시! 다시!"

어찌 된 일인지, 시키지도 않았는데 뼈가 움직였다. 정신과는 무관한 일이었다. 무엇을 할지 결정하는 것은 내 몸이었다. 나는 원초적 본능에 사로잡힌 동물이었다. 내가 아닌 전혀 다른 무언가가 나를 움직인 것 같았다. 정신을 차려보니 나는 검비[18]처럼 몸을 쭉 뻗은 채 단전부터 끌어올려 심호흡을 하며 온갖 이상한 방식으로 얼굴을 풀고 있었다. 강사는 그걸 페이스 요가라고 불렀다.

나를 비롯한 어느 누구도 그 행위가 얼마나 기괴해 보이는지 신경 쓰지 않았다. 모두 정신이 속박하는 빡빡한 궤도를 벗어나 시간 여행이라도 하듯 무無의 세계로 날아갔고, 그곳에서 우리의 정체성과 콤플렉스가 증발했다. 수업이 끝나자, 강사가 창가로 가서 앉은 다음 고개를 숙였다. 온몸이 꿀처럼 은은하게 빛이 났고, 향에서 피어오른 연기가 몸 위로 드리워 천상의 여신 같아 보였다.

---

[18] 검비 쇼(The Gumby Show)라는 만화에 나오는 초록색 점토로 된 캐릭터

"친구들, 여러분의 가능성은 무한합니다. 인생은 한순간에 변하기 마련이지요. 나마스테."

그녀는 불을 끄고는 우리에게 눈을 감고 누우라고 말했다. 평소 나는 눈을 감는 게 두려웠다. 눈을 감으면 지금까지 내 인생의 몽타주를 슬로우 모션으로 보여주는 호러쇼가 펼쳐지곤 했으니까. 하지만 어째서인지, 나는 네모난 방안을 훑어본 후 이내 눈앞의 것에만 집중하기 시작했다. 그 순간, 나에게는 과거도 미래도 존재하지 않았다. 존재하는 것은 오직 그 순간뿐이었고, 오감과 심장 박동을 느끼는데 너무나 집중한 나머지 그 밖에 다른 것은 아무것도 느껴지지 않았다. 나는 어떠한 경계도 없이 순수한 에너지만 남은 분자 그 자체였다. 나는 더 큰 모든 것에 속해 있었다.

그녀는 고양이 같은 긴 팔을 뻗어 내 이마에 나무 같은 뭔가를 발랐다. 손의 온기가 닿으니 어떤 특별한 존재와 접촉한 듯한 기분이 들었다. 그녀가 내 발을 쓰다듬더니 이렇게 속삭였다. "당신은 괜찮아요." 내가 바란 것은 괜찮아지는 것뿐이었고, 찰나의 순간 나는 괜찮다고 느꼈다. 내 마음은 투명한 호수처럼 평온하고, 고요하고, 아름다웠다. 처음으로, 나를 감싼 혼돈 아래 무엇이 살고 있는지 어렴풋이 보였다. 그게 뭔지 찾기만 하면 됐다.

영원처럼 느껴지는 시간 동안 그곳에 누워있었지만, 일어나서 시계를 보니 고작 10분이 지나 있었다. 나는 서커스단

같은 이상한 사람들이 자리를 정리하고 가방을 챙기는 모습을 바라보았다. 그들은 강사에게 고개를 숙이고 문 쪽으로 걸어갔다. 나도 언젠가 저렇게 존경받는 사람이 되고 싶었다. 나는 중요한 존재가 되길 바랐고, 요가 교실이 바로 나 같은 사람들을 위한 곳이라는 사실을 깨달았다. 그곳은 다른 사람들에게 외면받는 이들이 향하는 장소였다.

집으로 돌아오는 차 안에서, 케이틀린은 나를 흘깃 보고는 웃으며 말했다.

"진짜 이상했어, 그치?"

하지만 이상한 것은 내 심리적 안전지대였다. 나는 고개를 끄덕이고 미소를 지었지만, 속으로는 내가 방금 인생 처음으로 '말도 안 되게 끝내주는' 경험을 했다는 것을 알고 있었다.

나는 라디오를 틀었다. 우리는 집으로 가는 길 내내 니켈백의 '하우 유 리마인드 미How You Remind Me'를 들었다. 인생에서 이다지도 편안하고 괜찮았던 적이 없었다. 내 몸은 존재하기에 안전한 곳이었고, 나는 남자도 마약도 술도 아닌 무언가에 중독되었다. 그건 바로 요가였다.

14. 교회 안의 들불, 2003

그 후 몇 달 동안 최대한 자주 요가 수업에 갔다. 매번 나는 새로운 경험에 넋이 나가 버렸고, 일주일에 한 번 정도 아빠를 방문했다. 아빠는 언제나 우리 집에 와도 되는지 물었고, 그때마다 똑같은 이야기의 다른 버전으로 둘러대곤 했다.

"손님을 데려가면 안 된다니까. 룸메이트가 있어서. 집이 너무 좁아."

그게 죄다 핑계라는 사실을 아빠가 알고 있을 것이 뻔했고, 그 때문에 아빠가 수치심과 자기혐오를 느낄 것도 뻔했지만 나는 신경 쓰지 않으려 했다. 그 시기 즈음 아빠의 상태는 더 나빠졌다. 우리가 예의 그 어색한 대화를 반복할 때마다 아빠는 더 허약해져 있었고 마귀처럼 변해 있었다. 하지만 아빠를 집으로 초대하는 건 그러다 들켰을 때 벌어질 일을 감수할 만한 가치가 없었다. 나는 안식처를 잃고 싶지 않았다.

어느 날 아침 재닛 아줌마가 전화를 걸어 아빠 상태가 좋지 않다는 말을 전했다. 아빠가 차고에 있는 세탁기 옆에서 입에 거품을 문 채 쓰러져 있는 모습을 발견했다고 했다. 아줌마는 제정신이 아니었다. 아줌마가 자꾸만 전화기를 떨어뜨리고 바지에 대고 수화기를 누르는 바람에 몇 초마다 지지직하는 소리가 들렸다.

"와 줄 수 있니? 더는 어떻게 해야 할지 모르겠구나. 이제 너네 아빠 뒤치다꺼리에 질렸어!"

나 또한 아빠 뒤치다꺼리에 질렸다. 나를 책임졌어야 할 사람들을 책임지는 게 지긋지긋했다. 아줌마네 집에 도착하니 아빠는 여전히 차고의 매끄러운 시멘트 바닥 위에 누워있었다. 셔츠의 목 부분은 거무스름한 땀과 침 자국으로 뒤덮여 있었다. 팔은 이음매가 있는 자그마한 완두콩 깍지 같았다. 셔츠 소매 너머까지 피부는 혹투성이였다. 마치 자기 살에다가 뜨개질이라도 한 것 같은 몰골이었다. 아빠는 의식은 있지만 거의 움직이지 못하는 상태로 나를 보고는, 세탁기에 기대 뼈만 남은 몸뚱이를 일으키려 애썼다.

테니스 라켓, 소형 잔디깎이, 야구 방망이, 연장들, 그리고 건조기 위에 놓인 세탁물 바구니가 눈에 띄었다. 그곳에는 평범한 사람들이 가질 법한 평범한 물건들이 널려 있었다. 그리고 아빠가 있었다. 선물 상자와 가족 앨범이 가득한 그곳에서, 아빠는 철저히 동떨어진 존재였다. 아빠는 그쪽 사람이 아니었다. 하지만 나는 아빠가 내 쪽 사람이기를 바라지도 않았다.

"제발 아빠 좀 데려가 주겠니?" '제발'이라는 단어를 백 번 정도 반복하며 아줌마가 애원했다.

　아빠를 데려갈 곳이 없었지만, 도와주지 않고 가버릴 수도 없는 노릇이었다. 아빠를 쳐다보면 역겨웠지만, 스스로에 대한 죄의식 때문에도 욕지기가 치밀었다. 가족이라는 굴레를 끊어내고 싶었지만 어떻게 해야 할지 몰랐다. 아빠에게 정말로 필요한 것은 정신 상태와 중독 증세를 바로잡기 위한 정신건강의학적 치료라는 사실도 알지 못했다. 그저 나의 아빠라는 이유만으로 내가 그를 고칠 책임은 없었다.

　우리는 아빠의 축 늘어진 몸뚱이를 들어 올려 휠체어에 태웠다. 아빠의 피부가 드라이아이스 같아서 시체를 만지는 기분이 들었다. 한 시간 후, 우리는 그를 로마 린다에 있는 재활원에 내려주었다. 차를 타고 떠나며, 아빠가 나를 바라보는 것을 바라보았다. 아빠를 돕는 건 지난 몇 달 동안 간신히 쌓아 올린 평범 비스무리한 모습을 유지하는 데 아무런 도움도 되지 않았다. 그 후 나는 집으로 돌아가 아무 일도 없었다는 듯 몰몬교인들과 저녁 식사를 했다.

　"오늘 뭐 했어?" 저녁 식탁에 앉아 케이틀린이 물었다.

　그 애는 페이스트리 만두를 곁들인 닭고기 수프를 만들었다. 나는 냉장고에서 오렌지 주스 두 잔을 꺼냈다.

　"노숙자 보호소에서 봉사했어." 내가 말했다.

　거짓말은 필수였다. 하지만 구획화[19]는 나를 완전하게 만

---

19) Compartmentalization. 충돌·상충하는 생각이나 감정을 마음속에서 분리하거나 고립시키는 심리적 방어기제

들기보다 더욱 조각낼 뿐이었다.

다음 날, 학교 수업을 마치고 집에 돌아오니 현관 앞에 아빠가 팔다리를 대자로 뻗은 채 드러누워 있었다. 가방을 우리가 사는 복층 아파트의 가느다란 철제 난간에 기대어 둔 채 말이다. 아빠가 재활원에 간 지 스물네 시간도 채 되지 않았다. 아빠의 입술은 핼쑥했고, 흙으로 된 얇은 막으로 뒤덮여 있었다. 아빠는 정맥에 벼락이라도 맞은 것처럼 몸을 씰룩이고 떨었다.

머리에 헤어롤을 만 이웃이 창가에 서서 우리를 지켜보았다. 그녀는 나를 정면으로 쳐다보며 다이얼식 전화기를 집어 들고 번호를 눌렀다. 아빠를 숨긴 뒤 그녀가 경찰에 신고하지 않았기만을 바라야 했다. 나는 아빠를 일으켜 세워 어깨를 내 어깨에 기댄 뒤 몸을 질질 끌며 몰몬교 예배당 문턱을 넘어 들어갔다. 축축한 몸뚱이를 체스터필드 소파에 눕히자 제단에서 나는 시나몬 향이 아빠의 시큼한 냄새로 뒤덮였다.

"고맙다, 딸. 몇 시간만 있으면 술이 깰 거야. 그러고 나면 갈게." 아빠가 말했다.

아빠가 어떤 기분일지 너무도 잘 알아서 토가 나왔다. 누구도 내 존재를 원치 않을 때 드는 기분 말이다. 사실, 아빠를 원했다. 그저 안전함을 더욱더 원했을 뿐이다. 나는 유전적으로 타고난 지하 무덤과 내가 바라는 혈연 너머의 삶 사이에 갇혀있었다.

아빠가 방을 유심히 살폈다. 그는 지친 눈빛으로 우뚝 솟은 남색 촛대와 사도들의 사진이 놓인 제단을 바라보았다. 아빠는 내 교회 안에 번진 들불이었다. 케이틀린이 집에 오기 전에 아빠를 내보내야만 했다.

볼에 있는 마른 핏자국과 할퀸 자국은 뭔지 아빠에게 물었다. 아빠는 별일 아니라고 답하더니, 눈을 감고 벨벳 쿠션의 주름 속으로 파고들었다. 나는 아빠가 잠시 눈을 붙일 수 있도록 램프의 불빛을 낮췄다. 어떻게 하면 아빠를 내보낼 수 있을지 생각해내야 했다.

한 시간 동안 나는 거실을 왔다 갔다 하다 재닛 아줌마에게 전화를 걸었다. 나는 아빠를 데리러 오라고 아줌마를 설득했고, 지금 가장 중요한 일은 나부터 정신을 차리는 것임을 깨달았다. 아빠는 언제나 내가 정신줄을 놓게 만들었다. 아줌마는 아빠가 재활원에서 나와 집에 왔지만, 헤로인에 취해 자기 아들과 주먹다짐을 벌였다고 했다. 그리곤 집을 떠나 우리 아파트로 온 것이었다.

아줌마가 도착한 뒤 우리는 아빠를 끌고 콘크리트 계단을 내려왔다. 땅에 떨어져 끌리던 아빠의 발이 계단 가장자리에 부딪혀 캔버스 로퍼 앞부분에 자그마한 검은색 흠집이 생겼다. 우리가 지나가자 이웃집 여자가 퇴창 사이로 나를 보며 고개를 내저었고, 유리창에는 붉은색 빛이 반사되어 보였다. 그녀는 손가락으로 자신의 눈을 가리켰다가 내 눈을 가리키며 본인이 나를 지켜보고 있음을 암시했다.

수영장 의자에는 수영복 차림의 소녀들이 누워있었다. 그들은 대낮에 사람을 죽이고 시체를 끌고 가는 사람이라도 보는 듯 우리를 올려다보았다. 하지만 아빠를 죽일 필요조차 없었다. 자기 혼자 그렇게 된 것뿐이다.

아빠는 크게 뜬 눈을 앞뒤로 굴렸다. 그는 우리가 PT 크루저 앞 좌석에 자기를 내려놓을 때도 입을 열지 않았다. 몇 초 후, 아빠의 바지 지퍼 부분이 짙게 젖어 들어갔고, 지독한 오줌 냄새가 얼굴을 때렸다. 나는 아빠를 이렇게 보내버리는 것을 절대로 후회하지 않겠다고 다짐하며 재빨리 문을 쾅 닫았다. 아빠는 '사랑해'라고 입 모양으로 말하고는, 차가 떠나자 먼지투성이 유리창에 손을 얹었다. 나도 아빠를 사랑했지만, 아빠의 보호자가 될 수는 없었다. 내 앞가림하기에도 충분히 벅찼다.

케이틀린이 집에 돌아와, 이웃집 사람이 전화해서 내가 집에 약쟁이를 들였다고 말했다고 했다. 그가 창백하고, 눈에 셀로판지가 낀 것처럼 초점이 없었고, 마약 중독자처럼 보였다고도. 나는 그 사람이 누군지 설명하려 애썼다. 그 사람이 바로 내 아빠이며, 약을 끊느라 힘들어하고 있다고 말이다. 하지만 사정을 설명하면 할수록, 그 애는 내가 그곳에 머물러도 된다는 확신을 점점 잃어가는 것처럼 보였다. 마약을 하는 사람들은 교회에 들어갈 수 없었다. 내가 거기 머물면 그 애와 다른 여자애들이 위태로워졌다.

"네가 있으면 위험 부담이 커." 그 애는 이렇게 말하며 내게 떠나 달라고 했다.

그 애 말이 맞았다. 내가 있으면 위험 부담이 컸다. 나는 그저 누군가 내 존재가 그 위험을 감당할 가치가 있다고 알아주길 바랐을 뿐이다.

다음 날, 나는 마지막 남은 짐을 싸서 자동차 트렁크에 전부 집어넣었다. 그러는 내내 시멘트 바닥을 알몸으로 걷는 수치스러운 형벌이라도 받는 기분이었다. 햇빛 반사판을 든 여자, 삼각 수영복 차림의 남자, 머리를 헤어롤로 만 여자가 내가 극락 조화 사이로 최후의 발걸음을 옮겨 아치형 정문을 빠져나가는 모습을 바라보았다.

나는 차를 몰고 재닛 아줌마네로 향했으나, 아빠는 그곳에 없었다. 아빠는 재활원으로 돌아갔다. 나는 아줌마네 가죽 소파에 누워 밤새도록 창밖을 응시했다. 나는 생각에 사로잡히기 시작하면 내 마음에 숙제를 내주라는 요가 선생님의 말을 떠올렸다. 그래서 이성을 잃지 않으려 은하수의 별을 세어 보았다. 나는 내가 처한 현실을 피하려고 애써왔다. 마치, 현실을 사라지게 만들면 상황이 조금이라도 나아진다는 듯 말이다. 과거는 대열의 끝에 선 레이싱 카 같아서, 언제나 앞서 나간 것을 따라잡곤 한다.

아빠의 담배 연기 공격이 없는 아줌마네 집은 너무나 고요하고 소리가 울렸다. 누구도 고함을 치거나, 욕설을 퍼붓거나, 담배 만 개비를 피워대지 않았다. 격변과 욕설이 부재한 공간에 있는 것이 낯설었다. 고요함이 내 머릿속에선 너무나 시끄러웠다.

이튿날 아빠는 재활원에서 또다시 사라졌다. 그다음 날 레들런즈 보안부서에서 전화가 걸려왔다. 그들은 아빠가 나이든 대학교수의 집에 침입해 교수와 그의 아내를 망치로 내리쳤다고 했다. 둘 다 위독했지만, 상태가 안정되었다고도.

그 후 아빠는 그들의 캐딜락 세빌을 훔쳐서 사막을 따라 고속 추격전을 벌였다. 아빠가 모레노 밸리 대로 근처 어딘가에서 창밖으로 망치를 던졌을 때 이미 경찰차 몇 대가 따라붙은 상태였다. 경찰은 도주 방지용 스파이크를 설치해 빅터빌에서 아빠의 타이어를 터뜨렸다. 그리고 상공에 뜬 순찰용 헬리콥터의 그늘 아래에서 아빠에게 수갑을 채웠다. 그는 살인 미수, 절도, 차량 탈취, 가석방 조건 위반, 공무집행방해죄로 조서에 기록되었다.

그리고 며칠 동안, 나는 리버사이드 일간지에 실린 관련 기사를 샅샅이 찾아 읽었다. 그들은 아빠를 '망치 절도범'과 '장도리 폭행범'이라고 불렀다. 아빠는 조사관들에게 원래는 칠리스 레스토랑 근처의 은행을 털 예정이었지만, 바깥의 보안요원을 보고 마음을 바꿨다고 했다. 아빠가 캘리포니아에서 기소된 것은 이번이 세 번째였고, 법원은 아빠에게 종신형을 선고했다. 어차피 감옥은 아빠가 언제나 돌아가는 곳, 아빠의 진정한 집이라고 할 수 있었다.

아빠가 어딘가에 갇혀있다는 사실을, 어느 날 갑자기 우리 집 문간에 나타나 자기가 싸지른 일을 수습해 달라고 요구할 수 없다는 사실을 알게 되자 기분이 나아졌다. 그건 분명 불공평했다. 엄마가 입버릇처럼 말했던 '인생은 불공평하다'라는 말을 떠올려보면, 어쩌면 엄마는 내가 생각했던 것보다 세상이 어떻게 돌아가는지 더 잘 알고 있었던 것 같다.

그 일이 있고 얼마 후, 나는 내가 그 일을 막을 수 있었을까 하는 생각에 사로잡혀 북쪽으로 돌아갔다. 아빠가 나를 찾아와 도움을 요청했던 일, 다른 이들이 날 뿌리치지 않았으면 하는 방식으로 내가 아빠를 뿌리쳤던 일을 절대 잊을 수 없었다. 나는 어렸을 때 아빠와 호텔 방에 갇혔던 일을 떠올리며 아빠가 정말로 무엇을 할 수 있었는지 생각했다. 이제는 그 답을 안다. 사실, 나는 언제나 알고 있었다. 그저 그 답이 다르기를 바랐기에 진실을 받아들이기 어려웠던 것이다.

15. 아빠 없는 이들의 동화, 2005

나는 감옥 정문을 향해 천천히 액셀을 밟았다. 일요일 아침이었고, 내 앞에 늘어선 열 대가 넘는 차들의 창문에서는 희뿌연 담배 연기가 뿜어져 나왔다. 나는 막 스물두 살이 된 참이었다. 아빠가 폴섬 주립 교도소에 수감된 지 몇 년이 지났고, 나는 북쪽의 샌프란시스코로 다시 돌아왔다. 그 후론 아빠를 보지 못했다.

 뾰족한 철조망 끄트머리와 정문에 서 있는 올리브색 제복 차림의 덩치 큰 남자를 의식하며 철창으로 조금씩 다가갔다. 나는 이런 곳에서 절대 멀어질 수 없었다.

 톡, 톡, 톡, 톡.

 얼굴이 그을린 남자가 펜을 서류철에 살짝 두드리고는 푹푹 찌는 아스팔트의 뜨거운 표면을 반짝이는 부츠로 강하게 밀었다. 그는 무기가 달린 벨트를 바지의 구리 지퍼 위에 매달고 있었다. 나는 내가 애초에 왜 그곳에 갔는지 잊은 채 스타벅스 냅킨으로 립스틱을 닦아 냈다. 그리고선 냅킨을 좌석 시트 사이의 틈으로 밀어 넣고, 아래에 있던 웬디스 아이스크림 컵을 뭉갰다. 내가 구멍이란 구멍을 남자와 아이스크림으로 채웠다는 사실을 그가 몰랐으면 했다.

　나는 백미러를 보며 재빨리 파운데이션을 한 겹 덧발랐다. 경비원이 내 창문으로 더 가까이 다가왔다. 그에게서는 소독약 냄새가 났고, 그가 몸을 숙이자 육중한 검은색 부츠의 밑창이 자갈 속을 파고드는 소리가 났다. 그가 나와의 거리를 좁혀오자, 나는 면회 시간, 감옥, 그리고 아빠에 대한 모든 것을 잠시 잊은 채 안절부절못하며 신경을 곤두세웠다. 남자들은 너무 쉽게 내게 중요한 것들을 빼앗아갔다. 그의 가죽 벨트에 장비들이 부딪치는 소리가 들려왔다.

　"신분증 주시고 수감자 이름을 말씀하세요." 낮고 단조로운 목소리로 그가 말했다.

　"마이클 웨인 듀크요." 신분증을 건네며 말했다.

　그는 내 귀에서 대롱거리는 은색 링 귀걸이와 입술에 바른 매끄러운 베고니아 오일을 무시하고 딱딱한 표정으로 나를 훑어보았다. 그리고선 뒷좌석으로 시선을 돌려 혹시라도 앞머리 모양을 바꾸거나 납작하게 펴야 할 때를 대비한 헤어스프레이와 옷가지들로 가득 찬 가방을 살펴보았다.

　"가방 속에 뭐가 있죠?" 그는 휴대용 라디오의 볼륨을 줄이며 더 가까이 몸을 숙였다.

　"갈아입을 옷이요." 나는 최면에 빠진 사람처럼 유혹적인 목소리로 대답했다. 왜 그런 짓을 하고 있는지 나 스스로도 도무지 알 수 없었다.

"여기는 패션쇼장이 아닌데요." 그가 말했다.

그는 내 쪽을 향해 빠르게 고개를 내저으며 종이에 있는 아빠의 죄수 번호 옆에 무언가를 휘갈겨 썼다. 그리고는 비상용 진입로 맞은편의 경비실로 걸어 들어가 컴퓨터에 무언가를 입력했다. 프린터에서 영수증이 튀어나왔고, 그가 내게 그것을 불쑥 내밀었다.

"대시보드 위에 두세요. 방문자용 주차장에 주차하시고요." 그가 차갑고 빠른 목소리로 말했다. 바로 내가 좋아하는 태도였다.

나는 '방문자용' 표시가 있는 주차장의 보라색 캐딜락 옆에 차를 세웠다. 말보로 담배 연기에 얼굴이 거의 가려진 여자가 자동차 후드 위에 앉아있었다. 아기가 뒷좌석에 매여 있었다. 아기는 울면서 팔을 사방으로 휘두르며 띠를 풀고 나오기 위해 발버둥 쳤다. 그 애의 기분을 알 것만 같았다. 그러는 동안 그 애의 엄마는 폴더폰을 몇 번이나 열었다 닫았다 했다.

"저 사람들, 한참은 기다려야 들여보내 줘요. 아무리 예뻐 봤자죠."

나는 고개를 끄덕였다. 그 말을 정말로 믿지는 않았지만. 그녀는 물어뜯은 손톱 끄트머리에 검은색 머리카락 한 가닥을 단단하게 감은 다음, 주머니에서 네일 버퍼를 꺼내 부어오른 맨살을 갈았다. 그녀가 버퍼에서 무색의 먼지를 불어내자 뒤쪽의 비뚤어진 콘크리트 미로 쪽으로 사라졌다.

"그림자의 세계에요."

그녀는 이렇게 말하고는 건물 쪽으로 고갯짓을 했다. 그 말이 맞았다. 분명 그런 곳이었다.

몇 분 후, 나는 신체검사 줄에 섰다. 시간은 거의 정오에 가까웠고, 면회 시간이 시작될 참이었다. 검은색 곤봉을 든 경비원이 내 앞의 여자에게 손을 머리에 올리라고 말했다. 금속 탐지기 옆 은색 쟁반에 놓인 열쇠, 구릿빛 동전, 머니 클립이 쨍그랑거렸다. 사람들이 무더기로 대기실에 모여들자 경비원이 곤봉을 플라스틱 탁자에 내리치며 정숙을 외쳤다.

"팔을 위로 드세요. 밀수품 없습니까?" 그가 여자에게 쏘아붙였다.

그녀는 좌우로 고개를 흔들었다. 네온 불빛이 그녀의 턱 밑에 진 깊은 주름을 비추었다. 회갈색 카고바지를 입은 남자가 살에 대고 장갑의 손목 밴드를 탁탁 튕기는 동안 버저가 계속해서 삑삑 울려댔다. 그는 여자를 경멸 어린 눈빛으로 쏘아보며 손가락으로 가리킨 다음, 다시 반사 유리가 달린 옆방을 가리켰다. 그녀는 바닥에 발을 질질 끌며 그와 함께 방 안으로 사라졌다.

권총을 든 짙은 파란색 옷차림의 다른 경비원이 나에게 신발을 벗으라고 말했다.

"안을 볼 수 있게 신발을 터세요." 그가 말했다.

그는 불룩한 배를 반짝이는 두꺼운 벨트 위에 얹고 있었다. 그는 금속 탐지기 맞은편 쪽으로 발걸음을 옮긴 다음, 나와 다른 사람들을 지목해 마치 우리가 죄수라도 되는 양 한 명씩 조사했다. 나는 보안 탐색대를 통과해 금속으로 된 접이식 의자에 앉아 신발을 신었다. 파란색 제복이 내 옆에 섰다.

"일어나세요." 그가 말했다.

거대한 손이 내 몸의 온갖 부드러운 곳을 더듬었다. 그는 자기가 레고 놀이를 하는 어린 소년이고 나는 속이 텅 빈 플라스틱 피규어라도 되는 것처럼 브래지어의 금색 막대를 만지작거리고 이리저리 잡아당겼다. 내 뒤에 있던 아디다스 신발과 하얀색 폴로 점프슈트 차림의 여자가 돌아서서 보안 탐색대를 지나갔다. 자질구레한 장식품과 손톱깎이로 가득 찬 깡통과 버저가 끝없이 울려 퍼지는 형편없는 크리스마스 캐럴처럼 쨍그랑거렸다.

"씨이이이이발놈들," 점프슈트를 입은 여자가 '씨'를 길게 늘이며 말했다.

푸른색 제복이 내 셔츠의 밑단을 잡아당겼다.

"너무 짧아요. 가서 갈아입으세요." 그가 문 쪽을 가리키며 내게 말했다.

"전 배우자 접견으로 온 게 아닌데요!"

나는 그 말이 터무니없다는 듯, 그가 내 입술에 칠해진 붉은 빛과 청바지 주머니에 매달려 반짝이는 모조 다이아몬드를 확대 해석했다는 듯 발을 쿵쿵 구르며 걸어갔다. 나는 트럭으로 달려가 좀 더 긴 옷으로 갈아입었다. 그리곤 다시 줄을 서서 내가 죄수의 좆이나 빨러 왔다고 착각한 그를 얼간이를 보듯 무섭게 노려보았다.

우리 중 스무 명 정도가 보안 탐색 대를 통과했다. 우리는 윤이 나는 헬멧을 쓴 경비원 뒤쪽 복도에 줄을 섰다. 헬멧에는 작은 달 모양으로 패여 들어간 자국이 있었다. 벽 너머에서 목소리가 울려 퍼졌고, 우리는 경비원의 광이 나는 검은색 부츠 소리를 따라 복도를 걸어갔다. 그리고는 작은 유리창에 지문이 묻어 있는 더러운 문 안으로 들여 보내졌다.

문이 열리더니 방 안 벽에 부딪혀 쾅 소리를 냈다. 쇠에서 나는 비릿한 피 냄새에 몸이 움츠러들었다. 불안스레 흔들리는 창백한 얼굴과 수많은 몸뚱이가 내 쪽을 응시하고 있었다.

평평하지 않은 기다란 테이블 열다섯 개가 늘어서 있었고, 폐소공포증을 유발하는 비좁은 공간 주위로 천 개의 눈이 아우성을 치며 피루엣을 돌고 있었다. 시뻘건 얼굴의 경비원들이 흑요석처럼 까만 부츠를 신고 쿵쿵 소리를 내며 왔다 갔다 했다. 한 경비원이 곤봉으로 어떤 수감자의 어깨를 툭툭 쳤다. 노란 점프슈트를 입은 그가 문신이 새겨진 자신의 손가락을 맞은편에 앉아있던 여자의 손에서 휙 잡아당겨 뺐다.

"만지지 마!" 경비원이 말했다.

직사각형 모양의 밝은 조명 쪽으로 수감자들이 고개를 끄덕였다.

방은 숫자와 비스듬한 테이블, 단색 옷으로 가득 찬 미로였다. 천장 쪽에 달린 얇은 창문은 헤링본 무늬의 전선으로 덮여 있었고, 자판기 근처에는 무장한 경비원들이 우뚝 서서 경계 태세를 갖추고 있었다. 어떠한 자유도 허용되지 않았다.

파인애플 색 죄수복을 입은 이들이 자리에서 일어나 탄산음료 자판기로 걸어가자, 물에 잠긴 듯 윙윙대는 목소리들이 벽을 맞고 튕겨 나왔다. 보통 사람이라면 그들을 보고 두려움을 느끼는 게 정상이다. 하지만 나는 두려움 대신 흥분을 느꼈다. 내가 감방의 공주님이라도 된 것처럼 온 신경이 잔뜩 멋을 부렸다. 마치 고향에 온 것 같았다. 거기 있던 모두가 이미 알던 사람처럼 느껴졌다.

"안녕들 하신가요, 선생님들."

나는 조용히 혼잣말을 내뱉고는 속눈썹을 팔랑이며 볼 만한 것이 있는지, 아니면 나를 바라보는 누군가가 있는지 거대하고 탁 트인 늪을 살펴보았다. 그곳은 굶주린 죄수들로 가득 찬 끝 없는 뷔페 같았다.

등에 숫자 0이 네 개나 붙은 남자가 사탕 자판기로 터벅터벅 걸어갔다. 아빠가 편지에 죄수 번호에 0이 많을수록 죄질이 나쁜 거라고 말한 적이 있다. 하지만 아빠는 늘상 그런 얘기를 부풀려 말하곤 했다. 남자가 내 쪽으로 고개를 까닥이며 미소를 지었다. 그러자 경비원은 그를 손가락으로 가리키며 종잇장처럼 얼굴을 잔뜩 구겨댔다. 노란색 죄수복 차림의 남자는 고개를 열심히 휘젓고는 탄산음료 자판기로 서둘러 발걸음을 옮겼다.

나는 다른 여자 몇 명과 출구 근처에 서서 익숙한 얼굴을 찾았다. 하지만 모두가 내겐 익숙하게 느껴졌다. 죄수 몇 명이 희번덕한 눈으로 나를 보며 옆을 지나갔다. 나는 그 시선을 기꺼이 받아들였다. 범죄자의 시선일지라도 없는 것보다는 나았다.

'안녕하세요. 안녕하세요. 안녕하세요. 안녕하세요.' 나는 떨고 있는 눈동자 적어도 열다섯 쌍에게 마음속으로 인사를 건넸다.

죄수들의 시선은 나에게 왕관이나 다름없었다. 그들의 휘파람은 내 대관식을 장식했다. 그들은 내 백성들이었다. 그곳에서 범죄자들과 함께 있으니 비로소 소속감과 편안함, 안정감이 들었다.

아빠는 방 건너편 정수기 옆 테이블에 앉아있었다. 아빠의 옆에는 이마에 까마귀 문신을 새긴 남자가 있었다. 아빠는 미친놈처럼 펄쩍펄쩍 뛰며 검비 같은 팔을 흔들어댔다. 커튼을 두른 뼈 바구니 같은 몰골이었다. 나는 내가 아빠를 보았다는 것을 보이려고 고개를 끄덕였다. 아빠는 종종 자기가 얼마나 제정신인지, 감방에서 어떤 친구를 만들었는지 편지에 쓰곤 했지만, 또 한편으로 자기를 보러오는 사람이 아무도 없다는 걸 항상 불만스러워했다. 완두콩 깍지 같은 손목에는 스프링으로 된 무지개색 병원 밴드가 채워져 있었다.

"안녀어어어어엉, 따아아아아아알,"

아빠가 손가락 관절을 내 두피에 문지르며 내 어깨에 팔을 두르고는 장난스레 펀치를 날렸다. 아빠가 좀 더 잘 보기 위해 나를 몇 발자국 뒤로 밀치자, 쾌쾌한 담배 냄새가 훅 끼쳤다. 지난 20년간 아빠를 만날 때면 으레 있었던 일이다.

아빠는 몸이 부서져라 기침을 하며 잠깐 고개를 돌렸고, 나는 그 틈을 타 가슴이 좀 더 드러나도록 셔츠 윗부분을 끌어 내렸다. 아빠가 나를 예쁘다고 생각해주길 바랐다. 그래야만 내가 더 중요한 사람이 될 수 있으니까. 그러는 사이 한 남자가 내 뒤를 지나 매점으로 향했다. 죄수복이 땀으로 젖어 있었다. 그는 내 뒤를 스치며 지나갔다. 소름이 돋았다.

"보기 좋네요, 아가씨!" 아빠가 요란을 떨며 말했다.

기분이 좋았다. 아빠, 아니 누가 됐든 간에 예쁘다고 해주는 남자가 있어야 내 가치를 인정받는 것 같았다.

아빠는 병색이 더 짙어진 것 빼고는 예전과 똑같았지만, 기분이 좋은 탓에 유령 같은 몰골이 조금은 나아 보였다. 그즈음 아빠는 50대였는데, 남아있는 가늘고 연약한 머리칼은 오른쪽으로 넘겨져 있었다. 마지막으로 봤을 때보다 피부가 특히 쭈글쭈글해져서 말린 자두 같았다 우리는 서로 마주 보고 앉았다. 아빠는 유난히 길고 가느다란 필터 없는 담배에 불을 붙이고는 장난스럽게 내 쪽으로 몇 번 발길질했다. 나는 아빠의 이마 가장자리에 늘어선 전에 없던 주름들을 유심히 살펴보았다. 아빠는 거기서 나쁜 일이라도 겪은 것처럼 그 어느 때보다도 죽음에 가까워 보였다.

"무슨 생각하는지 다 보인다, 꼬맹아."

아빠는 왁스 칠한 테이블 위에 팔을 괴고 손바닥에 얼굴을 묻었다. 하지만 아빠는 내가 무슨 생각을 하는지 몰랐다. 아빠는 내가 자기보다 테이블 남쪽 끄트머리에 앉아있는 턱수염 난 스킨헤드에 더 관심이 있다는 것을 꿈에도 몰랐을 것이다. 주위의 그 누구도, 심지어 나 자신마저도 내가 원하는 것을 충족시키지 못했기 때문에, 나는 욕구를 충족시켜줄 대상을 줄곧 외부에서 찾았다.

"너도 다들 궁금해하는 게 궁금하겠지."

"뭐 말하는 거야?" 옅은 미소를 지으며 내가 물었다.

"내가 여기서 엉덩이를 따먹혔는지 아닌지 말이야."

아빠는 내 마음이 훤히 들여다보인다는 듯 눈썹을 치켜올렸다.

이따금 그 생각을 한 건 맞지만, 그 순간 내 머릿속에 있는 생각은 그게 아니었다. 나는 내 또래 여자애들이라면 떠올려서는 안 되는 온갖 참담한 것들에 대해 생각하고 있었다. 아빠는 길고 연약한 손톱으로 테이블을 톡톡 두드렸고,

우리는 이야기의 주제를 바꿨다.

 오랜만에 아빠를 만나면 항상 이 지경이 되곤 했다. 채워야 할 빈칸이 너무 많아, 우리 둘 다 어찌할 바를 몰랐다. 감옥으로 면회를 온 어린 딸에게 아빠는 무슨 말을 해야 할까? 두 노인을 죽기 직전까지 망치로 때린 아빠에게 딸은 무슨 말을 해야 하고? 우리에게 남은 것이라고는 농담 따먹기뿐이었다. 그래서 우리는 쉬운 길을 택했고, 껄끄러운 건 죄다 슬쩍 피해 버렸다.

 "그래, 어떻게 지냈냐, 꼬맹아?"

 아빠는 머리를 뒤로 기댄 채 입술에서 화산처럼 연기를 길게 내뿜었다.

 나는 요가에 푹 빠졌다고 대답했다.

 "요가 강사가 되려고 수련 중이야."

 그 말을 들은 아빠는 혀에 목이 막혀 질식할 정도로 미친 듯이 웃어댔다. 아빠는 요가를 하는 양 깡마른 두 팔을 꼬아 올리고는, 요가 강사가 된 내 모습이 전혀 상상이 안 간다고 말했다.

 "그런 짓을 하려면 마음이 평화로워야 해, 예쁜아. 딴 사람은 속여도 나는 못 속인다. 우리한테 평화 유전자는 없어. 너도 인정하는 게 좋을걸."

 아빠는 웃음을 멈추지 않았고, 입속으로 밀려드는 담배 연기에 캑캑거렸다. 요가 강사가 된다는 건 아빠에게, 어떤 면에선 나에게도 재미있는 생각이었다. 우리가 평화로운 사람들이 아니라는 건 사실이었지만, 요가를 할 때면 내 과거와는 다른 무언가가 될 수 있을 것 같은 가능성이 느껴졌다. 그리고 그렇게 될 수 있다는 확신을 지닐 만큼 이미 연습의 효과를 여러 번 체감한 바 있었다. 내가 그들과 똑같아질 이유 따윈 없었다.

"머리 예쁘다." 아빠가 화제를 바꿨다.

아빠는 희끄무레한 수염이 짧게 난 얼굴을 몇 번 끄덕이며 담배 연기를 길게 내뿜었다.

"정말 예쁘다." 아빠는 계속해서 힘차게 고개를 끄덕였다.

"진짜로 예뻐. 진짜, 진짜, 진짜 예뻐."

아빠가 나를 바라보자 그의 목 주변에서 정맥이 팔딱거렸다. 나는 기린처럼 형광등 쪽으로 목을 쭉 빼고 아빠가 나를 위해 눈곱만큼이라도 남겨놓았을지도 모르는 애정의 흔적을 찾으려 애썼다.

"가서 콜라 좀 뽑아 줄래, 딸?" 아빠가 물었다.

아빠는 손가락 마디마다 딱지가 져 있었고, 손목은 체보다도 구멍이 더 많았다. 나는 일어서서 청바지를 고쳐 입고 바나나색 죄수복 열다섯 벌, 문신 이백 개, 꿀렁대는 목젖 한 움큼을 지나쳐 당당하게 걸어갔다. 그리고는 자판기가 늘어선 환락가로 향했다. 내가 까마귀 같은 자태로 우아하게 지나가자, 폭삭 주저앉은 벤치에 앉아 아내들과 시간을 보내던 남자들이 음료수를 부산스레 꿀꺽꿀꺽 마셔 댔다. 내가 아는 여자애 중 감방 구내식당에서 관심을 이토록 한 몸에 받아본 사람은 없을 것이다.

"쳐다보지 마." 경비원이 외쳤다.

하지만 나는 그들의 시선이 좋았다. 스스로는 확인할 수 없는 사실, 즉, 내가 쳐다볼 만한 가치가 있는 사람이라는 사실을 확인할 수 있으니까. 내가 걸어가는 내내 경비원이 플라스틱 테이블 위로 곤봉을 내리쳤다.

몸을 돌리니 자리에서 몸을 흔들며 폭소를 터트리는 아빠의 모습이 보였다. 아빠는 숨이 가쁜 나머지 킁킁거리는 소리를 냈다. 남자들이 매의 눈으로 나를 바라보는 것과, 내가 자신의 트로피라는 사실을 자랑스러워 하는 듯 보였다. 지폐를 밀어 넣자 자판기는 진공청소기처럼 그것을 빨아들였다. 버튼이 빨간색, 오렌지색, 파란색으로 번쩍거렸다. 빌어먹을 음료수를 손에 쥐기 전부터, 내 몸은 이미 톡 쏘는 탄산으로 지글거리고 있었다.

"빨간색으로!" 아빠가 자리에 앉아 소리 질렀다.

버튼을 세게 누르자 음료수가 쿵 하고 떨어졌다. 나는 느긋하게 몸을 숙여 캔을 따고 구멍에 입술을 가져다 댄 뒤, 펩시 광고 속 신디 크로퍼드처럼 고개를 뒤로 휙 젖혔다. 딱 내가 바라던 대로, 모두의 시선이 내게 꽂혔다.

다시 자리로 돌아와 아빠 맞은편에 앉았지만, 방 안의 수염 난 남성들에게 정신이 팔려 감방 동료, 절대로 다 읽지 못할 책, 출소 후 계획에 대한 아빠의 이야기에 귀를 기울일 수 없었다. 출소가 가당키나 한지도 미지수라 집중해서 듣는 것도 고역이었다. 아빠는 시답지 않은 이야기들을 계속해서 나불거렸다. 하지만 우리가 나눠야 할 이야기는 따로 있었다. 아빠 같은 범죄자로 가득한 교도소 구내식당에서 내가 거드름 피울 수 있었던 원인을 제공한 바로 그 사건 말이다.

"있잖아, 딸. 그 사람들에게 사과 편지를 썼어."

"누구?"

"레들런즈에서 두들겨 팬 노인네들 말이야."

사람 두 명을 반죽음이 될 때까지 두드려 팬 게 이번이 처음이 아니라는 듯 무심한 어조로 아빠가 말했다.

"잘했네." 내가 말했다. 사과 따위가 그가 저지른 수많은 악행을 지울 수는 없겠지만 말이다.

아빠는 교도소 백일장에 낼 에세이를 썼다고 했다. 나가는 길에 있는 보안 탐색대 옆 책상에 있으니 가져가서 읽어보라면서 말이다.

"픽션인데, 2등을 했어. 꼭 한 부 가져가서 읽어봐. 알겠지, 꼬챙아? 근데 픽션이야." 아빠가 다시 한번 내게 말했다.

뭐가 됐든 내가 자신이 쓴 글을 읽는 게 중요한 일이라는 듯, 아빠는 똑같은 말을 몇 번 더 반복했다. 또 그게 실화가 아니라 픽션임을 아는 것이 중요한 듯했다.

"내가 쓴 것 중 최고는 아니지만, 그래도 꽤 잘 썼지." 아빠가 말했다.

"알았어. 한 부 챙길게." 아빠가 생전에 끝까지 쓴 글이 있다는 사실을 여전히 의심하며 내가 대답했다.

"10분 남았습니다!" 오동통한 얼굴의 남자가 굳게 잠긴 보안문 근처에서 외쳤다.

잠시 아빠의 태도가 정말로 진지해졌다. 아빠는 주먹으로 얼룩진 테이블을 때리더니, 지금부터 하는 말을 집중해서 들으라고 내게 말했다. 그리고선 다시는 볼 수 없기라도 한 것처럼 내 까만 눈동자를 빤히 바라보았다.

"로렌," 아빠가 단호하게 말했다.

아빠의 입술은 대추야자 껍질처럼 쭈글쭈글했다.

"네가 여기에서 어떻게 행동했는지 알고, 나도 그 맘 이해한다. 한편으로는 나도 즐거웠어. 하지만 나나 이 사람들 꼴이 되어서는 안 돼. 그러니까 그런 짓은 이제 집어치우도록 해라."

그의 입에서 조금이라도 아빠다운 말이 나온 것은 20년 만에 처음이었다. 곧이어 불편할 정도로 어색한 기류가 흘렀고, 나는 아빠를 보지 않으려 필사적으로 주위로 시선을 돌렸다. 아빠의 말을 알아듣지 못한 척했지만, 사실 나는 그것이 무슨 뜻인지 알고 있었다.

아마도 이번이 마지막 만남이라는 사실을 알고 있었기에

우리는 화제를 바꾸었다. 북극처럼 냉랭한 분위기로 만남을 끝내고 싶지 않았다. 그래서 우리는 그 말이 무슨 의미인지, 아빠가 어째서 그런 말을 한 것인지 알고 있었음에도 그냥 넘어가 버렸다.

"내가 여기에서 공짜로 치료받는 거 알고 있지." 아빠는 카멜레온보다도 빠르게 어조와 표정을 바꾸더니 손목을 들어 올려 앙상한 뼈를 감싼 플라스틱 스프링 밴드를 흔들었다.

"뭐가 됐든 여기는 나를 진짜로 신경 써주는 유일한 곳이야." 아빠가 내 손을 움켜쥐더니 윙크를 하며 미소를 지었다.

"있을 만큼 있었다, 예쁜아. 가서 의미 있는 삶을 살아." 아빠가 말했다.

아빠의 입에서 나온 것이라기에는 아이러니한 조언이었다. 아빠는 자리에서 일어나 내 뒤로 가더니 시체 같은 몸뚱이로 내 등을 안았다. 그리고는 연속으로 세 번 사랑한다고 말했다.

"나도 사랑해." 나는 아빠에게 사랑한다는 말을 딱 한 번 했다. 누군가에게 그런 말을 하는 나 자신이 사기꾼처럼 느껴졌다.

아빠는 내 머리를 살짝 두드렸고 머리에 오래된 담배 냄새를 묻혔다. 나는 문을 향해 걸어가다가 마지막으로 한 번 더 내 쪽을 돌아보는 아빠의 모습을 지켜보았다. 아빠는 사팔눈을 해 보이고는 노란색 죄수복의 행렬을 따라 밖으로 나갔다. 문이 쾅 닫히는 소리가 벽에 부딪혀 메아리쳤다.

떠나는 길에는 죄수나 경비원, 복도에 늘어선 창백한 죽음의 불빛이 눈에 들어오지 않았다. 남자들의 관심을 끌거나 여자들을 질투하게 만들려고 애쓰지도 않았다. 그저 왜 아빠가 얼마 남지 않은 면회 시간을 교도소 무상 의료 시스템에 대해 말하느라 썼는지 생각할 뿐이었다.

불현듯 이런 생각이 들었다. 교도소 안에서 아빠는 혼자가 아니었다. 오히려 일정 부분 보살핌을 받고 안전해졌는데, 이는 아빠가 밖에선 결코 느낄 수 없었던 것이었다. 어쩌면 아빠에게 감옥은 그 어느 곳보다 고향 같은 곳이었는지도 모른다. 감옥은 아빠에게 음식, 쉼터, 그리고 공짜 치료까지 제공했다. 또 어쩌면 아빠는 그곳이 자신이 속한 유일한 장소라고 느꼈을지도 모른다. 결국 우리는 모두 어딘가에 속하기를 바라는 게 아닐까 싶다.

아빠가 감옥에 간 것이 나와는 아무 상관없다는 것을 바로 그때 처음으로 깨달았다. 아빠가 감옥에 간 것은 나 때문도, 나를 떠나기 위해서도 아니었다. 아빠는 그저 집으로 돌아가는 길을 찾으려 했을 뿐이고, 그 방법이 정말로 엉망진창이었던 것뿐이다.

보안 문에 도착한 우리는 한 무리의 양 떼처럼 빽빽이 모여있었다. 시뻘건 얼굴의 경비원이 마지막으로 우리 주머니를 확인했다. 나는 청바지 주머니를 비우고 껌 몇 개를 이미 자질구레한 것으로 가득 찬 금속 그릇으로 던져 넣었다.

자유의 땅으로 넘어가기 전, 남색 제복을 입은 경비원이 내게 외쳤다. "여기에 해피 엔딩은 없어! 알아둬라!"[20]

그 순간에는 말의 이중적인 의미가 웃겼지만, 나는 그 말이 사실이라는 것을 알았다. 감옥 안에 해피 엔딩 따위는 존재하지 않는다.

나가는 길에 접수처에 들러 여자 경비원에게 교도소 백일장 팸플릿을 달라고 했다. 그녀는 카운터 너머로 내게 팸플릿 한 부를 밀었다.

"내용이 꽤 알차요. 상 받은 사람 중에 아는 사람 있어요?" 경비원이 말했다. 그녀는 교도소에서 미소를 짓는 유일한 경비원처럼 보였다.

"네. 아빠가 2등을 하셨어요." 내가 말했다.

"아아아아, 그 글 알아요. 좋은 글이죠." 경비원은 그렇게 말하고는 돌아서서 자리를 떴다.

그녀는 아빠에 대해 무언가를 말할 때 '좋다'는 단어를 사용한 최초의 사람이었다. 나는 그 사실에 놀랐지만, 한편으로는 아빠에게 내재한 좋은 자질을 알아주는 사람이 있어 마음이 놓였다. 왜 그런지는 몰라도 아빠를 인정하는 것은 나를 인정하는 것과도 맞물렸다.

몇 분 후, 나는 트럭에 타 팸플릿을 열어 목차를 폈다. '두 번째 기회. 마이클 웨인 듀크의 짧디짧은 단편 소설'이 눈에

---

20) 해피 엔딩은 말 그대로 행복한 결말이라는 의미도 있지만, 고객과 성행위를 하는 여자 마사지사를 일컫는 속어적 의미도 있다.

들어왔다. 나는 그것을 읽기 시작했다.

    내 기억에 그날은 분명 평범한 하루였다. 그러니까, 감옥에서 보낼 법한 평범한 하루 말이다. 나는 캘리포니아주에서 세 번의 중범죄를 저질러 종신형을 사는 중이다.

    비 올 확률이 70%나 되는 쌀쌀하고 흐린 날이었다. 나는 비 냄새가 나는 마당에서 상쾌한 바깥 공기를 즐기며 하루를 보내고 있었다. 바다에서 산들바람이 부드럽게 불어올 때마다 공기가 정화되었다.

    지극히 평범한 감옥에서의 저녁 식사를 마치면 담배를 태우며 감방 건물로 돌아갔다. 담배는 내가 지닌 유일한 악취미였다. 한 모금 한 모금을 전부 음미하고 나서야 나는 문에 꽁초를 던지고 발길이 닿는 대로 걸어 2층에 있는 감방으로 들어갔다. 그렇게 나의 하루가 끝났다.

    동기가 그날 아침 떠난 덕분에 혼자만의 시간을 만끽할 수 있었다. 내게 있어 고독은 중요했다.

    방에 들어가자마자 나는 TV를 켜고 이층침대에서 뒹굴뒹굴했다. 비록 혼자였지만 내 루틴은 평소와 다름없었다. 나는 잠이라는 어두컴컴한 공허 속으로 서서히, 기분 좋게 빠져들기 시작했다. 여전히 옷을 입은 채였다. 밤이 늦어 교도소가 봉쇄된 줄 알았는데, 문이 열리는 소리에 화들짝 깨어났다. 그 순간 방에서 나와 단상으로 오라는 말과 함께 스피커에서 내 이름이 울려 퍼졌다.

    나는 자리에서 일어나 서둘러 머리를 빗어 넘기고 밖으로 나왔다. 그러면서 탑을 슬쩍 훔쳐보았다. 유리창에 성에가 끼어있었다. 안에는 아무도 보이지 않았다. 뭔가 이상했지만, 딱히 깊게 생각하지는 않았다. 계단을 내려오니, 검은색 법복을 걸친 낯익은 남자가 단상 뒤에 앉아있었다. 그의 시선이 내게로 향했다. 나는 걸어가서 남자 앞에 섰다.

'당신이 듀크 씨입니까?' 그가 물었다.

내가 대답했다. '네, 선생님.'

그가 누군지 깨닫자마자 속이 뒤틀렸다. 이 사람은 내게 판결을 내린 판사였다. 더 생각할 겨를도 없이, 그가 말을 이었다.

'듀크 씨. 석방입니다. 당신에게 두 번째 기회를 주기로 했습니다. 감방으로 돌아가지 마세요. 나가도 좋습니다."

나는 너무 놀란 나머지 이게 현실이라는 것을 믿을 수 없었다.

'감사합니다.'

뒤로 돌아서자 비상문이 열렸다. 보이지 않는 경찰이 외쳤다. '나가, 듀크!' 나는 떠났다.

바깥으로 걸어 나가자 진홍색 새벽 햇빛이 눈을 찔렀다. 건물 앞에는 뒷문이 열린 밴이 있었다. 앞문에는 '두 번째 기회 작전'이라는 스티커가 붙어있었다. 유리창은 짙게 선팅되어 있었다. 운전자는 보이지 않았다. 차에 올라타 문을 닫으니 정문을 향해 밴이 출발했다.

이것이 현실이라는 것을 알았지만, 비현실적으로 느껴졌다. 나는 자유였다. 나 자신을 꼬집자 아픔이 느껴졌다. 그래, 이건 현실이다.

나는 조수석에 팸플릿을 내려놓았다. 부드러운 눈물이 눈

꺼풀 속에 모여 넘쳐 흘렀고, 이내 얼굴 아래로 떨어졌다. 그것은 분명 픽션이 아닌, 잠에서 깨어나 두 번째 기회를 받고자 하는 아빠의 꿈이었다. 이번에는 아빠에게 그런 일이 일어나지 않을 것이다. 아빠는 자신에게 주어진 '감옥에서 풀려나 자유의 몸이 되기' 카드를 전부 써 버렸다. 하지만 아빠가 내게 그 글을 읽으라고 한 것은, 두 번째 기회가 존재한다는 것을 내가 깨달았으면 하는 마음에서였을 것이다.

나는 페어필드를 지나 샌프란시스코의 집으로 돌아왔다. 마린 월드 고가도로가 나오기 전, 고속도로 동쪽의 황금빛 들판 밖으로 우뚝 솟아오른 거대한 십자가가 보였다. 바로 뒤에는 거대한 나무 표지판이 있었다. 트럭을 몰고 지나가면서 천천히 글자를 읽었다.

"아버지는 당신을 사랑하신다."

나는 아버지가 하나님을 의미한다는 것을 알았다.

하지만 그 순간, 나는 아빠가 나를 얼마나 사랑하고 있는지도 깨달았다.

16. 예쁜 조각들, 2006

샌프란시스코 선셋 디스트릭트의 아파트 창문 사이로 밝은 불빛이 새어 들어왔다. 나는 그곳에 몇 달을 머물며 자동차 불빛들이 텅 빈 하얀색 벽을 스쳐 지나가는 모습을 밤새도록 지켜보곤 했다. 마리나에 있는 레스토랑 일은 열 시에 끝났지만, 나는 곧 있으면 닥쳐올 일 때문에 여전히 신경이 곤두서 있었다. 곧 있으면 새벽 두 시였다. 불빛 쇼가 시작될 참이었다.

그 밝은 불빛은 아래층 남자의 오토바이에서 나온 것이었다. 나의 최신 집착 대상인 그는 매일 밤 바로 이 시간이면 버널 하이츠에서 바텐더 일을 마치고 집으로 돌아왔다.

까만색 혼다 나이트호크의 헤드라이트가 어두컴컴한 내 방 안에서 바닷속 인광처럼 번쩍거렸다. 나는 그가 비틀거리며 연석 위로 오토바이를 들어 올려 남쪽 벽 진달래꽃 근처에 세우는 모습을 창가 구석에서 바라보았다.

새벽 두 시의 불빛 쇼는 내게 있어 유일한 삶의 낙이었지만, 그는 내가 존재한다는 것도, 위에서 사냥꾼처럼 자신을 지켜보고 있다는 것도 몰랐다. 나는 그가 먼지 낀 내 방 창문에 불빛을 일부러 쏘고 있다고 상상했다. 내가 보고 있다가 그가 가죽 전차에서 내리면 3층 창문으로 올라올 수 있도록 머리를 풀어헤쳐 내려주기를 바라고 있다고 말이다.

나는 그의 눈에 띄고 싶지 않아 먹색 커튼 뒤로 가서 섰다. 그는 헬멧을 벗고 킥스탠드를 뒤집었다. 가로등에서 뿜어져 나온 재스민 색 불빛이 그의 검은 머리칼을 타고 내려왔다. 그는 건물 계단의 그늘 속으로 걸어 들어가더니 우리 집 바로 아래층에 있는 자신의 아파트로 향했다.

다음 날 아침, 타악기 소리가 들려왔다. 나무로 된 드럼 스틱과 스네어 드럼 소리였다. 완벽한 타이밍이었다. 아래층에서 들려오는 천둥소리는 내 알람이 되어 있었다. 그는 드러머였고, 아래층은 그의 스튜디오였다.

나는 침대에서 뛰어내려 잽싸게 방의 맨 오른쪽 구석으로 가 카펫 위에서 다리를 풀었다. 그런 다음 시궁창 같던 집에서 아빠의 일거수일투족을 스토킹했던 때와 똑같이 환기구의 강철 케이스에 귀를 붙였다. 내가 페즈$_{Pez}$ 사탕통만하게 줄어들 수만 있다면 이 남자에게 좀 더 가까워질 수 있도록 파이프 속으로 기어들어 갔을 것이다. 하지만 그게 단지 이 남자 때문이었을까? 아니면 내 밑에 사는 무언가에 대한 익숙함과 신비로움 때문이었을까? 나는 무의식중에 오랫동안 지속해온 나만의 전통을 따르고 있었다. 패턴은 반복되기 마련이다.

은색 문손잡이가 시계 반대 방향으로 돌아가며 좌우로 흔들리기 시작했다. 재빨리 환기구에서 머리를 휙 돌렸지만, 가늘고 치렁치렁한 머리칼이 틈새에 끼이고 말았다. 한창 이상한 짓을 하던 모습을 누구에게도 들키고 싶지 않았다.

찢어진 너바나 티셔츠를 입고 짧은 핑크색 머리를 한 룸메이트가 방에 들어왔다. 샌프란시스코 주립대학의 교수인 그녀는 주말 동안 여성 거리 행진에 나가 영감을 주는 이들의 이야기를 기록하고 있었다. 정말이지 그녀처럼 흥미롭고 지적인 사람이 되고 싶었다. 그녀는 사방으로 몸을 뻗고 카펫 위에 널브러져 케이지 속에 머리를 집어넣으려는 내 모습을 보더니, 누군가 다가와서 그녀의 에너지 플러그를 뽑기라도 한 듯 풀이 확 죽었다.

"나 좀 도와줄래? 머리카락 한 올이 여기 끼었어." 내가 물었다.

그녀는 고개를 절레절레 흔들었다.

"그래 보이네." 그녀는 이렇게 말하며 못마땅하다는 듯 뒤통수에 닿을 정도로 눈을 이리저리 흘겨댔다.

그녀가 바닥을 발로 탁탁 두드렸다. 그리고는 그녀와 내가 얼마나 다른 종족인지 깨닫기라도 한 듯 실망스러운 눈초리로 나를 바라봤다.

"제발 그러지 좀 마. 이 집에 사는 여자란 여자는 죄다 저놈한테 푹 빠진다니까. 그는 널 갈기갈기 찢어버릴 거라고."

그녀는 내 머리 위로 손을 뻗어 기계 부품에서 가느다란 머리카락을 풀었다. 합금 케이지에서 엉킨 머리카락을 풀어내는 그녀의 손가락에서 긴장감과 단호함이 동시에 느껴졌다. 내가 방 안에서 문을 닫고 혼자 무슨 짓을 하고 있었는지 알고 나자 그녀의 표정이 달라졌다. 아래층 남자에 대한 나의 집착은 이해할 수 있는 범위를 아득히 뛰어넘은 정도였다.

"경고할게. 그놈의 환기구가 헤로인이라도 되는 양 중독된 룸메가 지금껏 열 명도 넘어." 그녀가 말했다.

하지만 나는 이미 몇 년 동안이나 중독된 상태였다. 되돌릴 방법은 없었다. 그녀는 고개를 흔들고 어깨를 으쓱대며 가 버렸다. 나는 나보다 먼저 여기 살던 모든 이들과 다를 바 없는 애잔한 스토커였을 뿐이다.

그리고 몇 주 동안 나는 출입구에 연결된 나선형 계단을 하루에도 몇 번씩 오르락내리락했다. 그럴 때마다 발을 쿵쿵대고, 발뒤꿈치로 소리를 내고, 빨래 바구니를 내려놓고, 다시 집어 들고, 빈 전화기에 대고 중요하게 들릴만한 것들에 대해 큰 소리로 떠들었다. 해가 뜰 때부터 질 때까지, 내가 무엇을 하고 있는지도 자각하지 못한 채 이 짓을 며칠씩 반복했다.

어느 날 아침, 그의 집 문 앞 계단에 멈춰서서 환기구에 귀를 대던 것처럼 문에 귀를 가져다 댔다. 안에서는 음악이 흘러나왔다. 어떤 여자가 블루스를 부르고 있었다. 문틈 아래에서 원두커피 향기가 새어 나왔다.

향기가 새어 나오는 틈새에 코를 박을 수 있을 정도로 몸을 낮출 수 있는지 무릎을 꿇고 확인해볼까 생각하던 차에, 그의 발소리가 들려왔다. 나는 황급히 몸을 돌려 지하실로 뛰어 내려갔다.

  몇 분 후, 세탁기를 보며 서 있는데 그의 집 문이 삐걱대며 열렸다. 내 몸이 서둘러 그 자리를 벗어나 도망가라고 말했다. 그의 육중한 발걸음이 점점 나를 향해 다가왔다. 지하실 차고 반대편에서 그의 목소리가 들렸다.

  그는 구리 패드로 오토바이 바퀴를 문지르기 시작했다. 나는 그의 관심을 끌 수 있을까 싶어 콘크리트 바닥에 플라스틱 빨래 바구니 모서리를 대고 발을 질질 끌며 걸어갔다. 하지만 눈에 보이는 거라고는 드럼을 칠 때와 같은 세기로 바퀴를 닦을 때마다 이리저리 춤을 추는 그의 머리카락뿐이었다.

  "안녕하세요." 그가 말했다.

  아흔 번의 낮과 아흔 번의 밤 동안 흑표범처럼 그의 일거수일투족을 스토킹하고 있던 나였지만, 그때는 정말로 당황스러웠다. 말하는 법을 까먹을 정도였으니까.

  "어, 음, 저요?" 마침내 내가 입을 열었다.

  나는 그가 천장에 매달린 조명 아래 서 있는 바로 그 순간까지 그의 존재를 눈치채지 못한 사람처럼 굴었다. 온통 회색인 겨울인데도 그의 피부는 황금빛을 띠고 있었다.

  "저는 로렌이에요." 덜덜 떨며 내가 말했다.

그는 고개를 끄덕이고는 올라가서 커피를 마시겠냐고 물었다.

"커피를 직접 내리세요?" 사만삼천팔백 분 동안 그의 집 문 앞에서 무릎을 꿇고 킁킁거린 일 따위는 없었다는 듯 내가 말했다.

잠시 후, 나는 그의 집 주방에 있는 기다란 밤색 테이블에 앉아있었다. 그는 손잡이 가장자리를 따라 동그랗게 움푹 들어간 자그마한 자국 세 개가 있는 핸드메이드 머그잔에 커피를 따라주었다. 잔에서는 아직 김이 펄펄 나고 있었다.

"레코드 좋아하세요?" 그가 물었다.

"당연하죠." 내게 말했다. 당장 머리에 떠오르는 레코드가 한 장도 없었음에도 말이다.

그가 윤이 나는 디스크를 레코드플레이어 위에 올려놓았다. 빨간 소파 뒤에서 디스크가 몇 번이고 빙빙 돌아갔다. 거기에서 그가 얼마나 많은 여자와 잤을지 궁금했다.

"에타 제임스Etta James에요." 그가 말했다.

나는 그게 누군지 아는 척했다.

"그래서, 그쪽은 어떤 사람이에요?" 그가 물었다.

질문의 무게에 짓눌린 나머지 내장이 온 다리에, 그리고는 바닥 위로 쏟아져 나올 지경이었다.

내가 어떤 사람이냐고? 망할, 대체 누가 아침 댓바람부터 이런 질문을 던진담? 뭐라고 대답해야 할지 생각이 나지 않았다. 나조차 내가 어떤 사람인지 몰랐다.

그는 신문을 펼쳐 헤드라인을 훑기 시작했다. 나는 작가를 꿈꿔왔고 샌프란시스코 주립대학에서 저널리즘 수업을 듣고 있었음에도, 여태껏 신문을 한 단락도 읽은 기억이 없었다. 멋들어진 그의 손가락이 자그마한 흑백 활자를 휘감는 동안 내 시선은 방 여기저기를 쏘다녔다. 나는 그가 어떤 사람인지 알려주는 단서를 찾아 벽과 거실 바닥에 흩어져 있는 책들을 샅샅이 뒤졌다. 그래야 그것들에게 나 자신을 결부시킬 수 있었다. 그때 텔레비전 아래에 놓인 로드니 이_{Rodney Yee}의 요가 비디오와 VCR이 눈에 들어왔다. 바로 저거다.

"저는 요가 강사예요." 내가 입을 뗐다.

휴. 로드니 이의 검고 긴 포니테일 덕분에 살았다.

"뭐가 되기엔 아직 좀 어리지 않나요?" 그가 물었다.

콘크리트 바닥에 떨어진 낙하산 같은 기분이 들었다.

"저 스물둘인데요," 목을 가다듬으며 내가 말했다.

"저는 서른여섯입니다."

그는 그 사실이 자신을 지혜로운 현자로 만들어준다는 듯 말하더니, 나를 보지도 않고 신문을 넘겼다.

"저도 서핑해요." 손에 잡히는 구명보트라면 어떤 것이든 악착같이 매달리려고 애쓰며 내가 말했다.

다음 날 아침, 그는 집채만 한 파도가 넘실대는 오션 비치로 나를 데려갔다. 나는 파도가 너무 큰 것 같다고 그에게 말했다.

"그래도 한 번 해볼게." 할 수 있을지 확신이 서지 않았지만 커피를 마시며 그에게 말했다.

그가 내 어깨에 장난스럽게 펀치를 날렸다.

"넌 할 수 있어, 챔피언." 마치 타히티 왕처럼 온 얼굴에 흰 선크림을 두껍게 문지르며 그가 말했다.

물에 들어간 내 꼴은 마구 휘몰아치는 두꺼운 물살 속에서 털썩 주저앉아 쓰러져버리는 소라게 같았다. 반면, 그는 내가 죽지는 않았는지 어깨너머로 눈길 한 번 주는 일 없이 포세이돈처럼 바다를 호령했다. 나는 너무 익힌 스파게티처럼 팔을 축 늘어뜨린 채 해저로 가라앉고 있었다. 그리고는 잇따라 밀려든 파도 다섯 개에 강타당해 해변에 떠밀려온 고래 꼴이 되고 말았다. 이마에 흠뻑 젖은 머리카락을 덕지덕지 붙인 채 차갑게 얼어붙은 모래사장에 앉아있는 나에게 그가 다가왔다. 나는 잠수복의 지퍼 스트랩이 목에 감긴 채였다.

"올가미 멋지네." 그가 나를 비웃으며 말했다.

우리는 조용히 집으로 발걸음을 돌렸다. 서프보드 앞머리를 고속도로 아스팔트 바닥에 질질 끌고 간 탓에 유리섬유 부분이 산산이 조각났다.

그는 점심으로 으깬 콩이 든 치즈 부리또를 만들어주었고, 백 명정도 되는 여자들이 그를 위해 다리를 벌렸을 게 뻔한 소파에서 놀고 있으라고 말했다. 그리고선 복도로 사라져 그의 특별한 방으로 들어갔다. 나는 그가 저 멀리에서 나를 위한 세레나데를 연주해줄 거라고 상상했다. 대신에 그는 문을 쾅 닫고 잠가 버렸다. 손잡이가 잘그락거리는 소리가 들려오더니, 몇 분 후 드럼, 스네어 드럼, 타악기 소리가 울려 퍼졌다. 그는 밖으로 나오지 않았고, 나는 자리를 뜨지 않았다.

나는 내가 이전에 왔거나 앞으로 오게 될 수많은 여자 중 한 명이라고 상상하며 온갖 다양한 포즈를 취해 보았다. 몇 시인지는 몰랐지만, 태양이 푸른 사파이어색 대기 속으로 사라지고 있었고, 나는 여전히 그 소파에 있었다. 그는 내 존재를 새까맣게 잊었지만, 나는 여전히 쿠션에 파묻혀 소파 안쪽 깊은 곳에서 모래 알갱이와 전화번호가 적힌 구겨진 종잇조각을 끄집어내고 있었다.

몇 시간이 흘렀다. 문이 삐걱하고 열린 후 다시 닫히는 소리가 들렸다. 복도를 지나 소파 쪽으로 다가오는 그의 발걸음 소리에 올드 페이스풀[21]처럼 아드레날린이 치솟기 시작했다. 그는 소파 쿠션을 지나쳤다가, 나를 보고선 귀신이라도 본 표정을 지으며 다시 뒤로 물러섰다.

"오, 네가 있는 걸 깜빡했네." 그가 말했다.

당연히 그랬겠지.

그는 내가 아직도 자기 집 거실에 있다는 사실에 소스라치게 놀랐지만, 이내 윗옷을 벗고 내 옆에 털썩 앉았다. 천천히 부츠를 한 짝씩 벗는 그에게서 짠 내가 풍겨왔다. 빗방울

---

[21] Old Faithful, 미국 옐로스톤 국립공원에 있는 간헐천(일정한 시간마다 뜨거운 물이나 수증기를 뿜는 온천)

이 창문에 떨어지며 가르릉거렸다.

"자, 이제 뭐 할래?"

시간이 하나도 흐르지 않았다는 듯, 마치 내가 본인을 세 시간 동안 기다린 일이 없었다는 듯 그가 물어왔다. 나는 일이 어떻게 흘러갈지 수많은 가상의 시나리오를 머릿속에서 썼다 지우며 그곳에 앉아있었다. 그러는 내내 그는 자기 방에 틀어박혀 본인 일에 몰두했고, 나 역시 소파에서 그의 생각에 사로잡혀 있었다.

말이 길어져 봤자 어차피 일어날 일이 미뤄질 뿐이다. 그가 몸을 기울여 입을 맞춰 왔지만, 그의 턱과 뼈는 내 두 배만 했다. 그는 거의 나를 집어삼켰다. 우리의 이가 서로 맞부딪히며 달그락 소리를 냈다. 좀 천천히 하라고 그가 말했다.

"혀를 좀 더 오른쪽으로 움직여. 이를 나한테 너무 부딪히지 않도록 해 봐. 진정해." 이 상황을 주도하는 유일한 선장이라도 되는 듯한 태도로 그가 말했다.

씨발.

고작 몇 분 전 내 머릿속에 벌어졌던 일 중 이런 건 없었다. 그리고 섹스 시간이 다가왔고, 내 몸은 색종이처럼 반으로 접혔다. 그가 몸을 나에게 찰싹 붙여왔고, 나는 소파의 협곡 속으로 점점 더 깊이 빠져들어 갔다.

내 딴에는 내가 해야 할 것 같은 행동을 했다. HBO, 라이프타임, 쇼타임, 리얼 타임 채널에서 본 포르노가 가르쳐준 것 말이다. 나는 내 몸이 소파 커버에 난 자국 속으로 짓눌리는 것이 좋아 죽겠다는 듯 소리를 질러댔다. 내가 그의 이름을 불러대자, 그가 내 몸을 밀어냈다. 나는 소파 옆쪽으로 밀려나 바닥에 떨어졌다.

"소리 좀 안 지르면 안 될까? 너무 가짜 같거든."

그가 고릴라 같은 손으로 은빛 머리칼을 쓸어 넘기는 동안 나는 엉덩이에 그의 부츠 끈이 붙은 벌거벗은 몸을 훤히 드러낸 채 누워있었다.

당연히 가짜지! 전부 가짜라고! 인생이 망하고 있다는 사실을 깨우쳐 주는 것들이 사방에 널린 그 섹스 하우스에서, 나는 내가 무슨 짓을 하고 있는지도 몰랐다. 10분 전까지만 해도 그는 내가 존재한다는 것조차 기억하지 못했다. 내가 아무것도 아닌 존재처럼 느껴질 때, 그는 이 세상에서 뭐라도 되는 사람처럼 보였다. 내가 망할 놈의 소파에서 소리를 질러댄 건 그를 위해서가 아니었다. 나를 위해서였다.

어색한 섹스 후, 우리의 관계는 비교적 빨리 진전되었다. 내가 위층에서 환기구를 통해 그의 일과를 전부 듣고 있던 덕분이었다. 만약 내가 위층에 살며 주위를 기웃거리다가 그와 같은 공간에 짠하고 모습을 드러내지 않았다면 서로의 옷깃이 스칠 일도 없었을 것이다.

다행히 나는 그에 관해서라면 이미 전문가나 다름없었고, 그보다도 그의 스케줄을 꿰고 있었다. 나는 정확히 몇 시에 그가 밥을 먹고, 볼일을 보고, 드럼을 치고, 식물에 물을 주고, 커피를 내리고, 전화를 걸고, 레코드를 듣고, 서핑하고, 바에 일하러 갔다가 은밀히 집으로 돌아와 새벽 두 시에 연석을 넘는지 알고 있었다. 나는 예전에 아빠를 탐구하던 방식 그대로 그를 탐구했다.

내가 그의 비밀 요원이자 여자친구로 이중생활을 시작하고, 그가 섹스할 때 빼고는 내 존재를 철저히 망각한 지 몇 달이 지났다. 나는 너무 밀어붙이지 않고 소리를 크게 지르지 않으려 애썼다. 그의 귀와 뇌를 괴롭히고 싶지 않았기 때문이다. 일주일에 몇 번 우리는 그의 집 기다란 테이블에 앉아 꿀을 탄 커피를 마셨다. 그때마다 그는 내 인생에 대한 질문을 던졌고, 나는 거의 대답하지 못했다.

그가 나라는 사람이 무가치한 존재라는 진실을 깨닫고 나와의 무의미한 섹스를 멈출까 봐 두려웠다. 내가 더 집착하는 대상이 그인지, 아니면 그가 자신의 인생에 의미를 부여하기 위해 하는 모든 행위인지 알 수 없었다. 나도 인생에 의미를 부여하고 싶었다. 한 번은 그가 뭐가 됐든 가치 있는 존재가 되기 위해서는 한 가지 일에 최소한 일만 시간은 투자해야 한다고 말한 적 있다. 그렇게 해야만 그것을 마스터할 수 있다고 말이다. 무슨 이유에서인지, 그 말이 뇌리에 박혔다. 충분히 잘하려면 무언가를 만 시간 동안 해야 했다.

그를 만난 후로, 그의 일거수일투족을 스토킹하고 마룻바닥을 통해 그의 드럼 연주를 들을 때를 제외하고, 나는 점점 더 요가에 빠져들었다. 그만큼이나 나 역시 분주한 인생을 살아간다는 사실을 그가 깨닫기를 바랬다. 때때로 그에게 뭔가 중요해 보이는 일을 할 것처럼 말했지만, 사실은 해변 주차장에 앉아 수많은 자기계발서를 읽으며 콜비 컬레이$_{\text{Colbie Caillat}}$ 노래를 들었다.

나는 친구들에게 요가를 가르치고 소규모 수업을 열어보기 시작했다. 비록 나 스스로도 요가가 무엇인지, 정확히 어떤 효능이 있는지 이해하지 못했음에도 말이다. 내가 아는 거라고는 요가가 진짜 현실, 그러니까 내가 비참함과 수치심을 느낀다는 사실로부터 내 주의를 돌려준다는 사실 뿐이었다.

어느 날 아침, 신문의 헤드라인을 놓고 이야기하던 중에 그가 내 쪽을 흘깃 보더니 이렇게 말했다. "너는 그런 과거를 가진 사람치고는 그렇게 막장이 아니네." 나는 자부심을 느꼈다. 전부 가식에 불과할지라도, 어떤 식으로든 다른 막장 인생보다는 낫다는 사실에 말이다.

그가 알아채지 못한 건 내가 여전히 헤로인 중독자처럼 은밀히 그를 탐닉하고 있었다는 것이다. 중독자들이 으레 그러하듯 내가 거짓말을 했다는 것, 내 이야기를 고르고 골라서 들려주었다는 것, 보기 좋은 모습만을 보여주었다는 것도 몰랐다. 그는 나라는 사람을 전혀 몰랐다. 사실 나 역시도 나를 몰랐다. 하지만 나는 그가 그 자신을 이해하는 방식으로 나 자신을 알아보고 싶었다.

　몇 달이 지난 어느 날 오후, 우리는 골든 게이트 공원에서 조깅을 했다. 마치 나도 모르는 결승선이라도 있는 것처럼 그는 언제나 나보다 한 발짝 더 앞섰다. 우리의 보폭은 결코 맞지 않았고, 그는 서둘러 나를 앞질렀다. 달려나가는 그의 신발 밑창이 부식된 화강암을 밟아 시끄러운 소리가 났고, 나는 캘리포니아 고무나무의 무성한 가지의 그늘 아래 혼자 남겨졌다.

　그가 내게 품은 개인적인 감정 때문이 아니었다. 순전히 더 빨리 달리고 싶은 그의 욕망과 그 속도를 따라잡지 못하는 내 허접한 실력 때문이었다. 하지만 나는 잊히고 버려진 것 같은 기분이었다. 살아남기 위해 악착같이 숨겨온 이 감정은 내 마음속 가장 깊은 곳에 있는 상처였다.

　나는 늘 침착한 쪽이었다. 다른 사람들을 위해 마음속 병을 감추려 애써야만 했다. 하지만 이번에는 티 내지 않고 과거의 무게를 짊어질 만한 힘이 없었다. 무릎에 힘이 풀릴 만큼 해묵은 고통에 그만 땅 위로 주저앉고 말았다.

　당시에는 그게 무슨 감정인지 이해하지 못했다. 그건 비애, 슬픔, 분노가 뒤섞인 감정이었다. 의심의 여지 없이 승리를 거머쥘 더 크고 강한 누군가에 의해 숲속에 납치된 것 같은 감정이었다. 과거가 나를 향해 다가오고 있었고, 내가 할 수 있는 것은 아무것도 없었다.

그 순간, 확실한 건 정신을 바짝 차려야 한다는 것뿐이었다. 당장 땅에서 몸을 일으켜 흙먼지를 털어내고 무릎을 똑바로 펴고 얼굴을 깨끗이 닦아야 했다. 비록 이를 악물고 죽어라 애써야 가능한 일이었지만, 그가 나라고 생각한 완벽한 이미지에 꼭 들어맞아야만 했다. 내가 다른 가족들처럼 막장이 아니라는 사실을, 그들에게 물들지 않았다는 사실을 그가 알아야 했다. 나는 그들과 달랐다.

만약 나에 대한 진실을 알게 되면 그는 분명 이전의 모든 이들처럼 말없이 연락을 끊고 사라져 버릴 것이다. 하지만 나는 내가 아빠에 대한 케케묵은 부적절한 감정을 그에게 투영하고 있었다는 사실을 깨닫지 못했다. 그는 절대로 내 기대에 부응할 리 없었고, 그래야 할 의무도 없었다. 내가 그를 만난 그 순간부터 우리 사이에 확정된 것은 실패뿐이었다.

몸이 부들부들 떨리기 시작했고, 나는 성질을 부리는 아이처럼 발을 쿵쿵 굴러댔다. 무너진 댐처럼 눈물이 터져 나왔다. 나는 아기처럼 팔을 마구 흔들고, 흐느끼고, 악을 쓰고, 입을 삐죽거리며 흙바닥 위에서 펄쩍펄쩍 뛰었다. 나에게서 주체할 수 없이 불행이 흘러나왔다.

헤어밴드를 한 채 달리던 사람이 지나가며 나를 쳐다보았다. 그가 성큼성큼 발을 내디딜 때마다 반짝이는 조깅화 뒤로 모래 연기가 피어올랐다. 나는 고개를 푹 숙이고 꼽추처럼 온몸을 앞쪽으로 굽혔다. 그리고선 천근 만근한 다리를 한 짝씩 질질 끌며 주차장으로 느릿느릿 돌아갔다. 거기서 그가 돌아올 때까지 한 시간이 넘도록 기다렸다.

트럭 안에서, 그가 나를 떠나면 어떻게 죽여버릴지 소름 끼치는 방법을 최소 열 가지는 떠올렸다. 나는 말도 안 되는 이유로 그를 벌주고 싶었다. 내 분노와 억울함은 그야말로 혼돈의 사이클론이었다. 그를 생각만 해도 단검이 내 속을 헤집어 엉망진창으로 만드는 기분이었다.

어렸을 때조차 그때만큼 심술이 난 적은 없었다. 왜 하필 지금일까? 내 마음속에 갇혀있던 모든 것들이 가석방 처분을 받고 출소했기 때문이다. 그는 어쩌다 보니 자기가 어떤 범죄자를 풀어주는 건지도 모른 채 석방 서류에 서명하게 된 것뿐이다.

하늘이 솜털같이 부풀고 어두워졌을 때 즈음, 그가 문을 열고 차에 탔다. 나는 앞 좌석에 붙박이처럼 가만히 앉아있었다. 폴리에스테르 안전벨트가 나를 차 안에 단단히 고정해 주었지만, 인생에서 그 어느 때보다도 불안한 기분이 들었다.

"조깅 잘했어?" 그가 물었다.

그는 바닥에 있던 낡고 뻣뻣한 천으로 눈썹에 흐르는 땀방울을 닦았다.

"그럭저럭." 냉랭한 분위기를 깨려 앤더스 오스본의 CD를 밀어 넣으며 단호하게 내가 말했다. 내 자리는 알래스카보다도 추웠다.

"너 괜찮아?" '스턱 온 마이 베이비~Stuck on My Baby~'의 볼륨을 줄이며 그가 물었다.

"괜찮다니까." 나는 거칠게 대답하고는 고개를 돌려버렸다. 언제나 그랬듯 말이 씨가 된다.

럭비 수비수라도 된 것처럼 아드레날린이 솟구쳤다. 내 몸은 내가 그에게, 모두에게 거짓말을 하고 있다는 사실을 알았다. 나는 괜찮지 않았다. 나는 내가 꾸며낸 모습처럼 용감하고, 강하고, 회복력이 좋지 않았다. 하지만 조수석은 이러한 속마음을 파헤치기에 안전한 장소가 아니었다. 나에게 무슨 일이 벌어지고 있는지는 몰랐지만, 잊혀지는 것은 죽는 것이나 다름없었다. 차라리 죽는 게 더 낫다. 우리가 죽지 않도록 보호하는 게 몸의 존재 이유였다.

그가 시동을 걸었고, 나는 스스로의 무지와 전쟁을 시작했다. 뭐가 뭔지 종잡을 수 없었지만, 나는 정신적으로 무너져 내리고 있었다. 그의 탓이 아니었다. 지금껏 일어난 내가 짊어지기에 너무나 무거운 모든 일 탓이었다. 나는 망할 놈의 낙타가 아니었고 도움이 절실했다. 그러나 도움을 요청하는 대신 나는 지금껏 배운 대로 행동했다. 그저 계속해서 억지로 내 뜻을 밀어붙이는 것 말이다.

그 후 몇 달에 걸쳐 내 고요한 분개심은 점점 자라 달보다 거대해졌다. 분개심이 내 마음속 구석구석까지 자리 잡았다. 그의 모호한 성질머리가 싫다고, 그를 보면 한때는 사랑했지만 지금은 떠나간 모든 이들이 다시금 떠오르는 게 싫다고 입 밖으로 내뱉지는 않았다. 그 대신, 그의 흰옷이 물들기를 바라며 색깔 있는 옷들과 함께 빨았다. 또 그가 커피를 냉장고 안에 넣어 두라고 힘주어 말했음에도 그냥 조리대 위에 놔두었다. 그리고 그가 꿀을 조리대 위에 놔두라고 힘주어 말했음에도 냉장고 안에 넣어 두었다. 그를 위해 내가 일하던 스테이크집에서 고기를 샀지만, 주기 전에 일단 식기 세척기 근처 바닥에 떨어뜨렸다. 나는 고통에 휩싸여 점점 더 교활하고 치사한 인간이 되어갔다. 그가 대가를 치르기를 바랐지만, 이러한 마음을 그가 몰랐으면 했다.

어느 날 아침, 우리는 그가 항상 잠가 놓는 방문 앞에 서 있었다. 두꺼운 나무문 뒤에서 조용히 윙윙대는 소리가 났다. 몇 달 전 그는 그 방이 낡은 레코드와 스노보드 장비로 꽉 차 있다고 말했다. 어째서 그곳이 항상 굳게 잠겨 있는지, 왜 그곳에서 전기 패널 소리가 나는지는 한 번도 생각해본 적 없었다. 하지만 그가 열쇠로 그 문을 열었을 때, 무엇인지는 몰라도 그 안에 중요한 것이 있음을 확신했다.

문틈으로 백열등 불빛이 새어 나왔다. 짙푸른 식물들이 우거진 미로를 향해 그가 문을 열었다. 그게 뭔지 보자마자 알아채지는 못했지만, 안쪽에서는 윙윙거리는 기계음이 훨씬 더 크게 들려왔고, 불빛 역시 뜨겁고 밝았다.

벽에는 케이블과 전선, 기계들이 못으로 박혀 있었다. 붙박이 선풍기가 천장에 늘어서 있었고, 기다란 직사각형 테이블 위로 전등과 램프가 줄지어 매달려 있었다. 두껍고 솜털이 보송한 무언가가 벽을 뒤덮어 재배실의 독한 냄새가 바깥세상으로 빠져나가지 못하도록 차단했다. 이 사람이 사실은 마약상이라는 것을 꿈에도 모른 채 몇 달을 사귀고 있었던 것이다.

"멋지지 않아? 이 귀염둥이들은 내 아기야."

그는 미소를 짓고는 키가 큰 식물에 다가가 손바닥만한 꽃봉오리를 코로 잡아당겨 장미 향기를 맡는 것처럼 서서히 들이마셨다. 황홀하다는 듯 눈을 까뒤집은 얼굴이 붉어졌다.

"어. 엄청 멋지네."

내가 말했다. 그가 나랑 시간을 보내는 대신 뒤에서 몰래 해왔던 일에 대해 줄곧 거짓말을 해왔다는 사실을 깨달았음에도 말이다. 그가 아래층에서 뭔가에 열중할 때마다 드럼을 연습하고 있는 줄 알았다. 하지만 이제는 실제로 무엇을 하고 있었던 것인지 알게 되었다.

그가 벽장 문을 당겨 열었다. 양쪽 벽에 두꺼운 노끈이 붙어있었다. 그건 마치 빨랫줄처럼 벽장 한가운데에 걸쳐 있었고, 아래에는 수정같이 반짝이는 먼지에 뒤덮인 꽃봉오리들이 매달려 있었다. 마치 설탕과 보석에 담갔다 뺀 것처럼 보였다.

"부탁이 있어. 내가 없는 동안 귀염둥이들 좀 봐줄 수 있을까?"

완벽하게 그을린 손으로 구불구불한 은빛 머리를 쓸어 넘기며 그가 물었다.

"6주 동안 스노보드를 타러 알래스카에 다녀올 거야. 귀염둥이들을 어떻게 돌보는지 알려줄게. 나를 위해 그렇게 해줄래, 자기야?" 그는 나도 좀 그렇게 어루만져줬으면 좋겠다 싶을 정도로 꽃봉오리를 사랑스레 어루만졌다.

"그럴게." 그가 꽃봉오리를 그의 '귀염둥이'라고 칭했다는 사실에, 또 몇 달이나 내게 밀실의 존재를 숨겨왔다는 사실에 분노가 치밀어 올랐지만, 나는 알겠다고 했다.

그는 며칠에 걸쳐 내게 식물에 물을 주는 법뿐 아니라 조명, 온도, 타이머, 선풍기를 끄고 켜는 법부터 오케스트라처럼 지휘하는 법까지 알려주었다. 그의 말에 따르면 '귀염둥이'들은 괴팍하고 변덕스러웠다. 그것들은 특정 시간마다 특별한 불빛, 알맞은 음악, 적절한 영양분이 필요했다.

그는 그것들이 묻혀있는 흙을 파서 휙휙 파헤치더니, 화분을 좌우로 계속해서 흔들었다. 또한, 벽장에 넣어둔 스테레오의 걸쇠를 만지작거렸다. 그는 정확한 볼륨을 보여주며, 쇼팽의 음악을 들었을 때 꽃이 가장 활짝 피었으니 클래식을 계속 틀어두라고 말했다. 그는 그것들에게 무엇이 필요한지 너무나 잘 알고 있었고, 주의를 기울였다. 멍청한 식물은 그토록 신경 쓰면서 왜 나에게는 그러지 않았을까? 그의 우선순

위는 내 정신 상태만큼이나 엉망진창이었다.

며칠 후 그는 공항으로 향했다. 나는 그에게 괜찮다고 백만 번은 이야기했다. "괜찮아"라는 말은 그가 쿡 찔러 벌어진 상처를 꿰맬 때마다 사용하는 차가운 강철 바늘이 되었다. 태연한 척 행동했지만, 내 마음속 벽장 속에는 그곳을 빠져나오기 위해 발악하는 괴물이 있었다.

그는 내게 전화하기 어려울 거라고 했다. 헤인즈는 전화가 잘 안 터지는 지역이었다. 그는 곧 메일을 보내겠다고 말하고는, 그의 비대한 자아에 대면 너무 작은 스웨터를 거만한 몸짓으로 입었다.

삼 일이 지났다.

나는 난간에 다육식물 화분이 놓인 그의 집 뒤쪽 베란다에서 있었다. 저 아래쪽 고속도로에서는 자동차들이 타이어에 묻은 습기를 뿜어내며 질주하고 있었다. 불현듯, 나는 내가 무슨 짓을 하고 있는지 자각하지 못한 채 부식된 목재 가장자리에서 화분을 밀어 떨어뜨렸다. 화분은 마당의 콘크리트 바닥에 부딪혀 산산조각이 났다. 낡고 부서진 서프보드 위로 기다란 잎사귀, 흙, 푸른 잎줄기들이 와르르 쏟아져 내렸다.

그의 물건을 깨부수는 것이 얼마나 기분 좋은지 깨닫고 깜짝 놀랐다. 몸속에 분노를 꽁꽁 감춰두는 대신, 그런 방식으로 나는 분노를 쏟아낼 수 있었다. 나는 마당이 산산이 조각난 점토 조각과 청록색 다육식물 잎으로 가득 찰 때까지 화분을 하나 더, 또 하나 더, 그리고 또 하나 더 떨어뜨렸다. 베란다에 있던 모든 것이 땅에 떨어져 폐허가 되자 기분이 좋아졌다.

다음날, 모랫빛 복도를 따라 걸어 대마의 성으로 이어지는 문을 연 다음, 수경재배용 조명을 끄고 록 음악 채널로 돌리고 볼륨을 높였다. 그가 하지 말라고 한 두 가지 행동이었다. 좆이나 까라지. 하지만 그 방에서 나오며, 악의적인 짓을 했다는 사실에 창피함이 몰려왔다. 어쨌든 그가 한 나쁜 짓을 생각하면 이런 일을 당해도 싸다고 내 행동을 합리화했다. 눈에는 눈, 이에는 이 아니겠어? 나쁜 년이 되는 건 훨씬 더 만족스럽고 익숙했다. 하지만 수치심은 언제나 뒤늦게 찾아오기 마련이다. 나는 내가 저지른 모든 악행을 지우기 위해 요가 스튜디오에 갔다. 요가는 내게 매직펜 같은 거였다.

요가 스튜디오는 카스트로 디스트릭트의 낡은 벽돌 창고 2층에 있었다. 어느 날 오후, 나는 내 땀과 다른 이들의 땀이 뒤섞여 만들어진 호수 속에 푹 잠긴 채 마룻바닥 위에 누워 있었다. 방은 사우나보다도 더웠다. 얼마나 습했던지 숨쉬기조차 힘들었다.

온몸이 트라이벌 타투로 뒤덮인 민머리 강사의 말에 따르면 공간의 강렬한 열기는 의도적인 것이었다. 우리가 어떠한 자세를 취하든지 간에 그 상태를 편하게 유지한 채 호흡할 수 있도록 하기 위함이었다. 그때는 그 숨은 뜻을 알아채지 못했다. 그저 기이한 짓을 하는 기이한 인간들로 가득한 땀구덩이에서 죽지 않기 위해 아등바등할 뿐이었다.

그곳은 언제나 나처럼 고통과 고문을 즐기는 마조히스트들로 가득했다. 그러나 한 가지는 확실했다. 결국에는 내가 이 모든 것을 끈덕지게 이겨내고 살아남을 것이라는 사실 말이다. 도중에 뻗지 않고 수업을 마치면 통쾌한 기분이 들었다. 수업에서 맞닥뜨리는 다양한 도전들은 내가 어떠한 것에도 굴하지 않고 견뎌낼 수 있다는 것을 가르쳐주었다. 나는 어려운 자세도 할 수 있었다. 가장 중독적인 부분은 고난도의 자세를 취할 때면 어떠한 잡생각도 들지 않았다는 점이다. 평소에 끊임없이 나를 자기혐오에 빠지게 했던 그 어떠한 생각도 떠오르지 않았다. 요가 수업에서는 과거를 곱씹고 돌이키는 행동 따윈 선택지에 없었다.

90분이라는 고행의 시간 동안, 죽지 않고, 질식하지 않고, 기절하지 않으려는, 계속해서 수업을 쫓아가려는 기나긴 생존 마라톤이 펼쳐졌다. 요가는 내 안의 낯선 공간을 들쑤시고 내 몸이 평생 먹어치운 모든 것에 잽을 날리는 계기가 되었다. 불편함을 피하는 것은 불가능했다. 수련을 통해 지금까지 피하려고만 했던 나 자신을 마주할 수 있었다.

수업이 끝나고, 땀 웅덩이 속에 고요히 누워있었다. 어떤 이들은 코를 훌쩍였고, 또 어떤 이들은 눈물을 흘렸다. 그곳에서라면 울어도 안전할 것 같았다. 요가는 내 삶의 모든 일이 벌어진 육신을 위한 치료법이 되었다. 수련하며 느껴야만 했던, 느낄 수 있었던 감정들은 태어나서 처음으로 겪어보는 것이었다. 요가는 찰나의 평안을 얻으려 거대한 가네샤 코끼리 상과 거래를 하는 시간이었다. 그때까지만 해도 내게 정말로 필요한 것은 나 자신과 스스로 화해를 하는 일이라는 걸 깨닫지 못했다.

그리고 나서 나는 바닥에서 일어나 벽돌로 된 건물을 나와 또다시 내 기분을 더럽게 만드는 짓거리를 반복했다. 기분이 나아지려면 나부터 더 나은 사람이 되어야 한다는 사실을 알지 못했다. 요가는 임시방편이었지만, 나에게 다가올 무한한 가능성을 드러내 주기도 했다.

그가 알래스카에 있던 몇 주 동안, 나는 매일같이 심부름 목록에 없던 새로운 짓을 했다. 먼저 '귀염둥이'들의 화분에 지나치게 많은 액체를 주며 물고문을 했다. 그리고 조명은 최대한 밝게, 선풍기는 최대한 약하게 틀었다. 몇 주에 걸친 학대, 그리고 요가 매트 위에서의 참회 끝에, 꽃봉오리들은 창백하고 가냘파 보이기 시작했다. 마치 초췌하고 골이 난 채 축 늘어진 몸 같았다. 죽음이 머지않았다.

나는 내가 당했던 방식 그대로 식물을 억압하는 고문 기술자가 된 것만 같았다. 만약 식물들이 죽어버린다면 나 자신을 용서할 수 없으리란 것을, 그에 대한 분노를 식물에 쏟아낼 필요는 없다는 것을 알고 있었다. 나는 어둠 속에서 화살을 쏘고 있었다. 무의식중에 수채화 물감 팔레트처럼 한데 넣고 섞어버린 분노, 노여움, 억울함, 슬픔은 사실 별개의 감정들이었다.

그가 사랑하는 식물들을 다치게 할 때마다, 또 그가 사랑하는 무언가를 부술 때마다 욕지기가 치밀어 올랐다. 내가 그의 '귀염둥이'들을 죽이는 것만큼이나 빠르게 분노와 질투가 나를 죽이고 있었다. '폭력은 상대보다 나 자신을 더 상처 입힌다'라는 요가 선생님의 말을 떠올리지 않을 수 없었다. 그 말이 맞았다. 나는 고통에 차 있었고, 그래서 남들도 똑같이 고통스럽기를 바랐다.

여행을 2주 남기고 그가 마침내 알래스카에서 이메일을 보냈다. 나는 이미 그의 식물들을 왕족처럼 모시기로 마음먹은 상태였다. 그래서 쇼팽을 틀고, 조명을 알맞게 조절했다. 나는 방음벽 장비에 붙은 자그마한 집먼지진드기를 떼어내며 착하게 굴려고 노력했다. 또한 구멍으로 계속해서 물이 잘 스며들 수 있도록 갈색 흙을 마구 헤집었다. 남은 기간에는 매일 밤 식물들에 조용히 말을 걸며 물로 세례를 주었다. 자신들이 사랑받고 있다는 사실을 알 수 있도록 말이다. 그건 내가 원하는 전부이기도 했다.

나의 보살핌은 결실을 보기 시작했다. 그가 떠난 지 여섯 주에 접어들었을 때, 식물들은 표면이 커다랗게 결정화된 탐스러운 녹색 보석이 되어 있었다. 그것들은 꿀 설탕에 절인

포동포동한 초록색 황소개구리처럼 보였다. 어찌나 냄새가 독했는지, 어떻게 지붕을 뚫고 바깥으로 새어 나오지 않을 수 있었는지 의아했다. 어쩌면 이게 그와 내가 공유할 수 있는 유일한 사랑일지도 모른다는 생각이 들어, 나는 그가 나를 대해줬으면 하는 방식으로 식물들을 돌보았다.

그가 집에 돌아오기 전날 밤, 나는 테킬라를 지나치게 들이켰지만, 그걸 중화시킬 정도의 음식은 먹지 않았다. 할머니가 방광암으로 막 돌아가신 참이었다. 술은 모든 것을 멋지고 무감각하게 만들어준다는 점에서 마취제와 다를 바 없어 보였다.

날은 이미 저물었고, 나는 그의 집에서 나가려고 했다. 술기운에 내가 무슨 짓을 저지르지 않으리라는 보장이 없었다. 나는 손톱을 벽에 댄 채 그의 집 복도를 서성거렸다. 그리고는 클리퍼 보드 모양의 액자 속 사진들의 윤곽을 따라 미끄러지듯 손을 움직였다. 나 없이 떠난 여행의 추억이 담긴 사진들이었다. 해진 카펫 위에 서서 방문을 열고 그가 제일 좋아하는 것들을 산산조각내고 싶은 충동을 억누르는 꼴이 마치 마약 중독자 같았다. 대신, 복도에 걸린 사진들을 내렸다가 제자리로 돌려놓기를 수십 번이나 반복했다. 그, 엄마, 할머니가 아닌 다른 곳으로 관심을 돌리려 애썼다.

그가 사랑하는 것, 혹은 그 어느 것에도 폭력을 행사해서는 안 된다는 것을 알았지만, 그 황금빛 방 안에 사는 것에 대한 갈망이 결국 나를 굴복시켰다. 더 이상 그의 귀염둥이들을 다치게 하고 싶지 않았지만, 갈증을 해소할 수 있는 유일한 방법은 침실로 들어가 나에게서 그의 사랑을 빼앗아 간 또 다른 주범을 파괴하는 것뿐이었다. 그러니까, 바로 그의 악기들 말이다.

질투심에 눈이 먼 십 대 사이코패스나 다름없었던 나는 방문을 열고 돌진해 탐탐 드럼을 바닥에 쓰러뜨린 다음, 하이햇과 심벌즈를 벽에 던져버렸다. 탬버린, 카우벨, 차임벨을 발로 차서 방 건너편으로 날려버리는 행위에는 어딘가 만족스러운 구석이 있었다. 나는 먼지가 내려앉은 레코드 열댓 장을 꺼내 하나씩 문밖으로 내던졌고, 스네어 드럼과 베이스 드럼에는 하이킥을 날렸다. 그리고는 그것들이 복도에서 원반처럼 빙글빙글 돌다가 카펫 위에 풀썩 떨어지는 모습을 바라보았다.

한 시간 정도 더 생난리를 치고 난 다음에야 폭풍이 휩쓸고 간 듯한 방 한복판에 드러누웠다. 다리 아래에서 쨍그랑거리는 심벌즈와 차임벨을 내 애잔한 몸뚱이로 내리눌렀다. 내가 줄 수 있는 유일한 것이라고는 그것뿐이었다. 금속 조각들과 드럼 스틱 한가운데 널브러져 있다가, 주위를 둘러보고 그 참극을 벌이고도 기분이 하나도 나아지지 않았다는 사실을 깨달았다. 사실은 술기운이 다 가셔서 오히려 기분이 나빴다. 나는 몸을 일으켜 세워 방을 다시 정리하기 시작했다.

먼저 스네어 드럼과 베이스 드럼을 집어 들어 레코드플레이어 옆에 세웠다. 그리고 차임벨과 심벌즈를 교체하고 탬버린을 우유 상자 안으로 다시 집어넣었다. 드럼 스틱도 전부 주워 금속 용기 안에 넣었다. 그리고선 레코드를 하나씩 두꺼운 골판지 상자에 밀어 넣고 선반 위에 똑바로 진열했다.

몸에서는 지독한 술 냄새가 났고, 시야는 흐릿했고, 까먹고 정리하지 못한 것이 수백 개나 있을지도 몰랐지만, 그러든 말든 더 이상 상관없었다. 나는 위층으로 올라가 깜깜한 어둠 속에서 내 침대에 누운 채 누군가 나를 잡으러 오기만을 기다렸다. 잡으러 온다는 것은 최소한 그만큼은 나를 신경 쓴다는 의미였다.

새벽 다섯 시였다. 곧 있으면 그가 택시에서 내릴 터였다. 나는 지난 몇 주 동안 그의 집과 그가 신경 써 마지않는 모든 것을 조각냈다. 그 무엇보다 나 자신을 가장 조각냈고, 그 어떤 것도 되돌릴 수 없었다. 겉으로는 모든 게 더 좋아 보일지 모르지만, 죄다 이미 안쪽에 상처를 입은 상태였다. 아무리 요가를 해도 내가 짊어진 것이 사라지지는 않았다.

나는 화장실 거울 앞에 서서 그가 탄 택시의 불빛이 복도를 따라 내 쪽으로 다가오는 것을 보았다. 나선형 계단을 올라 문 앞까지 무거운 짐가방과 스노보드 장비를 나르는 소리가 들렸다. 내 눈 밑으로 까만색 마스카라와 수양버들 같은 눈물 자국이 나 있었다. 나는 불에 탄 사람처럼 까만 숯덩이가 되어 있었다. 나를 응시하고 있는 거울 속 여자가 누구인지 믿기 어려웠다.

그의 흔적을 쫓아 환기구로 달려가거나 불빛 아래 그의 그림자를 추적하지 않은 것은 이번이 처음이었다. 거울에 비친 여자의 모습은 내 발목을 잡기에 충분했다. 그녀는 죽어가는 사람처럼 보였다. 그녀는 케니 아저씨와 한바탕 싸우고 난 엄마처럼 보였다. 교도소 면회 때 테이블 맞은편에 앉아있던 아빠처럼 보였다.

이 남자 때문에 스스로를 죽일만한 가치 따위 없다는 생각이 머리를 스쳤다. 지난 몇 년간 저지른 개인적인 배반 행위는 나를 엄마 아빠처럼 변하게 했을 뿐, 진정한 나 자신으로 만든 것이 아니었다. 나는 내가 보고 자란 것을 거울삼아 더 나은 사람이 되기보다는, 그저 그것을 되풀이하고 있었다.

그 후, 나는 사후경직이 온 시체처럼 누워있었다. 새벽녘의 그림자가 창문을 슬그머니 지나갔고, 아래층의 소리가 증폭되어 들려오는 것 같았다. 소리는 몇 시간이나 계속되었다. 나는 바짝 긴장한 채, 문제가 생기기를 기다리며 가장자리에 보풀이 난 이불 위에서 뒤척였다.

우리 사이에는 더 이상 천장도 바닥도 존재하지 않는 것 같았다. 그저 서로가 서로에게 무슨 짓을 했는지 알지 못한 채 가까운 궤도 위에 둥둥 떠 있을 뿐이었다. 그의 숟가락이 프렌치프레스의 가장자리 유리를 두드리는 소리, 그리고 복도를 따라 침실로 발걸음을 옮기는 소리가 들렸다. 재배실 문이 삐걱거리며 열렸다. 새벽이 지나 아침이 되고, 마침내 한낮이 될 때까지 소리는 계속되었다. 벽에 드리워진 그림자는 톤 다운된 복숭아 빛으로 변했다.

한낮이었지만 아직 잠이 오지 않았다. 나는 이제는 무엇을 하면 좋을지 공상에 잠긴 채 딱딱한 매트리스 위에 몸을 대자로 뻗고 그가 불만을 쏟으러 오기를 기다렸다. 내가 저지른 짓을 그가 알게 되면 이 아파트를 떠나야 할 게 뻔했다. 나는 협탁에 놓인 론리플래닛 코스타리카 편을 대충 뒤적거렸다. 그러다가 큰 부리 새와 빌딩만큼이나 키가 큰 극락 조화의 사진으로 가득 찬 페이지를 펼쳤다. 책에 따르면 니코야 반도는 '요가 해안'이었다. 그곳에는 수많은 수련 센터와 치유사들이 있다고 했다. 새 출발 하기에 적당한 평화로운 장소처럼 보였다.

"좋아!" 나는 속으로 생각했다.

그리고는 컴퓨터를 켜고 한도가 아슬아슬한 신용카드를 꺼내 다음 달에 출발하는 편도 티켓을 샀다.

그는 단 한 번도 위층으로 올라오지 않았다. 나는 기다리다 지친 나머지 나선형 계단을 내려가 천 번은 넘게 귀를 가져다 댄 문을 두드렸다. 문이 열렸다.

"오 안녕," 앞니 두 개 사이의 자그마한 틈에 혀를 낀 채 그가 말했다.

그는 내 등장에 소스라치게 놀랐지만 이내 내가 들어갈 수 있도록 문을 활짝 열어주었다. 그리고는 내 허릿살을 꼬집더니, 몸이 꽤나 '탄탄해' 보인다고 말했다. 그 말의 속뜻은 마지막으로 봤을 때보다 허리에 군살이 더 붙었다는 것이었다.

"귀염둥이들 상태 정말 좋던데! 잘 돌봐줘서 고맙다."

나는 고개를 끄덕이고는 물건들을 엉망으로 만들어 놓았다고 호되게 욕을 먹을 마음의 준비를 했다.

"잠깐만, 말할 게 있어. 드럼 셋 밑에 네 신발이 있더라." 나를 흘깃 쳐다보며 그가 말했다.

그는 잠시 기다리라고 말하고는 복도를 따라 달려갔다. 몇 초 후 내 검은색 클로그를 들고 그가 다시 나타났다. 지난밤 내가 테킬라에 취해 몽롱한 상태로 그의 집 벽에 차버렸던 것이었다. 그는 내 이마에 입을 맞추더니 문 끄트머리를 잡고 나선형 계단의 어둑한 불빛 속으로 돌아가라는 몸짓을 보냈다.

"나중에 봐, 꼬맹아. 일해야 해서 말야. 도와줘서 고맙다!"

그는 나를 껴안고 등을 몇 번 두드리고는 나를 어두컴컴한 복도에 내버려 둔 채 떠나버렸다. 그가 내가 자신의 방을 난장판으로 만들었다는 사실을 알아차리지 못했다는 것과, 나라는 존재 자체를 알아차리지 못했다는 것 중 무엇이 더 최악인지 알 수 없었다.

그가 여행에서 돌아온 후 우리 관계는 흐지부지되었다. 우리는 단 한 번도 서로가 저지른 일에 대해 진술한 대화를 나눈 적이 없었다. 정신병자처럼 보일까 두려워 내가 무슨 짓을 저질렀는지 말하려 하지 않은 이유가 컸다. 그는 분명 우리 관계 속에서 자신이 나의 행동에 미친 영향을 조금도 알지 못할 것이다. 어떻게 알겠는가? 나는 그에게 진실을 말한 적조차 없다. 그저 나를 떠날까 봐 두려워하기에만 급급했다.

시간이 흘러 코스타리카로 떠난다고 말하자 그가 말했다. "어릴 때 여행 다니는 게 좋지." 그리고는 사랑하는 것을 쫓기로 한 내가 자랑스럽다고 했다. 내가 무엇을 사랑하는지는 몰랐지만, 그는 아니라는 사실을 결국에는 깨달았다.

다음 달, 공항에서 알래스카 항공의 파란 모자를 쓴 여자가 나에게 어디로 가냐고 물었다. 나는 요가 수련을 하러 코스타리카로 간다고 대답했다. 그러자 그녀는 나를 비웃더니 진저리가 난다는 듯 눈을 치켜떴다.

"아, 〈먹고 기도하고 사랑하라〉처럼요? 방황 중이신가요?" 키득키득 웃으며 그녀가 물었다.

"아마도요." 내가 대답했다. 딱히 우스운 이야기는 아닌 것 같은데.

어깨를 으쓱해 보이자 그녀는 키보드를 두들겨 내 여권 번호를 입력했다. 그리고는 내 짐가방을 저울로 끌고 가더니, 다시 여권을 돌려주었다. 나는 종이 티켓을 청바지 주머니에 밀어 넣고 에스컬레이터 거울에 비친 스스로의 모습을 바라보며 보안 검색대로 향했다.

  터미널로 가는 길에 통로 한가운데의 커다란 기둥 한쪽에 붙은 광고를 지나쳤다. 햇볕에 그을린 여자가 환하게 미소 짓고 있고 그 뒤에는 활짝 핀 야자나무들이 있었다. 그녀는 태양을 향해 팔을 뻗으며 해변에 서 있었다. 그녀의 그림자가 수면에 비쳐 반짝거렸고, 그녀의 손에는 파인애플로 장식된 크리미한 음료가 들려 있었다. 그녀는 커다랗게 뜬 눈으로 내게 흥미진진한 눈길을 보냈다. '당신이 어디를 가든, 그곳에 당신이 있다'라는 문구가 게시판 꼭대기에 붙어있었다. 그 말이 무슨 뜻인지 이해할 수 없었지만, 알아내고 싶었다.

17. 나쁜 나라, 2007

새벽 다섯 시였다. 나는 마이애미 공항 플라스틱 의자 세 개 위에 널브러져 있었다. 나를 제외하면 게이트에 있는 사람은 충전기 옆 바닥에 앉아있는 남자뿐이었다. 재순환된 공항 공기 사이로 커피 향이 스며들었다. 스타벅스 카운터 위 불빛이 깜빡이기 시작했다. 에메랄드색 앞치마를 두른 여자가 나타나 낡아 빠진 행주로 테이블을 깨끗이 닦았다.

충전기 옆에 있던 남자는 금발의 미남이었고, 30대 중반 정도로 보였다. 그는 바닥에서 몸을 일으켜 세워 깨끗한 하얀색 반스 슬립온 안으로 맨발을 밀어 넣었다. 꾸미지 않은 듯 꾸민 듯한 모습의 그는 블랙베리 핸드폰을 벽에 꽂은 채로 놔두었다. 그리고는 전동 용기에 원두를 갈던 여자에게 다가갔다. 그녀가 열쇠를 돌리자 금전 등록기에 불이 들어왔고, 그녀는 남자의 주문을 받았다. 나도 그쪽으로 다가가 톨사이즈 라떼 한 잔을 주문한 다음, 그의 주변에 서서 기다렸다. 그녀가 우유에 금속 막대를 넣고 핸들을 위로 휙 젖히자 윙 하는 소리가 벽에 부딪혀 메아리쳤다.

"이런 소음을 듣기에는 좀 이른 시간이네요." 나를 바라보며 그가 말했다.

그의 셔츠는 방금 드라이클리닝을 마친 것처럼 빳빳하고 주름이 없었다. 그가 몸을 뒤로 젖혀 매대에 기대자 가죽 벨트의 녹슨 버클이 반짝였고, 머그잔 위로 햇살 같은 머리칼이 드리웠다. 그는 프로페셔널해 보였지만, 동시에 프로페셔널하게 보이지 않으려 애쓰는 사람처럼 보였다.

"어디로 가세요?" 내가 물었다.

"코스타리카요. 하지만 정확히 어디로 갈지는 아직 모르겠어요." 그가 말했다.

그는 손목시계를 내려다보며 금빛 다이얼 가장자리에 있는 버튼들을 만지작거렸다. 그리고는 시계가 스피커라도 되는 듯 옆면에 무언가를 속삭이더니 다시 조금 더 만지작거렸다. 컴퓨터가 내장된 시계라는 걸 알아챘지만, 그 모습은 마치 팔뚝에 난 반짝이는 털에 대고 말하는 것처럼 보였다.

"그쪽은 어디로 가세요?" 그가 물었다.

바리스타가 '알렉스 고객님'이라고 호명했다. 그는 빳빳한 바지 차림으로 카운터로 가서 음료를 받아들었다.

"저도 코스타리카요. 전 니코야 반도 끄트머리에 있는 작은 해안 마을로 가요. 여행도 하고, 요가도 가르치고, 서핑도 하려고요."

나는 이 모든 걸 이미 천 번은 해본 사람처럼 자신 있게 말했다. 그의 눈에서 빛이 났고, 흰자위가 마치 진주알처럼 번뜩였다. 누구도 지금껏 그런 눈으로, 그러니까 반짝반짝하고 완벽한 새 차를 보는 듯한 눈으로 나를 본 적이 없었다.

바리스타가 카운터 너머로 내가 주문한 음료를 내밀었다. 그는 그것을 받아 내 손에 건네며 고개를 숙였다.

"세뇨리타, 저도 같이 가도 될까요?" 그가 물었다.

녹색의 둥근 눈과 두툼한 아몬드 색 피부, 완벽하게 손질되어 공항 터미널의 끔찍한 조명 아래에서도 반짝거리는 손톱을 지닌 그는 너무나도 순진해 보였다. 그는 나와 함께 도망치곤 했던 유의 남자들과는 달랐다. 너무 멀끔하고, 너무 반듯하고, 너무 뻔하고, 너무 안전했다. 그는 따라가게만 해준다면 자신이 차를 빌려 그쪽까지 운전하겠다고 말했다. 열정이 넘치는 게 유치원생 같기는 했지만, 내 예산은 꽤나 한정적이었고 차를 태워줄 누군가가 필요했다.

"따라가게 해주면 돈은 제가 다 댈게요." 위험할 정도로 고르고 하얀 치아를 드러내며 그가 미소지었다.

"그러죠." 우리는 마치 물과 기름 같았지만, 나는 그러자고 했다. 그에게 '그러죠'라고 말하는 건, 마치 10년 동안 헬스장에 발길을 끊었다가 다시 등록하는 것처럼 어색하면서도 묘하게 기분이 좋았다.

비행기에서 내린 후, 알렉스와 나는 나무들이 빽빽이 우거진 거대한 과나카스테 숲을 지나 비좁은 흙길을 여섯 시간 동안 내달렸다. 서로의 인생 이야기를 나누는 동안 정적은 거의 흐르지 않았다. 핸드폰이 안 터질 때도 있어, 쥐라기 공원에 나올 법한 풍경을 지나 남쪽으로 가는 길을 찾기 위해 글로브 박스에 있던 종이 지도와 스페인어 사전을 썼다.

알렉스는 매각 중인 테크 회사, 이혼, 그가 포기한 베이 에어리어의 집, 이웃에게 줘 버린 보트에 관해 이야기했다. 그리고는 구릿빛 손으로 머리를 쓸어 넘기더니 라디오 볼륨을 줄였다.

"복 받은 삶이었다는 건 알지만, 그냥 다 놔버리고 아예 다른 삶을 살고 싶어요. 그냥… 행복하지가 않네요."

우리는 짙은 붉은색 스카프를 두른 작달막한 할머니를 지나쳤다. 그녀는 길 한구석에 서서 되는 대로 만든 카트에서 망고를 잘라 팔고 있었다. 나는 그녀를 손으로 가리켰다. 그녀는 손을 흔들고는 머리를 숙여 계속 가도 괜찮다는 현지인식 허가를 내주었다.

"저분처럼 살 수도 있겠죠." 장난투로 내가 말했다.

"뭐가 됐든 지금보다는 나아요."

비록 그와 나는 상극처럼 보였지만, 흡사한 부분도 많았다. 우리 둘 다 기존의 삶, 정체성, 과거에서 벗어나려 애쓰고 있었다. 운명론자였던 적은 지금껏 한 번도 없지만, 일면식도 없는 사람과 차 앞 좌석에 앉아있는 상황을 설명할 수 있는 것은 오로지 운명뿐이었다.

하늘이 창백한 히비스커스 빛으로 물들 때쯤, 우리는 언덕 끝까지 내려가 공룡만 한 정글의 그림자를 빠져나왔다. 공기는 미지근했고, 반쯤 벌거벗고 물보라 치는 흰 파도 쪽으로 서프보드를 들고 가는 사람들이 백 명쯤 보였다. 교차로에는 '말파이스'라고 쓰인 임시 표지판이 있었다. 모퉁이에서 종이봉투에 담긴 맥주를 마시던 남자가 그것이 '나쁜 나라'라는 뜻이라고 가르쳐주었다. 하지만 우리 중 누구도 오렌지 맛 아이스크림 같은 이 낙원에서 나쁜 구석을 떠올릴 수 없었다.

우리는 간선도로에서 앞쪽에 간판이 달린 아르헨티나 식당을 발견했다. 간판에는 '우리의 구린 닭요리를 먹어 보세요'라고 쓰여 있었다. 구석에는 커다란 화덕이 타닥거리며 타오르고 있었다. 맨발에 탱크톱 차림을 한 남자가 쇠스랑으로 나무를 이리저리 휘저었다. 닭들이 꼬챙이에 꿰여 호박색으로 잘 구워지고 있었고, 긴 머리에 피부가 어두운 여자가 엠파나다 반죽을 말아 올리고 있었다. 또 다른 남자가 맥주 한 병을 화덕에 쏟아부었고, 우리 테이블을 향해 연기가 지글지글 뿜어져 나왔다.

알렉스와 나는 머리칼이 태양 빛에 바랜 나이도 안 먹는 것 같은 사람들이 거리를 활보하는 모습을 지켜보았다. 개떼가 그들 뒤를 바짝 따라붙었다. 푹푹 찌는 좌석에 먼지투성이 몸뚱이들이 낑겨 탄 오토바이들이 쌩하고 지나가자 도로에 모래 연기가 자욱이 피어올랐다. 해질녘의 부드러운 바람에 짠 공기가 맴돌았고, 건너편 술집 텔레비전에서는 축구 경기소리가 흘러나왔다.

　우리는 침묵 속에서 음식을 먹으며 사람들이 지나가는 모습을 패션쇼처럼 바라보았다. 현실이라기보다는 영화 속 한 장면처럼 느껴지는 유토피아 같은 꿈속에서, 나는 투명인간이 된 것만 같았다. 평소 이런 기분이 들면 나는 갑작스레 어떤 짓을 저질러야만 할 것만 같아 위험하게 굴곤 했다. 하지만 그곳에서는 오히려 자유로워진 기분이 들었다. 누구도 내 과거를 목에 칭칭 감고 조를 수 없을 것 같았다. 나에 대해 아는 이는 아무도 없었다. 나는 이곳이 인생의 새 장을 시작하기에 꼭 필요한 완벽한 마취제라는 사실을 깨달았다.

　맨발의 웨이터가 테이블에 계산서가 놓인 얇은 플라스틱 접시를 내려놓았다. 알렉스가 손을 뻗어 잽싸게 그것을 가로챘다.

　"내가 낼게요." 그가 말했다.

　나는 잔돈이든 뭐든 보탤만한 무언가를 찾아 지갑을 뒤적이기 시작했다. 한 명이 돈을 다 내는 상황은 마음이 편치 않았을 뿐 아니라, 대가를 바라지 않고 인심을 쓰는 사람에게는 익숙하지 않았다. 알렉스는 손을 뻗어 내 가방에 얹었다. 그리고는 가방을 닫으려는 듯 윗부분을 누르며 다시 입을 열었다.

　"내가 낼게요."

　그에게 돈을 내게 하려니 어색한 기분이 들었지만, 다른 선택지는 없었다. 나는 숨을 깊게 들이마시고 가방에서 손을 뗀 다음, 고마운 마음으로 조용히 자리에 앉았다. 누군가가 나를 신경 쓰도록 두는 건 전적으로 새로운 경험이었지만, 기분이 좋았다.

우리는 해안에서 가까운 호텔을 찾았다. 그곳은 교차로의 남쪽에 있었고, 흔들의자에 앉은 나이 든 여자가 방을 빌려주었다. 그녀는 자리에서 일어나 직접 방을 보여주는 대신, 방이 있는 방향을 손가락으로 가리켰다.

"*엘 에스 뚜 마리도?*"22) 그녀가 물었다.

그녀는 알렉스와 나 사이를 번갈아 가며 시선을 던졌다. 나는 스페인어 사전을 펼쳐 '*마리도*marido'라는 단어를 찾았고, 그것이 남편이라는 의미임을 깨달았다. 나는 깔깔대며 웃으며 그녀에게 대답했다. "노, 노, 노. *솔라멘떼 아미고*."23)

그녀가 우리를 보며 눈알을 굴렸다. "*로 께 쎄아.*" 그녀는 '뭐가 됐든지 상관없다'라는 의미의 말을 던지고는 가슴께에 있던 작은 노란색 카나리아를 쓰다듬으며 우리에게 저리 가라는 손짓을 했다.

그녀의 얼굴은 마치 나이 든 마법사 같았다. 뺨과 이마에는 삐죽삐죽한 선들이 깊게 새겨져 있었다. 나는 이 금발의 멋진 왕자님과 내가 결혼하는 것은 가당치도 않은 일이라는 듯 그 말을 무시해버렸다. 그 당시에는 내게 결혼은 불가능

---

22) 남편분이신가요?
23) 아니, 아니, 아니요. 그냥 친구예요.

한 일이라고 생각했다. 내가 본 모든 결혼은 결국 종말 이후의 재앙 꼴이 되었다. 나는 알렉스에게 미친 여자 같다고 말했다. 그는 나를 돌아보더니 어깨를 으쓱했다. 그가 제스처만으로 내게 무슨 말을 전하려 한 것인지 이해할 수는 없었다.

방으로 가는 길은 울창하고 축축했다. 손님용 구역으로 들어가는 길을 따라 줄지어 선 망고나무에는 반짝이는 잎들이 빽빽이 달려 있었다. 모든 것이 아름답고, 활기차고, 살아있었다. 가지와 뿌리들이 한 데 엮여 길 위에 대도시처럼 북적대는 진한 녹색 차양을 드리웠다.

방에서는 달콤 쌉싸름한 커피 향이 났다. 우리는 모기장 안에 침대 두 개가 놓인 커다란 공간을 함께 썼다. 샤워실 옆에는 장식용 패치워크가 붙은 세면대가 있었다. 방은 아늑하고 로맨틱했으며 침대를 둘러싼 모기장은 마치 샨티 레이스처럼 보였다. 마치 희미한 불빛이 켜진 로미오와 줄리엣의 한 장면 같았고, 내가 머물렀던 그 어떤 곳보다 멋졌다. 공주가 된 기분이었다.

나는 슬레이트 타일을 깨 먹거나 모기장을 너무 세게 당기지 않도록 타일 바닥을 살금살금 돌아다녔다. 레이스 천을 찢고 싶지도 않았다. 조심하지 않으면 부서질 것만 같이 모든 것이 너무나 화려하고 섬세했다.

"잘 자요." 그가 말했다.

그는 협탁 위의 전등을 끄고는 시계에서 흘러나오는 희미한 불빛을 이용해 독일어로 된 책을 읽었다. 그는 내 침대로 기어들어 오려 들지 않았고, 나 역시 그가 그럴 것이라 예상하지 않았다. 대신에 그 방에서 그와 함께 있으니 안전하다고 느꼈다. 나는 여정을 혼자서 감내할 필요가 없다는 사실에 안도하며 평화롭게 휴식을 취했다.

자정이 지나고, 바람이 윙윙대며 불기 시작했다. 거대한 빗방울이 양철 지붕 위를 강타해 덜커덩거리는 소리가 났다. 얼마나 시끄러웠던지 고막이 터지지 않도록 베개로 머리를 눌러야만 했다. 망고, 잎사귀, 나무에 사는 생명체가 모조리 방 위로 와르르 떨어져 내렸다. 지붕 위 박공에서 핼리 혜성과 충돌한 듯한 소리가 났다.

나는 자리에서 벌떡 일어나 알렉스가 깨어났는지 보려고 모기장을 침대 가장자리로 밀쳤다. 그는 이미 문가에 서서 어둠 속을 응시하며 하늘에 별똥별이 떨어지는 광경을 바라보고 있었다. 그가 나를 돌아보며 미소짓자 나선형으로 굽이치는 금빛 머리칼이 보였다.

"괜찮아요." 그가 말하자 정말로 괜찮게 느껴졌다.

천둥소리는 비현실적이었다. 선사 시대라고 해야 할까, 마치 다른 차원으로 들어간 것 같았다. 어둠 속 어딘가에서 원숭이 한 마리가 우렁차게 포효했다. 몇 시간 동안 빗방울이 지붕 안으로 퍼부어 내렸고, 대나무에서 흘러나온 물이 우리 방 시멘트벽으로 스며들었다. 불을 켜려고 했지만 아무것도 작동하지 않았다. 대화를 해봤자 소용없었지만, 나는 무섭지 않았다. 내 곁에 누군가가 있다는 사실을 알고 있었다. 마침내 나를 신경 써주는 사람이 있었다.

그 후 며칠 동안 알렉스와 나는 시간 가는 줄 모르게 서핑을 하고, 해변을 산책하고, 커피를 마시고, 일몰을 바라보고, 요가를 수련하고, 대화를 나눴다. 우리는 어촌을 탐험하고 마을의 식당이란 식당은 전부 방문했다. 그는 모든 체류비를 부담했고, 나는 그의 넓은 마음씨에 점점 더 편안함을 느꼈다. 우리는 카사 아줄 비치 쪽에서 요가를 가르치는 그레이스라는 강사에 대해 들었다. 사람들은 그녀가 마을에서 제일가는 요가 강사라고 했다.

요가원 안뜰로 이어지는 돌길을 따라 난초, 이끼, 양치류, 지의류, 브로멜리아드가 늘어서 있었다. 돌길은 하얀 모래 해변이 내려다보이는 테라스로 이어졌다. 나긋나긋한 흑갈색 머리의 여자가 중정의 차양 아래 서 있었다. 손에는 불이 붙은 향이 들려 있었다.

"저는 그레이스예요." 그녀가 말했다.

무겁고 습한 공기 사이로 삼나무 향이 감돌았다. 그녀는 활짝 핀 하얀색 꽃 한 송이를 귀 뒤에 꽂은 채 마술 지팡이처럼 향을 흔들며 돌아다녔다.

"나쁜 기운을 없애준답니다." 내 요가 매트 위로 향을 흔들며 그녀가 말했다. 그리고선 알렉스에게도 똑같은 행동을 반복했다.

"그렇게 쉽게요?" 얼굴에서 작은 새만한 모기를 쫓아내며 내가 말했다.

"오, 아니요, 자매님. 그렇게 쉽다면 좋겠네요. 그래서 요가를 수련하는 거랍니다." 향 끄트머리를 세라믹 그릇에 문지르며 그녀가 웃음을 터뜨렸다. 우리는 끈적이는 매트 위에 자리를 잡았다.

어깨까지 내려오는 어두운 머리를 한, 마치 〈정글북〉의 모글리처럼 보이는 소년이 집에서 걸어 나왔다. 래트리버 두 마리가 소년의 뒤를 쫓았다. 그 뒤로 햇볕에 그을린 숱 많은 곱슬머리를 한 키 크고 멋진 남자가 따라 나왔다. 그레이스는 우리에게 잠시만 기다려 달라고 말한 후 건물 가장자리까지 그들을 배웅했다. 그리고는 한 명씩 작별의 입맞춤을 나누었다. 나는 아들과 남편, 황금빛 개 두 마리를 포옹하기 위해 몸을 기울이는 그녀의 몸짓을 찬찬히 살펴보았다. 우리 모두 저런 모습이 될 수 있기를 바랬다. 그들의 사랑은 쉬워 보였다.

해변 위를 빠르게 걷던 그들의 모습은 지평선 위 흐릿한 실루엣으로 변했다. 그레이스는 공중을 떠다니는 듯한 가벼운 걸음걸이로 우리에게 돌아왔다.

"*미 파밀리아,*"[24] 그녀는 이렇게 말하고는 테라스로 발걸

---

24) 내 가족

음을 옮겼다. 자그마한 공간이 점점 더 많은 몸으로 들어차기 시작했다.

어릴 적 사촌들과 함께 산타크루즈 비치 보드 워크에 갔던 기억이 떠올랐다. 그날 나는 노란색 프로펠러가 달린 모자를 쓴 남자에게서 25센트짜리 엽서를 한 장 샀다. 강아지와 함께 해변에 서 있는 가족의 사진이 있는 엽서였다. 행글라이더가 그 위를 맴돌았고, 하늘을 나는 기체 밖으로 사람들의 발이 매달려 있었다.

멀찍이서 찍힌 사진이었기에 사람들의 윤곽은 흐릿했다. 하지만 그들이 누구인지는 관심 없었다. 그저 가족이 완벽한 모습으로 함께 있다는 것이 좋았을 뿐이다. 그게 바로 내가 상상한 사랑의 모습이었다. 나는 엽서를 몇 년 동안 책 속에 숨겨놓았지만, 끝없이 이어지는 가정사의 파도 속에서 그만 잃어버리고 말았다. 그리고 오래 지나지 않아, 가족과 사랑에 대한 꿈을 완전히 포기했다. 나는 그런 꿈을 꿀 자격조차 없거나, 그런 꿈 자체가 존재하지조차 않거나. 내가 생각하기에는 둘 중 하나였다.

건물 가장자리에 가족과 함께 있는 그레이스의 모습을 보고 있으니, 그 엽서, 그리고 이런저런 일들로 인해 잊어버리기 전 중요하게 생각했던 모든 것들이 떠올랐다.

"저걸 원해요." 알렉스의 귀에 내가 속삭였다.

"네?" 알렉스가 되물었다.

고무 매트가 바닥에 척하고 떨어지는 소리와 언어들의 불협화음이 한데 뒤섞여 그는 내 말을 제대로 들을 수 없었다. 딱히 상관없었다. 내가 한때는 사랑을 믿었다는 사실을 다시금 기억해냈다는 사실만이 중요했다.

수업을 진행하는 그레이스는 여신과도 같았다. 그녀는 트위스터 게임을 하듯 위로, 아래로, 온 방향으로 몸을 틀었다. 뼈도 없이 공기만으로 이루어진 사람처럼 가뿐한 몸짓이었다. 그녀가 움직일 때면 길게 땋은 갈색 머리가 꿀 색 피부 주위에서 춤을 췄다. 그녀는 변화의 불, 다시 말해 어떤 일을 실현하는 데 필요한 수련과 고행을 뜻하는 타파스에 대해 이야기했다. 그리고는 삶을 바꾸고 싶다면 우리 자신을 먼저 바꿔야 한다고 말했다. 지난 몇 달 동안 내가 스스로 끊임없이 되뇐 진언이었다.

"자세 훈련과 요가 수련은 진화를 의미합니다. 변화는 불가피하죠."

그녀는 수업이 시작되어 끝날 때까지 변화를 느낄 수 있을 거라고 했다. 또한 변화는 빠르게 일어날 것이며, 우리가 진정으로 바라는 모습은 잊어버리기 쉽기에 하루도 빠짐없이 수련을 계속해야 한다고 말했다. 매일 수련을 거듭하는 것은 그래서 중요하다. 우리가 누구인지 기억할 수 있도록 돕기 때문이다. 또한 그녀는 요가의 원리를 실제 삶에도 적용할 것을 강조했다. 진정한 요가는 진정한 삶이기에.

주위를 둘러보니 떨어지는 눈물방울들이 보였다. 사람들은 셔츠로 코를 닦았다. 그녀는 우리 모두에게 이야기하고 있었다. 세상에서 나와 같은 경험을 한 사람이 나 혼자만이 아니라는, 다른 이들도 같은 식으로 생각하고 있다는 감정에 진심으로 빠져든 건 이번이 처음이었다. 요가는 고립보다는 나처럼 연결점을 찾고 있는 사람들의 공동체를 불러 모았다. 우리는 모두 단지 누군가에게 필요한 존재가 되기를 원했고, 요가는 우리를 필요로 했다.

우리는 땅에 누웠고, 지나가는 산들바람에 야자수 잎들이 흔들리며 박수 소리를 냈다. 나는 내 이야기를 쓴 다음 그것을 구겨 불 속에 던지는 상상을 했다. 마음속에 그것이 불타오르는 모습이 보였다. 어둠 속에서 재가 소용돌이쳤고, 딸깍하는, 타닥거리는, 펑 하는 소리가 불길 속에서 튀어나왔다.

수업이 끝난 후, 그레이스는 요가라는 여정에 있어 가장 중요한 부분은 바로 공동체라고 말했다. 태어난 가족은 고를 수 없기에, 그러한 공동체야말로 어려운 일이 닥칠 때 우리를 지탱해주는, 우리가 선택한 가족이 되어 준다고 말이다. 그녀가 이야기하는 동안 나는 잠시나마 진정한 책임감을 느꼈다. 수련은 나의 거울이었다. 수련은 몇 년 동안 무의식적으로 되풀이되어 온 이야기들 가운데 진정한 내 모습을 보여주었다.

"나는 당신이에요." 나를 똑바로 바라보며 그레이스가 말했다.

나는 속으로 생각했다. '그랬으면 좋겠네요.'

그녀는 내가 되고자 하는 인간, 그리고 여성 그 자체의 모습을 상징했고, 그녀의 존재만으로도 나는 그렇게 될 수 있을 것만 같은 기분을 느꼈다.

몇 분 동안 누구도 움직이지 않았다. 평소라면 다들 수업이 끝나기 무섭게 문으로 밀려 나가며 할 일 목록에 체크 표시를 하고 다음 일정으로 돌진하곤 했다. 하지만 이들은 가만히 앉아 저 멀리 파도 꼭대기에서 불어오는 고운 먼지 바람을 바라보았다. 나 역시 움직이고 싶지 않았다. 나는 열대 버전의 스노 글로브 안에 있었고, 눈송이들이 드디어 내 밑으로 떨어지고 있었다. 몸을 움직이면 모든 것이 다시 엉망으로 돌아갈까 봐 두려웠다. 마침내 모든 것이 명확하고 괜찮아졌다.

알렉스가 플로리다로 돌아가기 전 우리는 차로 마을을 돌아다니며 내가 살 만한 곳을 찾았다. 마을 중심부에 있는 철물점 옆에 월세가 300달러인 작은 원룸이 있었다. 옆집에는 이스라엘 출신의 남자 세 명이, 아래층에는 벨기에 출신의 여자애들 몇 명이 살았다.

나는 한 미국인 여자가 운영하는 야영지에서 요가와 서핑을 가르치기 시작했다. 그곳의 주 고객층은 야성적인 모험은 즐기고 싶지만, 동시에 직접 계획을 짤 필요가 없는 호화스러운 휴가를 원하는 여성 임원들이었다. 사실상 나는 정글 안내원이자 바다의 아가씨였다. 서핑에 데려가고 요가를 가르쳐서 야영객들에게 즐거움을 안겨주는 대가로 돈을 받았다. 업무라고는 내가 사랑하는 것들을 나누고 그럼으로써 재미있는 시간을 보내는 것뿐이었다. 나는 여자들이 지불한 돈에 대한 경험을 제공해야 했다. 주급이 400달러 정도였는데, 샌프란시스코의 쓰레기 같은 레스토랑에서 벌던 것보다 훨씬 큰 액수였다.

어느 날 오후 새로운 야영객들이 도착했다. 카키색 블라우스를 입고 로퍼를 신은 뉴욕 출신의 여자가 수영장 선베드 옆자리로 와서 앉았다. 그녀는 웰컴 드링크를 홀짝홀짝 마시며 가죽으로 된 가방을 열어 노트북을 꺼냈다. 손톱은 완벽하게 손질되어 있었다. 그녀는 빈티지 선글라스에서 커다란 벌레를 찰싹 때려 쫓아내는 와중에 손으로 부채질을 하며 검은 생머리를 목덜미부터 쓸어내렸다. 그녀에게서 인공적인 향수와 도시의 냄새가 났다.

"으으으으윽, 너무 덥네요. 항상 이런가요?"

그녀는 이렇게 묻고는 빳빳한 제이크루 튜닉의 단추를 풀고 휘둥그레진 눈으로 나를 바라보았다. 마치 내가 그곳의 나침반이고 그녀가 알지 못하는 인생의 비밀을 알고 있다는 듯한 태도였다.

"거의 그렇죠, 하지만 일 년 중 지금이 제일 좋은 시기에요. 비가 와서 길에 먼지가 안 쌓이거든요."

그곳에서 비바람을 겪은 것은 고작해야 몇 번뿐이었지만, 나는 마치 그 사실을 뼛속부터 알고 있었다는 듯 말했다. 내가 원하는 누구든 될 수 있다면 자신감을 가지기란 쉬웠다. 이 사람들 대부분은 인생에서 다시 볼 일이 없을 것이다. 매일 아침 옷장을 열고 옷걸이에서 그날을 위한 새로운 정체성을 끄집어내 몸에 걸치는 듯한 기분이 들었다.

"여기 얼마나 살았어요?" 그녀가 물었다.

그리고는 노트북을 치운 다음 블랙베리 핸드폰의 이메일 수신함을 확인하기 시작했다.

"좀 됐어요. 곧 익숙해지실 거예요."

그녀는 반짝이는 가방에 핸드폰을 도로 밀어 넣더니 나를 보며 선글라스를 벗었다. 그리곤 그것을 깨끗한 하얀색 케이스에 넣었다.

"음, 저한테 딱 붙어있어요, 정글 걸. 제겐 당신이 필요해요."

그녀는 뒤로 누운 채 이쑤시개에 달린 자그마한 종이우산으로 과일 맛 음료를 저었다. 그녀가 나를 필요로 하고, 나라는 사람에 대해 관심을 보인다는 사실이 좋았다. 누군가 내게 길잡이가 되어 주기를 기대하는 경험은 이번이 처음이었다. 그들은 나를 존중하고, 동경했다.

매주 그녀 같은 여자들이 단추를 다 채운 빳빳한 셔츠를 입고 머리를 쫙 편 모습으로 세계 각지에서 몰려들었다. 그들은 해외 살이와 서핑에 대해 질문 공세를 퍼부었다. 그리고 내가 어쩌다 요가를 가르치게 되었는지, 외국에서 혼자 살면 어떤 느낌인지 궁금해했다.

그들은 비자를 갱신하기 위해 여자 혼자 국경을 넘는 건 어떤지 물었고, 검문소에서 총을 든 남자들에게 몸수색을 당한 이야기를 들려주자 헉하는 소리를 냈다. 또한 아침 식사 때 나와 커피를 마시려고 새치기를 일삼았고, 고향 사람들과는 다른 눈빛으로 나를 바라보았다.

그들은 내가 용감하고, 거칠고, 자유롭다고 생각했다. 그들은 나라는 인간이 변화하는 것을 바로 코앞에서 시나브로 지켜보고 있었다. 그때는 나 역시 그 변화를 알아차리지 못했다. 단지 그들이 생각하는 강인한 여자가 된 듯한 기분을 느끼기 시작했을 뿐이다. 그들의 눈을 현미경 삼아, 나는 처음으로 나 자신을 들여다볼 수 있었다. 그리고 이러한 경험을 계기로 자존감을 재정립할 수 있었다. 내가 나 자신에게서 보지 못했던 것을 볼 수 있도록 사람들의 도움이 필요했다.

나는 독실한 마음으로 그레이스의 요가 수업에 참석했고, 그녀의 가르침을 일기에 적었다. 저녁이면 그것을 다시 읽으며 그 안에 담긴 더 깊은 의미를 고찰한 다음, 나만의 교리로 바꾸어 야영객들과 나누었다. 나는 다른 몇 군데에서도 수업을 열기 시작했다. 몇 주 만에 참석자는 세 배로 늘었다. 사람들은 내가 하는 일을 좋아했다. 처음으로 타인의 존중, 그리고 '성공'과 마주한 순간이었다. 내 걸음걸이에는 새로운 활기가 넘쳤다.

그렇게 몇 달이 흘렀다. 야영객들은 언제나 내게 감사 카드와 여행용 선크림을 남긴 채 해질녘 노을처럼 왔다가 떠났다. 또한 책의 맨 끝 페이지에 나로 인해 얼마나 영감을 받았는지, 내 이야기가 얼마나 매혹적인지를 써서 내게 건넸다.

언젠가는 한 여자가 안에 편지와 나를 찍은 폴라로이드 사진이 든 봉투를 호텔 프론트 데스크에 남겼다. 사진 속의 나는 한 손에는 서프보드를, 다른 한 손에는 크리미한 칵테일을 든 채 석양을 등지고 물속에 서 있었다.

그 사진을 보니, 몇 달 전 공항 터미널에서 본 '당신이 어디를 가든, 그곳에 당신이 있다'라는 광고가 생각났다. 나는 정말 여기에 있었고, 행복했다. 편지에는 '제 삶의 이야기를 바꿀 수 있다는 걸 알려 줘서 고마워요. 이번 주는 삶에 변화를 주는 데 필요한 시간이었어요. 새로운 관점도 배웠고, 제가 얼마나 강한 사람인지도 알 수 있었어요. 파도 위에서 몇 번 일어서기까지 했다니까요! 제가 상처를 딛고 일어날 수 있는 용감한 사람이라는, 오래도록 잊고 있던 사실을 일깨워줘서 고마워요!'라고 적혀 있었다.

나는 내가 하는 일이 그런 것이라는 사실을 몰랐다. 의도적으로 누군가에게 영감을 주려 애쓴 적도 없다. 그저 내 일을 했을 뿐이고, 어쩌다 보니 그들은 그런 내 모습을 보며 용기를 얻은 것뿐이다. 변화는 스스로의 내면에서 일어나지만, 때때로 타인이 촉매가 되어준다.

이듬해 여름이 끝날 무렵, 노사라 요가원으로 요가 연수를 한 달간 떠났다. 아침 여섯 시가 되면 요가와 함께 하루가 시작되었다. 오후 내내 강의가 있었고, 저녁에는 요가 수련이 이어졌다. 목표는 해가 뜰 때부터 질 때까지 요가에 완전히 몰입하는 것이었는데, 이전에는 한 번도 경험한 적 없는 일이었다. 평소 주의를 흐트러뜨리는 모든 것으로부터 벗어날 기회였다. 우리가 스스로의 존재를 탐구하고 온전함을 방해하는 요소들을 파악하는 여정인 요가에 집중할 수 있도록 의도된 시간이었다.

첫 주에 만난 조교 한 명은 노스캐롤라이나 출신의 남자였다. 쉬는 시간이면 우리는 작은 주스 가판대를 지나쳐 흙길을 따라 해변으로 걸어 내려갔다. 선크림을 하얗게 덕지덕지 바른 한 무리의 사람들이 나무 탁자에 앉아 스무디를 마시고 있었다. 그들 중 누군가가 어쩌면 자신이 이곳에 영원히 머무를지도 모른다고 말했다. 그러자 한 여자가 끼어들었다. "그건 그냥 도망치는 거잖아."

"여기가 질리면 네가 피해서 도망쳐 온 모든 것이 다시 나타날걸." 그녀가 이어서 말했다. 모두 웃음을 터뜨렸고, 서로의 말에 동의하며 고개를 절레절레 흔들었다.

내가 그랬나?

나는 나 자신을 찾고 있었던 걸까, 아니면 그저 피하기만 했던 걸까?

평소라면 그들 같은 이들을 즐겁게 해주는 것이 나의 역할이었다. 하지만 우리는 말 없이 그들을 지나쳐, 반짝이는 아몬드 모양의 잎들이 우거진 아치로 나아갔다. 조교는 한마디도 하지 않았고, 나는 앞장서는 그를 따랐다. 정적 속에서 내 머리는 빠른 속도로 정보를 처리해 컨베이어 벨트처럼 회전시켰다. 따뜻한 해변으로 걸음을 옮기자 흙이 작게 바스락거리는 소리가 서서히 사라졌다. 우리는 자그마한 고대 피라미드처럼 생긴 적갈색 언덕이 있는 북쪽으로 향했다.

보통 때였다면 내 인생의 퍼즐 조각들, 그러니까 엄마 아빠에 대한 이야기, 학대당한 이야기, 과거에 대한 이야기, 여행에 대한 이야기로 정적을 채웠을 것이다. 하지만 이번 침묵은 어색하고 불편하게 느껴졌다. 작년 한 해는 내 이야기를 나누고, 이전까지 느껴본 적 없는 방식으로 내 말에 귀를 기울이고 나를 원하는 이들과 연결되는 법을 배울 수 있었던 시간이었다. 하지만 정작 오롯이 홀로 서거나, 스스로의 목소리에 귀를 기울이는 법에 대해서는 배우지 못했다. 그 모든 이야깃거리, 언어, 유머를 빼면 여전히 공허하고 외로웠다. 아직 무언가가 부족했다.

우리는 모래 언덕 아래에 앉았다. 바닷가에서 들려오는 목소리가 저 멀리서 춤을 추었다.

"아름답지 않아요?" 그가 말했다.

그는 소프트아이스크림처럼 돌돌 말아 올린 두꺼운 금발레게 머리를 하고 있었다.

"바닷가요?" 그가 입을 열기 전까지 주변의 아름다움을 자각조차 하지 못한 나는 주위를 둘러보며 대답했다.

"아니요, 정적이요. 아름답지 않아요? 다음 달 내내 많이 경험하게 되실 거예요." 그가 말했다.

그런 생각을 하니 가슴이 조여오는 듯했다. 그러자 에너지로 들끓는 대관람차가 내 몸의 주요 장기를 회전하다가 심장 뒤쪽을 지나 목구멍으로 떠올랐다. 수련은 내가 상상했던 것과는 전혀 달랐다. 내가 상상했던 것은 끊임없는 수련뿐 아니라, 한 달 동안의 공동생활, 그리고 내 주의를 분산시켜 줄 사람들과의 교류였다.

하지만 지금, 머리에 아이스크림을 얹은 남자가 걷기 명상과 매일 몇 시간 동안 이어지는 침묵과 무無의 시간에 대해 이야기하고 있었다. 내가 하고 싶은 것은 저 멀리 달려가는 말 안장에 뛰어올라 노을 속으로 질주하는 것뿐이었다.

불편한 마음을 달래려 토하듯이 내 이야기를 쏟아내기 시작했다. 말을 하니 어떠한 소리도 없던 텅 빈 순간에 비하면 외계인이 된 듯한 느낌이 덜했다. 나는 그에게 엄마에 대해 이야기했다. 엄마는 아이들을 방치했고, 알코올 중독이었고,

무지했고, 남자 보는 눈이 없었다고. 아빠에 대해서도 이야기했다. 감옥에 있고, 두 사람을 거의 죽일 뻔했고, 최근에는 조현병 진단을 받았다고.

헤어진 남자친구에 대해서도 이야기했다. 그는 나를 사랑하지 않았고, 나는 그에게서 나라 하나만큼 멀어지고 싶었다고. 단어들은 문장이 되었고, 한 페이지를 꽉 채웠고, 결국에는 중편소설이 되었다. 그는 여전히 아무 말도 없었다. 숨이 모자라 호흡이 가빴다. 마치 내 이야기에 절박한 구석이라도 있는 것처럼 말이다. 하지만 그게 아니었다. 그저 아무것도 말하지 않고, 하지 않는 법을 몰랐던 것뿐이다. 나는 온전히 혼자가 되는 법을 몰랐고, 내가 이해하지 못하는 수많은 것들로 가득 차 있었다.

그는 손을 무릎 위에 포갠 채 밀물 때 모래 위로 밀려든 바닷물이 남기고 간 거품 자국을 내려다보았다. 마침내 과거라는 로켓을 쏘아 올리는 것을 멈추자, 그가 말했다. "흥미롭네요." 그게 다였다. 우리는 축축한 모래 위에 앉아 조금 전 내 입에서 흘러나온 말이 그랬듯 사라져 가는 태양을 바라보았다.

내 머릿속은 디젤 연료로 가득 채워진 제트팩 같았다. 그의 반응이 의미하는 바를 해독하려고 머리가 미친 듯이 돌아가기 시작했다. 평소 사람들은 내 이야기에 빠져들었다. 그들의 눈에 담긴 언어는 나를 위한 지도가 되어 다음에는 어디로 갈지, 오른쪽과 왼쪽 중 어느 쪽으로 돌아야 할지 알려주었다. 하지만 그는 멀뚱히 앉아 '흥미롭네요'라는 말 빼고는 어떠한 반응도 하지 않았다. 내 말을 한마디도 듣지 못한 사람처럼 그의 몸에는 아무런 미동도 없었다.

요가원으로 돌아가는 길에 그는 마침내 입을 열었다. "풀어야 할 매듭이 많으신 것 같네요, 자매님. 분명 이곳이 도움이 될 거예요."

그는 내게 고개 숙여 인사하고는 잎사귀로 뒤덮인 길을 따라 내려갔다. 잎사귀는 내부에 관다발이 발달하여 잎맥이 불거져 있었다. 방에 돌아오자 대나무 방갈로의 캐노피 위로 비가 쏟아지기 시작했다. 나는 침대에 누워 그의 말에 대해 생각했다. 내게 풀어야 할 매듭이 많았던가? 지금껏 사람들이 남기고 간 잔해를 깔아뭉개고 철로에 불꽃을 튀기며 앞만 보고 질주하는 화물 열차처럼 살아왔다. 앞으로 나아가기, 그리고 살아남기가 내가 할 줄 아는 전부였다. 하지만 요가의 요점은 우리 자신의 존재를 느끼고 살필 수밖에 없도록 속도를 늦추는 것이었다.

다음 날 아침 자세 수련 시간, 시신을 해부하고, 온몸과 씨름하고, 내장, 간, 심장을 비롯한 신성한 부위들을 만지작거린 후 뇌를 해체하는 의대생이 된 것만 같은 기분이 들었다. 하지만 현실은 내가 시신이었고, 요가야말로 내 몸을 가차 없이 만지작거리며 단 한 부위도 어물쩍 넘어가지 않겠다는 집념으로 가득한 학생이었다. 어떻게 해야 고작 발꿈치를 땅에서 들어 올리는 데 십 초나 되는 시간을 들이며 거북이같이 움직일 수 있는 걸까. 모든 것이 짜증 날 정도로 느렸다. 인생을 슬로우 모션으로 사는 법 따윈 몰랐다.

  강단에서 선 나이 든 남자의 가르침이 목초지처럼, 멀찍하고도 넓게 퍼져 나갔다. 그는 우리에게 다음에 무엇을 해야 할지 이해할 수 있도록 정신을 바짝 차리고 한 단어 한 단어에 집중하라고 했다. 그을린 몸에 잔 근육이 잡힌 그는 나풀거리는 흰 옷을 입고 있었는데, 나는 그의 과묵한 성격이 매우 낯설었다. 공감하기 어려운 사람이었다. 사실, 그곳 전체가 그랬다. 그곳이 싫었다.

  그는 우리에게 시럽 통 안에서 헤엄치는 것처럼 서서히 신중하게 손목을 회전하라고 말했다. 그리고 천천히 호흡하며 몸속으로 들어온 숨이 골반 가장 깊은 어둠까지 내려가는 것을 느끼라고도. 그곳은 평소 숨이 절대 닿지 않는 곳이자, 무언가가 사는 곳이었다. 아주 오랜 시간 들여다보지 않았던 곳이기도 했다. 연수원에 온 지 고작 며칠밖에 되지 않았지만, 벌써 잎맥이 붉어진 잎들 사이에 저격수와 함께 앉아 저 남자를 제거하고 싶었다. 이렇게 시간을 끌면서 나의 글러먹은 점들을 자각하고 싶지 않았다.

  하루가 끝나갈 무렵까지도 천천히 말하고, 눈을 맞추고, 바닥을 뱀처럼 미끄러진 것 외에는 아무것도 한 게 없었다.

대체 무엇을 이뤘는지 알 수 없었다. 하지만 요가에 몰입한 지 며칠이 지난 그 날 밤, 엄마와의 수많은 기억이 담긴 꿈을 꿨다. 마음이 요동쳤다.

올리브색 차양 아래 침대에서, 나는 내가 봐온 모든 나이대의 엄마가 일곱 빛깔 무지개색에 휩싸인 것을 보았다. 나에게 미움받고 섬에 홀로 버려져 인간보다 못한 삶을 살기 전과 후의 모습이 모두 보였다. 밤마다 마음속 흑백의 점들이 깜빡이는 스크린에 꿈이 상영되었다.

매일 밤 잠자리에 들면, 마치 엄마와 있었던 순간들이 상영되는 전용 영화관에 있는 것 같았다. 이제는 다 끝난 일인 줄 알았다. 하지만 아니었다. 밤이면 밤마다, 한 장면이 끝나면 또 다른 장면이 계속해서 이어졌다. 내가 사랑했던 순간들, 싫어했던 순간들, 도저히 엄두가 안 나서 다시는 입 밖으로 꺼내지 않았던 순간들 모두.

그때쯤 장대비가 쏟아지기 시작했다. 마치 누군가가 나를 잠에서 깨워 치료해야 할 곳을 제대로 살펴보기 위해 환한 조명을 비추고자, 주위를 맴돌며 물을 바가지로 들이붓는 것 같았다. 어디를 가든 엄마가 나타나 내 마음속을 미끄러지듯 걸어 다니고는, 나를 삼나무 바닥 위에 내리눌렀다. 그리고 나면 화장실에서 울고 있는 엄마의 모습, 언젠가는 내게 용서받고 싶다고 중얼거리는 엄마의 모습이 섬광처럼 나타났다.

다음 날 수업시간, 나무늘보를 닮은 무표정의 강사가 요가의 과정에 대해 우리에게 말해주었다. 그는 우리가 고통과 아픔을 피하고자 시선을 돌린 대상 기저에 있는 것을 파헤치는 데 요가가 도움이 된다고 말했다. 숲에 사는 생명체처럼 바닥에서 움직이고 있으니, 요가가 다가와 그동안 내가 갈구하던 영양소를 숟가락으로 떠먹여 주었다. 나에게는 풀어야 할 매듭이 많았다. 나는 엄마라는 가장 중요한 닻에서 끊어져 나와 항구와 피난처는 전부 지나친 채 바다 한가운데를 표류하는 배였다. 수련을 마치면 집으로 돌아가 엄마를 마주해야 한다는 사실을 깨달았다. 그것만이 나 자신을 더 나은 사람으로 만들기 위해 할 수 있는 유일한 일이었다.

18. 똥 묻은 개 되기, 2008

비 내리는 겨울, 나는 베이 에어리어로 돌아왔다. 쉴 새 없이 몇 달 동안 내 위로 쏟아져 내리는 비구름 아래를 걸어가고 있자니 〈트루먼 쇼〉의 짐 캐리가 된 듯한 기분이 들었다. 나를 제외한 세상 모든 사람이 친구들과 와인을 들이켜며 웃음꽃을 피우는 것 같았다.

척 아저씨와 함께 사는 집에 내가 나타나자 엄마는 놀람을 금치 못했다. 자작나무 문 사이로 나라고 네 번이나 말하고 가족들만 아는 은밀한 방식으로 문을 두드렸지만, 엄마는 굳이 문구멍 사이를 엿보았다. 손톱자국이 난 유리섬유로 된 방충망이 실에 매달려 있었다. 실제로 몰고 다니는 차는 한 대뿐이었음에도, 진입로에는 망가진 고물 트럭이 세 대나 서 있었다.

몇 주 동안 재회를 계획하며, 매 순간 일이 어떻게 흘러갈지 생각했다. 엄마를 앉혀두고 엄마가 나에게 했던 모든 짓을 나열하고, 엄마 때문에 내가 얼마나 공허하고, 버림받고, 방치되고, 불안한 기분을 느꼈는지 말할 참이었다. 나는 눈물을 흘리며 내게 천 번 만 번 사죄한 후 사랑한다고, 자신이 모든 것을 망쳐버렸다고 말하는 엄마의 모습을 상상했다.

그러고 나면 괜찮아질 거야. 정상인이 될 수 있을 거야. 남자와 건강한 연애를 할 수 있을 거야. 더 이상 이런 상념과 뒤끝에 사로잡혀 공허하게 메아리치는 텅 빈 금고 같은 기분으로 살아갈 순 없었다. 엄마의 사과는 내 과거에서 모든 것을 지워버리기 위해 꼭 필요한 마법 주문일 거야.

나는 파란 종이 한 장에 모든 것을 적었다. 어느 것 하나도 빠뜨리고 싶지 않았다. '딸을 키울 때 하지 말아야 할 행동' 목록이라도 되는 것처럼 엄마가 한 모든 짓을 줄줄 읽어 내릴 예정이었다.

머릿속에 떠오르는 결말은 하나뿐이었다. 엄마와 딸이 서로 포옹하고, 화해한 뒤 남은 생을 함께 행복하게 사는 것. 내 몸속 모든 언어와 내용물을 엄마의 몸으로 떠나보내야 할 것 같았다. 엄마가 잠시 시간을 들여 자기가 한 짓을 되돌아보기를 바랬다. 그렇게 해야만 내 고통이 치료될 것 같았다.

술이나 감정 기복, 남의 문제로 비난받고 싶은 사람은 없다는 사실, 혹은 누군가 내게 강속구를 던졌을 때 가장 자연스럽고 반사적인 반응은 그 공을 받아서 다시 맞받아치는 것이라는 사실 같은 변수 따윈 전혀 고려하지 못했다.

엄마는 스위치 작동법을 잊어버린 사람처럼 현관 조명을 몇 번 껐다 켰다. 너무 떨려서 마음이 두근거렸다. 아주 길고 아주 중대한 발표를 하기 위해 온 세상 앞에 선 기분이었다. 엄마가 문을 열자 오래된 베이컨 냄새가 훅 끼쳤다. 탁자 위로 빈 와인병과 와인이 약간 남은 잔이 보였다. 텔레비전에서는 엄마가 귀가 안 들리는 사람이라도 되는 양 소리가 시끄럽게 울려 퍼지고 있었다. 고작해야 몇 발자국 떨어져 있을 뿐인데 말이다.

"오 안녕, 들어 와. 〈페리 메이슨〉 재방송을 보고 있었는데." 티셔츠에 남아있는 비엘티 샌드위치 부스러기를 털어내며 엄마가 말했다.

어째서 엄마가 아직도 나를 안아주지 않는지 궁금했다. 엄마를 마지막으로 본 것은 몇 달 전이었다. 엄마는 앉으라며 나를 찰싹 때리고는, 리모컨을 집어 들어 볼륨을 한껏 올렸다.

"여기가 제일 재미있는 부분이야."

흑백 화면에서 나온 환한 빛이 엄마의 얼굴 위로 어른거렸다. 판사가 망치를 내리쳤다. 메이슨이 미소를 짓고 의뢰인과 악수를 하곤 축하를 건넸다. 그리고 나서 그들은 각자의 길로 향했다. 카메라가 법정을 나서는 메이슨의 행복한 얼굴을 비췄다. 나도 결말이 좋으면 좋으련만.

아직 가방도 내려놓지 않은 상태였다. 가방은 엄마를 몰아붙일 때 너무 긴장한 나머지 내장들이 밖으로 튀어나오지 않도록 보호해주는 갑옷처럼 내 무릎 위에 놓여 있었다. 나는 엄마가 인생에서 실패한 부분들, 그리고 어떤 식으로 그것들을 중고 옷 박스라도 되는 것처럼 내게 줄줄이 물려주었는지

읊을 작정이었다. 주머니 속에는 말할 것들을 적은 목록이 있었고, 심연으로 뛰어들 준비가 되어 있었다. 부디 엄마가 스스로를 비난하고, 일이 이 지경이 된 것에 대한 내 책임을 덜어내는 시간이 빨리 오기를 바랐다.

하지만 상황은 그렇게 흘러가지 않았다.

잠시동안 머릿속이 백지상태가 되었다. 그리곤 내가 깨닫기도 전에 입에서 말이 쏟아져 나왔다. 그러자 엄마의 반격이 시작되었다. 귀를 찢는 듯한 소음에 무아지경에서 깨어났다. 엄마는 내가 그놈의 '좆 같은 집구석'을 나가서 돌아오지 않았다며 고래고래 소리를 질러댔다. 그리고는 내게 집 따윈 없다고 했다. 나야 진작부터 그렇게 느끼고 있었지만 말이다. 엄마가 종지부를 찍는 한마디를 던졌다.

"이 고마워할 줄도 모르는 쌍년아." 그리고는 내 면전에 대고 문을 쾅 닫았다.

엄마가 위아래 자물쇠를 모두 걸어 잠그는 짤그랑 소리가 들려왔다. 그리고 다시 〈트루먼 쇼〉 같은 상황이 이어졌다. 엄마 집을 나서 세레나 드라이브를 따라 걷는데 머리 위로 비가 쏟아져 내렸다.

나는 엄마에 대해서, 이 모든 일이 어떻게 흘러갈지에 대해서 이전까지 한 번도 생각해 본 적 없었다. 엄마의 기분이나, 엄마가 인생에서 겪어 온 일에 대해서도 생각해 본 적 없었다. 또한 무심코 자식들에게 투영하고 만 엄마의 과거에 대해서도 생각해 본 적 없었다. 나는 온전한 사람이 되기 위해서는 엄마의 말, 공감, 사과가 필요하다고 스스로를 설득했다. 하지만 사실상 해결책은 내 안에 있었다. 내 분노를 치유할 수 있는 건 엄마가 아니라 오직 나뿐이었다. 내가 짊어진 트라우마 중 일부분은 엄마에게 책임이 있을지도 모르나, 그것들을 치유하는 것은 내 일이지 엄마의 일이 아니었다.

몇 주 동안 퍼시피카의 친구 집에 신세를 진 후, 다시금 일어나 자그마한 파란색 도요타 터셀을 샀다. 샤프 파크에 요가 스튜디오로 딱인 공간이 있다는 소식을 들었다. 이전에 댄스 스튜디오였던 곳이라고 했다. 임대인은 한 달에 몇백 달러만 내면 그곳을 빌려주겠다고 했다. 그는 내 비전을 마음에 들어 했고, 나는 그에게 정원이 꽉 찼던 코스타리카에서의 수업에 대해 이야기했다. 척 아저씨는 스튜디오 뒤편에 자그마한 거주 공간을 짓는 것을 흔쾌히 도와주었다. 샤워실도 부엌도 없었지만, 헬스장에 있는 자판기와 욕실을 사용하면 그만이었다. 엄마가 내가 이룬 것을 보고 마침내 나를 자랑스러워할 수 있도록 성공하고자 하는 열망이 컸다. 엄마의 자부심은 내가 다른 모든 것에 느꼈던 수치심을 지워줄 테니까.

개업식 내내 나는 20대 중반에 사업을 시작한 걸 축하하러 와 준 이들과 대화를 하는 둥 마는 둥 하며 시종일관 앞쪽 유리창에 시선을 고정했다. 코스타리카에서 돌아온 후, 나는 요가 강사로서 성공해 스튜디오를 번창하게 만들 수 있다는 자신감에 차 있었다. 내 수업을 들으러 온 학생 수가 폭발적으로 늘어나는 것을 보았기에, 어디서든 똑같이 할 수 있을 것이라고 생각했다.

나는 밤새 앞쪽 유리창을 응시했다. 길 건너 레드 카페 너머로 해가 뜨고 질 동안 사람들이 스튜디오를 오갔다. 태양은 고속도로 위를 지나 퍼시피카 부두 근처의 스튜디오 건물 뒤로 내려앉았다. 엄마는 오지 않았지만, 척 아저씨는 왔다. 아저씨는 엄마가 손님을 받는 중이라고 했다. 하지만 나는 그 말이 사실이 아니라는 것을, 엄마는 그저 오고 싶지 않았을 뿐이라는 걸 알고 있었다. 싸운 뒤로 우리는 말을 섞지 않았다.

그해 내내 배가 아팠다. 갈비뼈 왼편, 심장 아래쪽 바로 밑부분이 화끈거렸다. 평소보다 더 배가 고팠고, 손에 하겐다즈 파인트 컵을 들고 잠자리에 들었다. 언제나 한 컵을 다 먹었지만, 배가 부르는 법은 없었다.

몇 달 동안 칠 킬로그램이 쪘다. 나는 평생 먹은 양보다 더 많은 멕시코 음식을 먹었고, 간식으로 레드 카페에서 파는 블루베리 스콘을 먹었다. 어떤 것도 내 허기를 채워주지 못했다. 당시에는 몰랐지만, 음식은 위안이 되었다. 음식이야말로 엄마와 나를 이어주는 유일한 것이었다. 때때로 우리는 함께 요리했다. 우리의 마음이 맞을 때는 오로지 저녁 메뉴를 고를 때뿐이었다. 나는 엄마와 음식을 연관 지었고, 엄마를 가질 수 없었기에 먹을 수 있는 모든 음식을 먹어치웠다.

머지않아, 나는 아이스크림을 먹고 손가락을 목구멍 깊숙이 찔러 넣는 짓거리를 반복하기 시작했다. 아이스크림을 먹은 뒤의 포만감이 마음에 들지 않았고, 화장실로 들어가 죄다 토해 버리기로 마음먹었다. 그렇게 한다고 기분이 나아지지는 않았다. 그저 뭐가 뭔지 알 수 없는 또 다른 수치심의 악순환일 뿐이었다.

매일 수업이 끝나고 모두가 떠난 쉬는 시간에 뒤뜰에서 담배를 피우며, 엄마가 차를 몰고 스튜디오의 간판을 보러 오지는 않을까 했다. 산타크루즈에서 만난 남자에게 전문적으로 디자인을 맡긴 것이었다. 간판에는 '씨앗에서 나무로 요가 Seed to Tree Yoga'라고 적혀 있었다. 요가에 대한 글 어딘가에서 발견한 문구였다. 엄마가 그것을 보기를, 디자인에 내포된 상징을 알아차리기를 바랬다. 커다란 나무로 점점 자라나는 작은 씨앗의 성장 단계가 차례대로 새겨져 있었다. 그걸 보면 엄마와 내 모습이 떠올랐다.

화는 났지만, 엄마가 있기에 내가 이 세상에 존재할 수 있다는 건 알고 있었다. 내가 느낀 분노는 엄마와 내가 싸움을 멈추고 서로에게 관심을 가지기를 간절히 바라는 사랑이라는 감정이 아예 다른 모습으로 둔갑한 것뿐이었다. 엄마가 더 대범한 사람이 되어 결국엔 어른스럽게 사과하기를 바랐지만, 정작 내가 그럴 생각은 전혀 없었다. 나라고 엄마보다 나을 게 없었다. 똥 묻은 개가 겨 묻은 개를 나무라고 있었던 셈이다.

여름이 끝날 무렵, 알렉스에게서 전화가 왔다. 그는 내게 제안이 하나 있다고 말했다.

"남부 캘리포니아로 이사를 하고 싶어서요. 샌디에이고 근처 엔시니타스에 있는 집을 보고 있어요. 혹시 그 집을 관리해 줄 수 있을까요. 앞으로 일 년 정도는 더 플로리다에 있을 거거든요."

그는 잠깐 수화기를 손으로 덮고 누군가에게 독일어로 이야기했다. 일하는 중이라는 것을 알 수 있었다. 그의 목소리는 프로다웠다. 사람들이 컴퓨터 자판을 두드리는 소리도 들렸다.

"내 요가 스튜디오는 어떡하고요." 앞쪽 유리창에 광고용 시트지를 다시 붙이려 애쓰며 내가 물었다. 유리창 표면에 결로가 맺혀 자꾸만 시트지가 벗겨졌다. 알렉스의 제안은 스튜디오 뒤편에서 잠을 자며 아이스크림과 와인, 되는대로 골라잡은 남자에 의지해 살아가는 것보다는 매력적으로 들렸다.

"잘 풀려요?" 그가 물었다.

"뭐가요?"

"인생이요."

내 대답은 '아니오'였다. 인생은 여전히 잘 풀리지 않았다. 코스타리카에서 돌아온 지 1년이 조금 안 된 10월에 짐을 싸서 엔시니타스로 떠났다. 나는 '씨앗에서 나무로 요가'의 문을 닫았다. 엄마와 나는 아직도 말을 하지 않았고, 나는 룸메이트들이 이사를 가듯 엄마의 부재가 미치는 영향이 내 정신에서 몸으로 옮겨가는 일에 관심을 꺼 버렸다. 몸집이 커질수록 자존감은 낮아졌고, 구속감과 배의 통증도 심해졌다.

이사 간 알렉스의 해안가 집은 열 명도 넘게 살아도 될 만큼 컸지만, 나는 매일 밤 판유리 두 장 사이에 끼인 듯한 기분을 느꼈다. 무언가가 가슴을 짓누르는 느낌이었다. 그것이 무슨 감정인지 알지 못했다. 그때는 이름을 붙일 수 없었지만, 그건 분명 불안감이었다. 나는 내가 제대로 대처하지 못했던 모든 것에 대한 생리적인 반응을 겪고 있었다. 요가를 얼마나 해도 그것을 사라지게 할 수는 없었다. 애초에 그것이 무엇인지 이해조차 되지 않았다. 이름을 붙일 수도 없다면 어떻게 치유할 수 있단 말인가?

알렉스는 대부분의 시간을 플로리다에서 보냈고, 나는 그의 강아지와 포터리반에서 산 완벽한 가구들과 함께 넵튠에 있는 해안가 집에 머물렀다. 앞쪽 유리창 앞으로 푸른 수평선이 드넓게 펼쳐져 있었다. 알렉스는 서핑하러 2주에 한 번 정도 들렀다. 하지만 대개 〈길리건의 섬〉에 나오는 선체처럼 보이는 그의 나무집에 사는 사람은 나뿐이었다.

나는 내 것이 아닌 꽃병과 유리 조형물을 넘어뜨리지 않으려 애쓰며 참나무 바닥 위를 살금살금 돌아다녔다. 나는 그곳에 있으면서도 없었고, 마음속의 외계인을 몰아내려 애썼다. 때론 숨쉬기조차 힘들었다. 가슴이 조이는 느낌이 점점 더 커지기 시작했다. 차에 타고 있으면 유독 허기가 졌고, 소란을 피우게 되었다. 운전할 때가 유일하게 해방감을 느끼는 때였지만, 한순간에 변해버렸다.

어느 날, 빨간 불에 멈춰 서 속으로 '99병의 맥주' 노래를 부르며 눈이 아플 정도로 붉은빛을 쏘아대는 후미등 열댓 개에 신경 쓰지 않으려 안간힘을 쓰고 있었다. 자동차들이 마치 젠가처럼 주위에 쌓여있었다. 얼굴이 달아오르기 시작했다. 쓰레기 압축기 속에서 찌부러지는 듯한 느낌에서 벗어나기 위해 머리에 물을 끼얹었다. 피부를 타고 흐르는 차가운 물만이 내게 아직 육체가 있다는 사실을 일깨워주었다.

교차로 한복판에서 드디어 초록 불이 켜졌다. 모든 차는 정돈된 혼돈 속 일련의 알고리즘을 따라 움직였다. 자동차로 만들어진 강철 샌드위치의 행렬 속에서 벗어나고 나서야 마침내 숨을 쉴 수 있었다.

운전대를 잡거나, 다른 사람이 운전하는 차의 조수석에 앉아있을 때마다 이런 일이 계속되었다. 마치 약국에서 받은 임신 테스트 결과지라도 되는 것처럼 이 사실을 계속해서 숨겼고, 수치스러움에 입도 뻥긋하지 않았다. 요가 강사로서 올바르게 호흡하고 내 몸을 조절하는 법을 알아야 한다고 생각했다. 하지만 문제의 그 감정은 나 자신, 혹은 내가 원격 조종할 수 있는 그 어떤 것보다도 훨씬 거대했다. 신경계는 나로서는 해독할 수 없는 정보를 내 몸에 보내고 있었다.

밤이면 병에 대한 꿈을 줄줄이 꾸기 시작했다. 나는 내가 뇌종양 혹은 암, 혹은 어떤 의사도 본 적 없는 나쁜 병에 걸린 게 분명하다고 확신했다. 나는 이 모든 것을 속으로만 생각했다. 그 모든 두려움이 뼛속에 자리 잡았다. 무슨 일이 벌어지고 있는지 모른다는 순수한 공포는 내 본질이 되었다. 엉덩이에 힘을 너무 꽉 준 나머지 치질이 생겼다.

어느 날 오후, 테라스에 앉아 저물어 가는 해를 보고 있었다. 한 남자가 길 저쪽에서 낡은 폭스바겐에 시동을 거는 소리가 들려왔다. 낡아 빠진 차들이 으레 그렇듯 엔진에서 펑 하는 소리가 났다. 몸뚱이에서 혼이 빠져나올 만큼 놀랐지만, 아무 데도 갈 곳이 없었다. 내 그림자가, 내 심장 박동이, 내 숨소리가 두려웠다. 그리고 내가 반응할 때마다, 헬스장에서 운동할 때마다 커지는 근육처럼 두려움이 점점 더 자라났다.

엔시니타스로 온 지 몇 달이 지난 어느 날, 나는 SUV를 운전하고 있었다. 백미러에 나를 향해 고속도로를 질주하는 밝은 빛줄기가 보였다. 뒤쪽에서 오던 차가 우리 차를 들이받았다. 몸이 운전석 문에 쾅 하고 부딪혔다. 그리고 금속과 금속이 부딪히는 소리가 고막을 찔렀다. 화재경보기처럼 듣기만 해도 고통스러운 고음이 뇌 속을 가르며 지나갔다. 나와 데이트 중이던 남자는 조수석 대시보드에 달라붙어 있었다. 고속도로 한가운데에서 차가 빙글빙글 돌았다. 나는 빙하라도 된 것처럼 얼어붙어 움직일 수 없었다.

우리 차 뒤로 금빛 세단 한 대가 박살 나 있었다. 조수석에서 남자가 내게 갓길로 차를 빼라고 소리 질렀지만, 나는 꼼짝 않고 침묵을 지켰다. 고함은 바로 옆에 있는 남자가 지르는 게 아니라 다른 마을에서 들려오는 메아리 같았다. 팔을 들어 올리거나 기어를 조작할 능력도 잃은 채 앞 좌석에서 그대로 마비되어 버린 것만 같았다. 무엇을 해야 할지 파악할 문제 해결 능력 따위는 내게 없었다.

마음속이 소음, 이상한 형태, 그리고 밝은 색깔들로 뒤섞인 잡탕, 혹은 핀볼 기계 같았다. 누군가가 나를 차에서 끌어 내렸고 나는 도로변 흰색 차선 위에 주저앉았다. 나는 그곳에 있으면서도 없었다.

경찰들이 출동했다. 사이렌 소리에 콩팥까지 게워내고 싶었다. 위아래로 윙 하고 요동치는 소리가 내 가슴을 찔렀다. 이 모든 게 너무나 익숙했다. 이 빨간색, 흰색, 파란색은 언제나 나만 남겨둔 채 내가 사랑하는 것들을 빼앗으러 왔다. 나는 공포심에 사로잡혀 자갈밭 곳곳에 토하기 시작했다. 숨을 쉴 수조차 없었다. 내게는 그들이 빼앗아 갈 만한 것이 아무것도 없었다. 불빛이 가까워질수록 내가 죽을 것이며 안전하지 않다는 확신이 커졌다. 사실 그 반대여야 하는 게 아닐까?

사람들이 슬로우 모션으로 우리를 지나쳤다. 무슨 일인가 보려고 그들이 고개를 돌리자 경찰차의 불빛이 그들이 탄 차의 유리창을 스쳤다.

"저 남자 술에 취했어요." 다른 차에서 경찰이 말하는 소리가 들려왔다.

"음주운전 사고예요."

그는 이 말을 연속으로 세 번이나 말했다.

누가 취했다는 것인지 궁금했다. 나인가? 우리일까? 우리가 취했던가? 길 건너편에서 경찰들이 한 남자에게 음주 측정을 하고 있었음에도, 여전히 그들이 쫓고 있는 사람이 나인 것 같은 기분이 들었다.

그가 고개를 내 쪽으로 돌렸다. 순간적으로 그가 케니 아저씨라는 생각이 들었다. 그의 핏발 선 눈에는 슬픔이 어려 있었고, 몸은 수치심에 사로잡혀 한껏 웅크려져 있었다. 하지만 그가 다시 한번 내 쪽으로 눈길을 던지자, 그는 내가 만난 적 없는 누군가로 변했다. 그는 밝은 오렌지색 라바콘 사이를 이리저리 나아가며, 앞에서 경찰이 지그재그로 흔들고 있는 불빛을 따라 걸으려고 애썼다.

그의 얼굴의 형태와 색깔이 계속해서 바뀌었다. 내 얼굴에서 엄마의 얼굴로, 그리고는 케니 아저씨의 얼굴에서 아빠의 얼굴로, 또다시 언니의 얼굴로. 우리는 모두 수피 댄스[25]를

---

25) 이슬람 종교의식 중 하나로, 신과 교감하기 위해 한자리에서 30분 이상 빙글빙글 도는 춤

추는 것처럼 뒤엉켜 있었다. 우리가 모두 같은 사람처럼 보였다. 자동차를 몰던 남자마저도 말이다. 나는 지금 이 순간과 일 년 전을 구분할 수 없었다. 시간은 두서없이 한 데 뒤섞여 더는 흐르지 않았다. 나는 손에 고개를 떨군 채 흐느꼈다.

파란 제복 차림의 경찰들이 거칠게 남자의 팔을 잡았다. 가느다란 금속테 안경이 길 위로 떨어졌다. 안경이 크고 파란 부츠에 짓밟혀 으스러졌다. 그리고 나서 경찰들은 그에게 또 다른 가느다란 선을 따라 걸으라고 했다. 그는 모든 것을 똑바로 해내려고 안간힘을 쓰며 나를 바라보았다. 그의 시선을 마주 보고 그가 괜찮은지 확인할 수만 있다면 더 바랄 게 없었다. 나는 스스로의 안위보다도 그가 더 걱정되었고, 내가 어째서 그의 일에 이리도 신경 쓰게 되는지 이해할 수 없었다. 사실, 술 취한 이를 보는 건 내 삶의 한 장면을 보는 것과 마찬가지였다.

남자가 울기 시작했다. 아니, 통곡했다는 말이 정확할 것이다. 그는 오렌지색 라바콘 근처에서 사과하려 애썼다. 그는 길 건너에서 내게 소리를 질렀다. 그 소리가 뜨거운 콘크리트 바닥 위를 떠내려왔을 때는 이미 메아리만 남아있는 상태였다. 그는 똑바로 서 있지도 못해 도로 중앙선 위에 앉아있었다. 파란 제복을 입은 경찰 한 명이 남자의 자동차 조수석 매트 아래에서 병 하나를 끄집어냈다. 그리고는 그게 금괴라도 되는 것처럼 먼지 낀 스카이라인 위로 흔들었다.

"찾았습니다." 그가 외쳤다.

그건 새아빠가 마시곤 했던 코냑 병 같은 색이었다. 그러니까, 가게에서 제라늄 색 앞치마를 두른 채 혼자 카드 게임을 하는 아줌마를 내가 지켜볼 동안 새아빠가 훔치곤 했던 술과 같은 종류였다.

자리에서 일어나 그에게 말을 건네고 싶은 충동이 엄습했다. 그가 괜찮은지 확인하고 다 괜찮을 거라고 말해주고 싶었다. 나는 나를 도와주려는 이들보다 그에게 더 관심이 갔다. 저지 장벽 건너편에서 내가 편안함을 느낀 건 그와 그의 술병뿐이었지, 도로를 정리하고 사람들이 안전한지 확인하는 경찰들이 아니었다.

그들이 술 취한 남자를 경찰차 뒷좌석으로 밀어 넣었다. 이 모든 것을 이미 본 적이 있었기에, 마치 왜곡된 데자뷰를 경험하는 듯한 기분이 들었다. 그가 얼굴과 손을 창문에 대고 눌렀다. 경찰차가 출발하자, 빨간색, 하얀색, 파란색 광선이 회전목마처럼 남자의 이마 위를 스쳐 지나갔다. 이 일을 겪은 탓에 내 몸속에서 끓어 오르는 무언가보다 경찰차 내부 온도에 더 신경이 쓰였다. 아까 우리 차를 들이받았을 때만큼이나 빠르게 그는 떠나갔다. 하지만 그가 상기시켜준 모든 것들이 방금 일어난 일처럼 다시금 선명해졌다.

19. 시력 1.0/1.0, 2011

사고가 일어나고 얼마 지나지 않아 따로 방을 구했고 근처 요가 스튜디오에서 요가를 가르치기 시작했다. 알렉스는 어떤 여자와 연애를 시작했다. 우리 둘 다 누군가를 만나고 있었기에, 각자의 공간과 사생활을 가지는 것이 바람직하겠다는 결정을 내렸다. 우리가 사귀는 일 따윈 일어나지 않았다.

 새로 이사한 집에선 대부분의 나날 동안 밖으로 나가기가 힘들었고, 블라인드를 열어 햇볕을 쬐는 일조차 고역이었다. 밝은 빛이 손전등 불빛처럼 눈을 찔렀다. 내 동공은 적응하지 못했다. 나는 내 안의 무질서를 다스릴 방법을 찾았다. 달리기와 요가는 도시에서의 삶, 아니 삶 그 자체에 따라오기 마련인 소음과 불빛이 주는 충격을 줄여주는 듯했다. 몸을 혹사하니 타격감은 줄었지만, 복통은 계속되었다.

 내 차에 올라타면 뚜껑이 닫힌 관에 들어가는 듯한 느낌이 들었기에 스튜디오에 갈 때는 자전거를 탔다. 어두컴컴한 집에서 넷플릭스를 보는 것은 내 삶의 낙이 되었다. 이게 바로 나이를 먹는다는 것인지 궁금했다. 몸과 마음이 가스실처럼 변해 숨쉬기가 힘들었다. 그 어떤 것도 하기 힘들었다.

나는 이 모든 말도 안 되는 상황을 평범한 일로 치부하며 사람들에게 차를 태워달라고 부탁했다. 그 누구에게도 나 자신이 두려워졌다는 사실을 털어놓지 않았다. 베토벤 5번 교향곡이 시끄러운 펑크록 버전으로 온종일 머릿속에서 울려댄다는 사실도.

어느 날 오후, 친구 몇 명이 나와 상관없는 이야기를 하던 중 한 심리치료사를 언급하는 것을 들었다. 나는 그 이름을 마음속에 새긴 뒤 집에 돌아와 컴퓨터로 검색해 보았다. 심리 치료가 필요한 건지, 아니면 내장이 궤양으로 뒤덮인 채 영영 망가져 버린 건지 궁금했다. 스스로를 고칠 재정적 여유가 있는지는 확실치 않았지만, 고치지 않을 심리적 여유는 없었다. 뇌가 불타는 것 같았다.

그 심리치료사에게 이메일을 보냈다.

몇 주 후, 나는 그녀의 진료실 문 앞 복도를 서성거렸다. 사태가 얼마나 심각한지 알게 되는 것이 두려웠고, 내 문제를 아는 것이 모르는 것보다 나을지 궁금했다. 하지만 내 머릿속은 뒤죽박죽이었고, 가슴 위로 안전벨트를 매는 것은 시도조차 할 수 없는 어마무시한 일이 되어 있었다.

그녀가 발을 타닥거리는 것이 문틈 아래로 보였다. 그림자가 단단한 나무 바닥 위에 희미하게 어른거렸다. 잔잔한 배경음악이 흘러나왔고, 에센셜 오일이 퍼지는 냄새가 났다. 이미 알고 있는 꼼수들이었다. 요가 스튜디오나 집에서 백 번도 넘게 시도해보았지만, 딱히 효과는 없었다. 그것들을 어떻게 사용하는지, 혹은 그것들이 어떤 식으로 심신에 작용하는지 제대로 이해하지 못했을지도 모른다는 생각은 한 번도 한 적이 없었다.

심리 치료라는 수류탄을 터뜨려 과거를 여는 대신, 그곳을 뛰쳐나가 앞으로 나아가고 싶다는 충동이 엄습했다. 피하려고 했던 것들을 다시금 되새기는 것이 두려웠다. 하지만 그녀가 문을 열었다. 희미한 팬티스타킹 자국과 크게 뜬 눈이 보였다. 그녀의 이름은 리즈였다.

"괜찮으세요?" 리즈가 물었다.

애초에 내가 어디에 있는지를 생각해 보면 바보 같은 질문 같았다. 리즈는 들어오라는 손짓을 하곤 문을 닫았다. 둥근 창문에서 들어온 빛이 벽에 반사되었다. 다이아몬드 모양의 모빌이 방 주위를 빙글빙글 돌았다.

녹색 소파에 앉아있으니 심장이 약간 느리게 뛰는 것이 느껴졌다. 리즈는 맞은편에 놓인 목제 사무용 의자에 앉아 몸을 뒤로 기댔고, 나를 기다리겠다는 듯 턱에 손을 괴었다. 하지만 기다림은 누군가 내 머리 위로 무거운 담요를 덮은 것 같은 느낌이었다. 나는 기다림이 싫었다. 그냥 그녀가 내게 생긴 문제를 고쳐주기만을 바랄 뿐이었다. 그런 식으로 해결될 일이 아니라는 것을 깨닫지 못했다. 내가 짊어진 것을 위한 마법의 약 따위는 존재하지 않았다.

"문을 열어 두어도 괜찮을까요?" 내가 물었다.

나는 어디에도 갇히고 싶지 않았다. 갇힌 기분이 들면 땀이 나고 자제력을 잃었다.

"당연하죠." 리즈는 문을 열고 내게 상냥한 미소를 지어 보였다. 이 사람이 나를 죽일 일은 없을 것 같아, 소파 쿠션 속으로 좀 더 깊숙이 몸을 기댔다.

"힘든 시간을 보내고 계시다고 메일에 쓰셨던데요. 최근에 차 사고를 겪으셨죠? 맞나요?"

"네."

단풍나무 책상은 세컨드 스트리트를 마주 보고 있었고, 창문 옆에는 소나무 그림이 걸려있었다. 거기 있는 소파를 보니 버지니아 애비뉴의 시궁창 같은 집구석에 있던 소파가 떠올랐다. 거기서부터 시작했다. 하나의 기억은 다음 기억을 떠올리는 데 도움이 된다.

"저희 집에도 이런 소파가 있었어요. 그렇게 편하지는 않았지만요." 내가 입을 열었다.

아빠가 오랜 수감생활을 마치고 나타난 날, 나는 소파에 기대어 창밖을 보고 있었다고 리즈에게 말했다. 나는 아빠가 자줏빛 손을 떨며 느릿느릿 계단을 걸어 오르는 모습을 바라보았다. 내 몸도 부들부들 떨렸다.

"왜 떨었죠?" 리즈가 물었다.

흠, 이전까지 생각해 본 적 없는 문제다.

"잘 모르겠어요."

"사람들이 보통 어떨 때 몸을 떨죠?"

나는 바로 대답했다.

"무서울 때요."

"당시에 부모님이 무섭다고 생각했던 걸까요?"

그녀는 아주 거대하고 중요한 질문에 답할 만큼 넉넉한 공간을 내게 주려는 듯 의자 뒤로 기대앉았다.

"다들 부모님을 무서워하지 않나요?" 내가 대수롭지 않다는 듯 말했다.

"아니요, 사실 그렇지 않아요."

그녀는 서류철을 꺼내고 안경을 쓰더니 흰 종이 위로 무언가를 적어 내려가기 시작했다.

"아버지가 집에 오셨던 날에 관해 좀 더 들려주세요."

나는 몇 년 전 아빠가 은행을 털었던 이야기를 꺼냈다. 아빠가 헤로인 중독자였고, 엄마는 아빠를 싫어했지만 그래도 아래층 차고에 지낼 수 있도록 해주었다는 이야기도.

"어머니가 아버지를 싫어하셨다면 왜 당신과 함께 지내도록 허락하신 걸까요?"

"엄마는 저를 지긋지긋해 했어요. 저랑 주먹다짐도 하고, 의자도 집어 던지고, 말싸움도 너무 많이 하게 되니 엄마는 집에 발길을 끊었어요. 아빠를 집으로 들이면 엄마에겐 남자친구네 살면서 집에 오지 않아도 되는 완벽한 핑계가 생기는 거죠."

"어머니가 항상 집을 비우셨나요? 그리고 두 분이 폭력을 쓰셨다고요?"

나는 열두 살 때 엄마가 나를 여자애들에게 맡기고 떠났던 날에 대해 이야기했다. 또한 그날 이후 싸움이 더 격해지고 폭력적으로 변했다고도 말했다. 피를 보기 전까지는 누구도 멈추지 않았던 것도.

"그날 자동차 뒷좌석에서 첫 경험을 했어요. 꼴이 말도 아니었고, 엄마한테 화가 났죠."

"자동차라고 했죠?" 그녀가 부드럽게 말했다.

그녀는 종이에 무언가를 빠르게 휘갈겨 썼다. 나는 대화 중간중간 그녀의 손을 뒤쫓았다. 그녀는 피가 낭자한 내용을 하나도 빠짐없이 전부 포함했는지 확인하려 애쓰며 급히 소설을 써 내려갔다.

나는 그녀의 불규칙한 필기를 멈춰 세웠다.

"그 일 때문에 여기 온 게 아니에요. 전 음주운전 차에 치였어요. 이제 운전대를 잡을 수도 없고, 집 밖을 벗어날 때마다 죽을 것 같은 기분이 들어요. 이 문제를 해결하고 싶어요. 차 사고 때문에 온 거라고요."

"살면서 또 차에서 벌어진 일이 있을까요?"

그 질문은 단검처럼 깊숙이 나를 베어왔다.

차에서 일어난 모든 사건에 대해 깊게 생각하거나, 수없이 많은 끔찍한 일들이 모두 차 안에서 벌어졌다는 사실에 의미를 부여한 적은 단 한 번도 없었다. 무수한 이유에 대해서는 생각조차 하지 않은 채, 그저 차 안에 있기를 싫어하기로 한 것이다. 나는 그녀의 질문에 줄줄이 대답했다.

내가 여섯 살 무렵, 포드 에스코트의 해치백에 앉아있는데 엄마가 차를 세우고는 나에게 숨어서 죽은 척하라고 시켰던 일을 털어놓았다. 엄마는 경찰이 나를 찾으면 영영 데려가 버릴 거라고 했다. 엄마가 나를 벌주려고 차 뒷좌석에 온종일 가둔 채 일을 하러 가버렸던 일도 리즈에게 이야기했다. 만약 언니와 내가 싸우기라도 했는데 엄마가 달리 나를 떼어놓을 곳이 없다면, 곧장 자동차 뒷 좌석 행이었다.

임신 중이었던 엄마가 아기를 잃게 된 사고에 대해서도 말했다. 엄마는 내가 쏟은 무언가를 닦아주려고 몸을 굽힌 상태였기에, 나는 그 일이 내 탓이라고 여겼다. 남동생이 태어나기 전의 일이다.

"계속하세요." 이야기를 따라잡을 시간을 주려 잠시 말을 멈추자 리즈가 말했다.

"새아빠였던 케니 아저씨는 술꾼이었어요. 저희를 차에 태운 채 음주운전 사고를 냈죠. 경찰이 수갑을 채워서 아저씨를 데려갔고, 엄마한테 언니랑 저를 빼앗아가겠다고 협박했어요. 아저씨랑 저는 몰래 차를 타고 돌아다니곤 했어요. 아저씨는 음주 전과가 하도 많아 면허가 정지되었기 때문에 그러면 안 됐지만요. 우리는 가게 몇 군데를 돌아다니면서 술을 훔치곤 했어요. 마치 게임이라도 하는 것처럼 차의 공간이란 공간에는 전부 술병을 숨겼어요."

가장 최근에 있었던 자동차 사고에 대해, 술 취한 남자가 수갑을 차고 끌려가던 모습에 대해서도 이야기했다. 나 자신보다도 그에 대한 걱정이 앞섰던 나머지 밤새도록 눈물을 흘렸다고. 나는 이런 식으로 몇 분 동안 계속해서 이야기를 이어나갔다. 벽에 걸린 까만 철제 동그라미를 따라 시침이 바삐 돌아갔다.

입에서 말이 폭포수처럼 쏟아져 나오며 엉망이었던 사건들을 차례로 서술해 나갔다. 한 번도 사건들이 풀 수 없는 수수께끼처럼 뒤엉키지 않도록 시간 순서대로 나열해본 적이 없었다. 나는 내 말이 얼마나 엉망으로 들릴지 깨달았다.

그녀는 내가 최근에 어떤 감정을 느꼈는지, 메일에서 언급한 복통에 대해 어떻게 생각하는지 물었다. 나는 빛과 소음에 예민하게 반응하게 된다고 말했다. 편집증, 수치심, 현재에 뒤섞여 불현듯 떠오르는 과거의 장면들에 대해서도. 어떤 것도 이해가 되지 않고, 내 안의 모든 것이 혼돈 그 자체라고 말했다. 또한 그 누구에게도 이 일을 털어놓고 싶지 않았다고 덧붙였다. 무슨 일이 벌어지고 있는지 애초에 제대로 설명할 수도 없었거니와, 때때로 그곳에 있으면서도 없는 듯한 기분이 들었기 때문이다. 마치 몸을 빠져나와 어지러워하며 위에서 모든 것을 지켜보고 있는 것처럼 말이다.

"해리성 장애군요." 그녀가 말했다.

나는 그것이 무엇인지 물었다.

"말하자면 일종의 방어기제예요."

리즈는 무언가 안전하지 않다고 느껴질 때면 뇌는 몸과 마음을 분리해 그 상황을 떠날 수 있도록 돕는다고 했다. 그렇게 되면 스스로 잠재적으로 발생할 수 있는 일, 이를테면 코앞까지 닥쳐온 죽음을 깨닫지 않을 수 있다고 했다.

"하지만 정말로 위험하고, 이 악순환에 당신을 가두는 감정은 정작 이게 아니에요." 그녀가 말했다.

"무슨 악순환이요?"

"외상 후 스트레스 장애요."

리즈는 머리카락 몇 가닥을 귀 뒤에 꽂고는 필기를 한 종이를 몇 번 앞뒤로 휙휙 넘겨보았다. 밖에 차들이 지나다니고, 후진하는 트럭이 커다랗게 경적을 울리고, 한 남자가 트럭 운전사에게 눈 똑바로 뜨고 운전하라며 고함치는 소리가 들려왔다.

"이건 전형적인 PTSD예요."

리즈는 나에게 더 가까이 몸을 숙이고 고개를 왼쪽으로 기울이더니, 이 말을 전할 때 우리 사이에 어떠한 장애물도 없도록 안경을 벗었다.

"당신이 지금 경험하고 있는 현상을 'PTSD'라고 불러요."

이 네 글자를 듣자 혼란스러움과 안도감이 동시에 밀려들었다. 나는 그녀에게 PTSD는 참전 용사들이나 강간 피해자, 아니면 고문을 당했던 사람들이 경험하는 것인 줄로만 알았다고 이야기했다.

"살아오면서 고문이나 강간, 폭력을 당했다는 생각이 들지 않아요? 부모님이 한 행동이니까 용납 가능한 일이었다고 생각하나요? 종종 이러한 경우가 더 심각해요. 복합외상이라고 불리죠."

"그게 뭔가요?"

"깊게 신뢰하는 사람들에 의해 오랜 시간 학대, 방치, 강압적 행위에 노출되는 거예요. PTSD를 비롯한 다양한 증상과 질병을 야기하고요."

그녀는 계속해서 이것이 내가 경험하고 있는 현상임을 설명했다. 마치 그 사건들이 여전히 일어나고 있는 것처럼, 모든 것이 아직 안전하지 않은 것처럼 내 몸의 시스템이 어쩔 줄 몰라 하고 있다는 것이다. 우리의 몸은 과부하에 걸리기 **직전까지** 감당할 수 있는 양이 정해져 있다고 덧붙였다. 가장 최근의 차 사고가 트리거가 되어 모든 것을 다시금 수면 위로 불러냈다는 것이다.

"이러한 경험들을 체계화하고 이해하기 위해서는 그것들을 통합해야 해요. 그래야만 나아질 수 있을 겁니다."

"제가 나아질 수 있다고 보세요?" 내가 물었다.

나아지고 싶은 마음이 간절했던 나는 이전까지의 말은 모두 잊어버린 채 그 말 한마디에 안도감을 느꼈다. 언제나 나빠지기만 했기에, 나아질 수 있을 것이라는 생각은 딱히 해본 적 없었다.

"네, 저는 그렇다고 봐요. 우리는 이걸 바꿀 수 있어요. 당신은 변할 수 있지만, 진실하고 정직한 노력이 필요해요. 그럴 수 있겠어요?"

리즈는 내가 자신을 믿어야 하며, 비밀도 없어야 한다고 말했다. 과거를 돌이켜보자면, 신뢰와 투명함은 내 전문 분야가 아니었다. 리즈는 짙은 눈썹 위로 갈색 앞머리를 쓸어올렸다. 마치 내 코앞에 다이아몬드로 떡칠 된 당근을 들이밀고 있는 것 같았다. 정말이지 괜찮아지고 싶었다. 하지만 그러기 위해 지난 삶의 조각들을 다시금 되살릴 준비가 되었는지는 확신할 수 없었다. 내게 그럴 마음이 있는지조차 확실치 않았다.

상담이 끝날 무렵, 리즈는 PTSD가 치료 가능성이 큰 질환이라고 말했다. 이미 많은 이들이 치료됐다나. 첫 번째 관문은 우리가 그것을 치료할 수 있도록 지금껏 무슨 일이 일어났는지 직시하는 거라고 했다. 또한 이 병에는 특별한 약이나 지름길이 없다고 했다. 증상을 완화해 줄 알약이 있기는 하지만, 그것들이 근본적인 상처를 치유해주는 건 아니라고 말이다. 결국, 의식 속에 남아있는 그 사건들이 하나의 논리로서 이해되고, 파편화되지 않도록 재해석하고 재구성하는 것이 관건이었다.

"경험을 통합시켜야 당신이 이 상황을 타개할 수 있지만, 그 말은 우리가 앞으로 모든 것을 샅샅이 살펴보아야 한다는 의미예요. 다음 시간부터 지저분한 작업을 시작해보죠."

떠나기 전, 리즈는 '트라우마 소용돌이'에 휩쓸렸을 때 집에서 혼자 마음을 다스리기 위해 쓸 수 있는 시각화 테크닉을 하나 알려주었다. 제일 좋아하는, 안전한 장소를 상상할 것. 그곳의 사소한 특징 하나까지 전부 주의 깊게 떠올린 다음 내 몸의 반응에 주목할 것. 나는 요가를 가르쳐 준 그레이스의 파란 집 바깥에 펼쳐진 코스타리카의 흰 모래 해변을 떠올렸다.

이 테크닉에 대해서, 그러니까 마음속에 떠오르는 이미지가 신경계를 진정시키거나 교란할 수 있다는 사실은 이미 골백번도 더 들은 이야기였다. 의식의 상태에 집중하라는 것은 요가의 가르침이기도 했다. 그러나 이러한 실천적 행위를 진지하게 생각한 적은 지금껏 한 번도 없었다. 생각에 빠져드는 것은 끔찍하기 그지없었다. 그래서 몸이 기진맥진해진 나머지 마침내 머리가 작동을 멈추도록 백 하고도 오십오 퍼센트의 집중력으로 육체적인 수련에만 골몰했다.

"트라우마가 있는 사람들은 종종 과거에 겪은 일 때문에 무력감에 휩싸인 채 상황을 방치해요. 우린 그걸 바꿔야만 해요. 당신은 스스로를 강하다고 느껴야만 하고요."

"어떻게 그렇게 할 수 있죠?"

실제로 느끼지 않는 감정을 어떻게 느끼도록 만들 수 있다는 거지?

"당신의 이야기에 대한 새로운 결말을 찾아야만 해요. 그런 다음 당신이 정말로 그걸 믿도록 만들어야 하죠. 앞으로 그런 일을 할 거예요. 당신의 이야기를 재해석하고 재구성해 보죠."

그다음 주에 리즈를 두 번 방문하기로 예약했다. 그녀는 팸플릿 몇 개와 책 목록이 적힌 노란 메모지를 내게 건넸다. 가장 위에 있던 팸플릿에는 '정신 건강 장애를 다루는 법"이라는 제목이 적혀 있었다. 나는 그것을 가방에 밀어 넣고 그곳을 떠났다.

자전거를 타고 집으로 돌아오는 길, 나를 본 모두가 내게 정신 건강 장애가 있다는 사실을 알아챘을지 궁금했다. 또한 이게 아빠에게서 물려받은 유전 질환인지도 궁금했다. 아빠는 정신 질환이 많았으니까. 사람들이 나를 혼잣말하는 길가의 노숙자처럼 바라보는지도 궁금했다. 정신 건강 장애는 으레 그런 모습이 아니던가?

아니다. 정신 건강 장애는 나와 같은 모습이다.

진단은 날카로운 칼이자 동시에 성스러운 축복이었다. 고통스럽기도 했지만, 인생에서 앞으로 나아가는 데 필요한 과정임을 알고 있었다. 그날 밤 침대에 누워, '정신 건강'과 '외상 후 스트레스 장애'를 적어도 천 번은 검색했다. 마치 백지상태에서 미스터리를 풀려고 애쓰는 셜록 홈즈처럼 꼬리에 꼬리를 물고 다양한 웹사이트를 뒤졌다.

마치 내 이야기 같은 사연을 열 개도 넘게 읽었다. 전혀 내 이야기 같지 않은 사연도 열 개가 넘었다. 하지만 모두 한 가지 공통점이 있었다. 저마다 자신의 삶이 산산이 조각난 기분을 느끼고, 자신들에게 무슨 문제가 있는지, 지금 벌어지고 있는 일을 어떻게 설명해야 하는지 모른다는 것이었다.

내가 울기 시작한 것은 열 시가 다 된 시각이었다. 아빠가 시궁창 같은 집구석 아래층에 살 때 그랬던 것처럼 보름달 빛이 창문으로 새어 들어왔다. 내가 겪고 있는 일을 표현할 수 있는 언어가 있다는 사실에 대한 안도의 눈물이었다. 또한 나아질 수 있다는 사실에 대한 기쁨의 눈물이자, PTSD를 앓는다는 것에 대한 두려움의 눈물이었다. 사람들이 나를 딱한 시선으로 볼까 봐 걱정됐다. 내가 자랐던 곳에선 딱한 시선 따위는 용납되지 않았다. 그 밖에 용납되지 않았던 모든 일을 생각하니 더욱 울음이 나왔다.

나는 소리 내 울부짖기 시작했고, 티셔츠 목 부분은 눈물로 온통 축축해졌다. 베갯잇으로 얼굴을 닦았다. 걷잡을 수 없는 큰 슬픔이 해일처럼 밀려들었다. 용납된 적 없기에 지금껏 단 한 번도 느껴본 적 없는 감정이었다.

부모로부터 폭력을 당하는 것은 괜찮은 일이 아니라는 심리치료사의 말이 생각났다. 분노가 치밀어 올랐고, 날카로운 비난의 화살을 엄마에게 돌리기로 했다. 엄마아빠가 나를 키운 방식이 괜찮지 않다는 사실을 진정으로 인식하게 된 것은 이번이 처음이었다.

머릿속에 한 장면이 떠올랐다. 어린 시절의 내가 플라스틱 선캡을 머리에 쓰고 내 방 지저분한 옷더미 속에 앉아 혼자 바비 인형을 가지고 놀고 있었다. 이 아이가 나 자신이기도 하다는 사실을 알고 있기에 너무나 안쓰러웠다. 그 아이에게 더 많은 것이 주어졌다면 좋았을 텐데, 나는 이렇게 생각하며 흐느꼈다.

밤새도록 그 애는 내 머릿속 이 장면에서 저 장면으로 뛰어다녔다. 그 애, 그러니까 내가 제대로 된 보살핌을 받은 적 없다는 사실에 분노로 몸이 떨렸다. 눈물샘이 마르고 블라인드 틈새로 옅은 햇빛이 새어 들어올 때까지 울었다. 내게도 한 줄기 빛이 비치는 것 같았다. 처음으로 진실을 인정하고, 그것을 입 밖으로 꺼내기 위한 허락이 필요했던 것 같다. 나는 더 많은 것을 받을 자격이 있었지만, 그래선 안 된다는 믿음을 강요받아왔다.

다음 상담 시간에 리즈는 남자들과의 관계에 대해 물어왔다. 나는 실패로 끝난 관계들을 하나하나 차례로 열거하며, 왜 그들이 나와 잘 될 수 없었는지 30분 동안의 독백을 펼쳤다. 내가 어떻게 관계를 망쳐버렸으며, 제대로 된 남자들을 고르지 않았는지도.

"음, 타당한 일이에요. 전부 연결된 현상이죠. 저번에 들려주신 아버지에 대한 이야기, 그분의 거리감이나 미스터리를 토대로 생각해보면 그편이 당신에게는 익숙했을 거예요. 당신, 그리고 어머니가 잘 알고 있던 것을 반복하며 집안 내력을 되풀이하고 있었던 거죠."

그녀는 재스민차를 한 모금 마시고는 테이블 너머로 책 한 권을 내밀었다. 가족에게서 물려받은 트라우마에 관한 제목이었다.

"부모님의 평소 패턴은 아이들의 생물학적 작용과 유전적 구성을 바꿀 수 있어요."

그녀는 나와 같은 인생을 경험한 사람들은 신경계가 혼란스럽게 엉켜있다고 말했다. 우리는 무의식적으로 대혼돈을 찾아 헤매는데, 그럼으로써 내면에 정상성을 부여받을 수 있기 때문이다. 스스로가 그런 행동을 하고 있다는 자각조차 없이 말이다. 나아진다는 것은 곧 패턴을 인식하고, 나아가 그것을 해석하고 더 나은 방향으로 대체하는 데 능숙해진다는 것을 의미한다.

"가장 중요한 것은 인식이에요." 리즈가 말했다.

그리고 이어진 몇 번의 상담 동안, 우리는 내 가족력을 살펴보며 나와 내 부모, 그들의 부모, 그들의 부모의 부모의 행동을 뒤쫓았다. 그러자 어쩌다 나도 모르는 새 나쁜 남자들과 술, 자기 파괴에 이끌리게 되었는지 연결고리들이 선명하게 보이기 시작했다. 나라는 사람은 어떤 일을 끝마치고, 교육을 받고, 좋은 성적을 받고, 저축하고, 멋진 집을 가질 자격이 없다는 생각이 무의식중에 주입된 것이다. 내가 해온 일 중에는 제대로 된 것이 없었고, 남들도 나를 존중하지 않았다. 나는 삶이 어려워야 한다고 배웠다. 쉽다면, 무언가를 잘못하고 있는 것이라고 말이다.

이것은 엄마아빠가 가르쳐 준 것이었다. 리즈와의 대화를 통해 알게 된 것은, 그들 역시 이것을 그들의 부모로부터 배웠다는 사실이었다. 누구의 잘못인지 더 이상 분간할 수 없었다. 누군가를 비난하고 내 고통을 전가하고 싶었지만 알고 보니, 비난할 대상은 아무도 없었다.

리즈는 매주 내가 어디에 있었고, 어디에 있고, 어디로 갈 수 있는지에 대한 지도를 그려주었다. 과거에 겪었던 일들로 인해 지금의 내가 **어떤** 사람이 되었는지 점점 이해되기 시작했다.

때로는 며칠을 내리 울기만 했다. 슬픔이 내 몸을 집어삼켰고, 심장과 피, 뼈를 차지했다. 내가 할 수 있는 일이라고는 침대에 누워 컴퓨터 자판 위에 눈물을 떨구는 것뿐이었다. 그리고선 눈물을 닦고 집세를 벌기 위해 요가를 가르치러 갔다. 하지만 울적하고 아프긴 해도, 날마다 나 자신을 훨씬 더 깊게 이해할 수 있었다. 1 더하기 1이 2인 것처럼 내가 이 모양 이 꼴이 된 건 당연한 이치였다. 그것이 내 잘못이 아니라는 사실을 깨닫는 것 역시 그때가 처음이었다. 그 사실을 이해하는 것은 내 안에 살고 있던 뿌리 깊은 수치심을 해체하기 위해 거쳐야 하는 관문이었다. 그리고 바로 그 수치심이 내 병의 근원이기도 했다.

"반복하세요. 이건 내 잘못이 아니야. 이건 내 잘못이 아니야. 이건 내 잘못이 아니야." 리즈가 말했다.

그래서 나는 그렇게 했다.

그 말을 반복하고 반복하고 또 반복하다가, 결국 4평도 안 되는 상담실에서 고래고래 소리를 지르고 말았다. 목소리가 떨렸고, 콧물이 줄줄 흘렀다. 내가 저질렀던 모든 좋지 않은 결정들을 내려놓을 수 있는 유일한 방법은 그 말을 충분히 반복하고, 정말로 믿게 될 때까지 소리 지르는 것뿐이라는 사실을 리즈는 알고 있는 듯했다. 비로소 기분이 나아졌고, 나는 수심이 얕은 수영장 가장자리에 수치심을 놓아둔 채 수심이 깊은 곳으로 혼자 헤엄쳐 나아가기 시작했다.

어느 날 리즈가 EMDR을 할 준비가 되었는지 물어왔다.

"앞글자만 딴 단어에요. 안구운동 민감소실 재처리 요법 Eye Movement Desensitization and Reprocessing이라는 뜻이죠."

그녀의 말에 의하면 그것은 내 몸과 신경계에 자리 잡은 트라우마를 다루는 방법이었다.

피곤한 한 주였다. 삶이 완전히 무너지지 않도록 안간힘을 쓰며 운전대를 잡는 동안 몇 번이나 공황 발작이 왔다.

"지난 몇 달 동안 트라우마 대처 요법을 배우고 있는 줄 알았는데요." 내가 물었다.

인제야 트라우마를 다루는 법을 배우기 시작한다는 생각에 살짝 패배감이 들었다. 매주 마음속에서 폭탄이 터졌다. 며칠이 걸려 그것을 처리하면 마음이 가라앉았다. 그러면 상담이 처음부터 다시 시작되었고, 내 마음과 통장 잔고는 모두 텅 비어버렸다.

"있죠, 처음이 원래 어려워요. 갈수록 나아지고요. 거부감이 생기고 진이 빠지는 게 정상입니다. 당신은 무의식의 금고를 여는 중이에요."

그녀는 마음을 진정시키도록 귀 뒤에 바르라며 에센셜 오일을 내게 건네고는 우리가 여태껏 해 온, 책의 한 챕터 한 챕터처럼 내 삶을 체계화하는 작업에 대해 설명했다. 내가 보다 따뜻한 시선과 이해심으로 나 자신을 바라볼 수 있도록 말이다. 하지만 EMDR은 항상 접근할 수는 없는 의식 속의 부유물을 끄집어내는 데 도움을 준다고 했다. 그 부유물이 바로 과거와 현재를 뒤섞어 트라우마의 증상을 영속화하는 주범이라면서 말이다. 즉 EMDR은 트라우마를 고칠 수 있는 테크닉이었다.

"지난 몇 달 동안 파헤친 것들은 빙산의 일각일 뿐이에요.

이제는 더 깊게 들어갈 차례입니다."

소파에 앉아있으니, 그녀는 발이 땅에 닿도록 자세를 조금 더 바로 세우라고 지시했다. 그리고는 창문을 살짝 열어 시원한 봄바람과 퍼시피카의 물기 어린 짠내가 들어오도록 했다.

"땅에 발을 붙이면 분열되려 하는 정신을 붙잡는 데 도움이 돼요. 이 작업을 할 때 가끔 일어나는 일이죠."

그녀는 끝에 빨간 불이 달린 작은 금속 손전등을 꺼낸 다음, 책상 위에 물건 몇 개를 올려놓고 서랍을 닫았다.

"이 불빛으로 당신의 눈 사이를 번갈아 가면서 비출 거예요. 최대한 좌우로 불빛의 움직임을 뒤쫓으세요. 제가 불빛을 끄면 무엇이 나타나는지 추적할 겁니다."

우주선에서 끌려 나오기 직전의 외계인이 된 기분이 들었다. 사정없이 쿡쿡 찔리고, 밝은 불빛이 비치고, 뾰족한 침으로 고정되는 기분 말이다. 그녀는 불빛의 움직임을 눈동자로 쫓는 행위는 뇌의 다양한 부분들을 활성화하기 위함이라고 설명했다. 기존 신경학의 범위를 벗어난 비정상적인 행위를 함으로써, 지난 몇 년 동안 인식하지 못한 것들에 대한 새로운 정보를 끌어낼 수 있다는 것이다. 우리는 마치 남겨진 유물을 발굴하는 고고학자 같았다.

리즈는 몇 분 동안 내 얼굴 앞에서 불빛을 이리저리 흔들다가, 내게 움직임을 멈추고 눈을 감으라고 말했다.

"무엇이 보이나요?" 그녀가 물었다.

무언가가 보였다. 꽤 많았다. 하지만 내 머리가 억지로 그 것들을 쥐어 짜낸 것인지, 레이저의 움직임 때문에 나타난 것인지는 알 수 없었다.

"말해요. 그냥 믿어 보세요."

나는 자동차 사고 현장에 있던 술 취한 남자가 보인다고 말했다. 밝은 불빛도. 경찰차 뒷좌석으로 끌려 들어가는 그의 모습이 보였다. 가슴이 조여왔다. 제대로 말이 나오지 않았다. 쿵쿵 뛰는 심장이 가슴 속에서 튀어나올 것만 같았다.

"또 뭐가 보이나요?"

어린 시절의 내가 보인다. 케니 아저씨가 수갑을 차고 끌려가고 있다. 나는 사고 난 차에서 빠져나오려고 애쓰고 있었다. 아저씨에게 달려가지 못하도록 경찰이 내 가슴을 짓눌렀다. 그리고 차를 세운 뒤 문을 열고 나오는 엄마의 모습이 보였다. 엄마의 팔이 떨리고 있다. 엄마가 아저씨에게 패배자라며 고래고래 소리 질렀다. 하지만 그 말을 하는 엄마의 시선은 나에게로 향해 있었다. 누가 누구에게 소리 지르는 것인지 알 수가 없었다. 누가 누구한테 화가 난 거지? 내가 패배자인가? 모두가 나에게 화가 난 건가? 엄마는 자식들이 괜찮은지 살피기도 전에 아저씨에게 달려갔다. 아저씨와 그 차에 같이 탄 게 실수였나 싶었고, 엄마가 우리를 떠나 스스로 수갑을 차고 끌려갈까 봐 두려웠다.

리즈가 그만하라고 말해서 나는 이야기를 멈추었다.

하지만 아직도 그 사건을 떠올리거나 범죄 현장에 있는 것처럼 계속해서 몸에 전율이 흘렀다. 리즈는 깊게 심호흡을 하도록 유도하며, 내가 더 이상 어지러움을 느끼지 않을 때까지 신경계를 조절하도록 도왔다. 그리고 트리거가 유발될 때마다 에너지가 저절로 가라앉을 수 있게 그런 식으로 몸을 진정시키라고 말했다. 나는 눈을 뜨고 달걀 껍질 색 방으로 돌아와, 벽에 걸린 소나무 그림을 닻 삼아 내가 아직 그곳에 있음을 상기했다. 나는 여전히 살아 숨 쉬고 있었다. 나는 괜찮았다. 나는 더 이상 범죄 현장에 있지 않았다.

우리는 퍼즐처럼 모든 것을 한 조각 한 조각으로 분해했다. 최근 있었던 차 사고의 그 남자는 케니 아저씨가 아니었다. 몇 년 전 그때, 엄마는 나에게 소리 지르지 않았고, 경찰은 손으로 나를 다치게 하거나 죽이려고 내 가슴을 짓누르지 않았고, 오히려 도움의 손길을 내밀었다. 케니 아저씨는 병이 있었다. 그는 우리를 버리지 않았다. 아파서 위험한 행동을 자제하지 못했을 뿐이다. 엄마는 우리를 지키기 위해 결국 그를 떠났다. 엄마는 계속해서 우리를 지키려 애썼다. 그저 방식이 조금 저돌적이었을 뿐이다. 그게 엄마가 아는 유일한 방식이었으니까.

바로 그런 식으로 몇 달 동안 상담이 이어졌다. 매주 이상하면서도 골치 아픈 기억들만 뽑아내서 점점 더 복잡하게 만드는 것이, 마치 〈이상한 나라의 앨리스〉의 토끼굴 속으로 풍덩 뛰어드는 것 같았다.

리즈는 이 작업에 적극적으로 개입해 기억들을 한 장면씩 조각내고, 해체하고, 내 손으로 지어 올린 시궁창 같은 집의 외벽을 무너뜨렸다. 반대편까지 선명하게 꿰뚫어 볼 수 있는 능력을 빼고는 아무것도 남지 않을 때까지 말이다.

나는 매번 이해심은 깊어지고 고통은 덜어낸 채 진료실을 떠났다. 매주 내 몸은 해묵은 기억들을 내려놓고 더욱 현실적이고 긍정적으로 재구성하기 시작했다.

리즈는 엄마나 그 누구의 행동도 절대 옹호하지 않았다. 그저 내가 전체적인 그림을 보도록 도왔을 뿐이다. 내 부모는 인간말종이었지만, 그들 역시 다른 이들과 마찬가지로 결함이 있고, 트라우마를 짊어졌고, 불완전했다. 마음 한구석에는 여전히 엄마아빠에 대한 실망감이 있었다. 하지만 나 자신뿐 아니라 엄마아빠의 인간다움까지 본 것은 그때가 처음이었다.

어느 순간, 리즈는 당분간은 상담하지 않아도 될 것 같다고, 더는 내게 자신이 필요 없다고 말했다. 몸의 고통도, 뱃속을 헤집던 범고래도 모두 떠났다. 가슴이 조여오는 느낌도 사라졌고, 동네에서라면 다시 운전대를 잡을 수 있을 것 같았다. 더 이상 몸속에 코카콜라 백 병이 부글대는 느낌도 없었다. 과거와 현재를 뒤섞지도 않았다. 몇 년이나 혼란스러움과 만성 불안에 시달리고 과거사가 담긴 유적들을 파헤친 끝에, 드디어 지금까지 단 한 번도 느낀 적 없는 충만함을 느꼈다. 나는 괜찮았고, 만족스러웠다. 그저 1.0/1.0의 시력으로 세상을 볼 수 있도록 도움이 필요했던 것뿐이었다.

마지막 상담이 끝나고 몇 주 후, 아빠가 감옥 내 호스피스 병동으로 이송되었다는 델라 언니의 전화를 받았다. 아빠의 신장은 이미 손 쓸 도리가 없었다. 아빠에게 남은 예상 시간은 고작해야 며칠뿐이었다.

언니는 의료 시설에서 전화를 걸었다. 뒤에서 기계, 펌프, '삐' 하는 신호음, 백색 소음이 들려왔다. 아빠는 더는 말할 수 없었다. 언니는 아빠 온몸이 노란 데다가 전선이 달린 로봇처럼 보인다고 말했다. 언니는 내가 그 자리에 없다는 사실에 화가 나 있었다. 나 역시 똑같은 이유로 언니에게 화가 났다. 하지만 같은 전철을 밟아서는 안 된다는 사실을 알고 있었다. 불에 불로 맞서 봤자 아무 소용이 없다.

전화를 끊은 후, 촛불을 켜고 입 밖으로 꺼내지 못했던 모든 것을 이야기했다. 더 이상 참을 수 없어서, 아빠에게 다 이해한다고 조용히 말했다. 사랑한다고, 용서한다고도 말했다. 다 괜찮다고도 말했다. 마지막 기도문을 읊은 지 얼마 안 되어 촛불이 저절로 꺼졌다. 방이 깜깜해졌다. 하지만 더는 두렵지 않았다.

다음 날 아침, 언니가 전화해서 내가 켠 촛불이 촛농 속으로 타들어 가던 바로 그 시간에 아빠가 돌아가셨다고 말했다. 아빠를 생각하니 마음이 꽉 찼다. 어떠한 분노의 감정도 없이, 그저 둘이서 시궁창 같은 집구석 뒷계단에 앉아 노을빛 아래 담배를 피우던 수많은 기억만이 남았다.

  좋았던 시절도 있었다. 항상 나쁘지만은 않았다. 때로는 이 사실을 떠올리는 게 가장 어려운 것 같다.

  눈을 감자 바람에 흔들리는 천수국이 보였다. 아빠가 필터 없는 담배를 입에 문 채 댄스 플레이스 벽돌담에 온통 오줌을 휘갈기고 있었다.

20. 낡은 것, 새로운 것, 파란 것, 2012

크리스를 만난 것은 내가 가르치던 요가 스튜디오에서였다. 처음으로 그를 만난 것은 내가 서던 캘리포니아로 막 이사왔을 무렵이었지만, 그는 이미 결혼한 상태였고 나 역시 만나는 사람이 있었다. 어느 날 수업이 시작되기 전, 여자 둘이서 화장실 근처 현관에 서서 그가 전문 스케이트 보더라는 이야기를 나누고 있었다. 그들은 눈을 동그래져선 아이폰으로 그의 이름을 검색하며 얼굴을 붉혔다. 그리고는 서로 그의 인터뷰 영상과 사진을 보여주었다. 어렸을 적 새오빠가 그 이름을 언급했던 것이 떠올랐다. 오빠는 크리스 밀러의 열렬한 팬이었다.

잘생겼고, 똑똑하고, 재미있고, 상냥하고, 섬세하고, 성실하게 요가를 수련하는 것까지, 그는 분명 모든 것을 갖춘 남자였지만, 처음에는 딱히 그에 대한 이성적 호감이 크지 않았다. 나는 심리 상담이 끝나고 수업을 하러 들어가는 길에 늘 주차장에서 그에게 말을 걸었다.

스튜디오에 도착했을 때 함께 한 주동안 있었던 일을 빠르게 이야기할 수 있도록 그가 까만색 왜건에 앉아있다면 좋겠다고 매주 은밀하게 생각했다. 그의 차 옆에 내가 차를 대면 우리는 창문을 내리고 여름 내내 만나지 못한 꼬마들처럼 말을 쏟아내곤 했다.

어쨌든, 그에게도 복잡한 사연이 있었다. 그는 나보다 열다섯 살 많았고, 어렸을 때 결혼한 여자와 여전히 부부 사이였다. 그들은 20대가 된 두 아들이 있었지만 현재는 별거 중이었다. 나 역시 그녀를 만난 적 있다. 인근 아트 스튜디오에서 열린 크리스마스 페어에서였다. 나는 그녀를 알기 전부터 그녀를 알고 있었다. 마치 앨라니스 모리셋의 노래 '아이러닉' 가사처럼 말이다.

"운명의 남자를 만났는데, 그의 아름다운 아내가 바로 나타나다니. 정말 아이러니한 일이야, 안 그래?"

나 따윈 비교도 안 되는 그녀의 미모를 보니 그를 꾀어서 빼앗으려는 생각이 쏙 들어갔다. 마치 그렇게 멋진 아내와 멋진 직업과 집, 그 외 모든 것을 다 가진 그가 나 같은 사람한테 애초에 관심이라도 있었다는 듯 말이다.

이런 생각이 위험하다는 건 나 역시 알고 있었다. 하지만 통제된 환경에서 벗어나 오래된 습관을 끊어내는 건 차원이 다른 문제였다. 어느 날 이 문제에 대해 리즈에게 말한 적이 있다. 그러자 그녀가 말했다. "아무것도 바꾸지 않는다면 아무것도 바뀌지 않아요."

그리고 뭔가가 바뀌었다. 그에게도, 나에게도.

스물아홉 살이 된 나는 막 애인과 헤어진 참이었다. 나를 향한 크리스의 태도가 바뀐 것을 느꼈지만, 나는 그 사실을 여전히 부정했다. 그는 왕자였고, 나는 왕자의 저택에서 바닥이나 닦는 사람이었다. 양동이를 들고 산발을 한 채.

케케묵은 이야기를 마음속으로 되풀이하지 않으려 안간힘을 썼지만, 그와 같은 사람을 만날 수 있단 가능성을 배제하기란 어려웠다. 그는 내 곁에 있던 그 누구와도 달랐다. 아마도 그래서 그를 꾀겠다는 생각을 단념했던 것 같다. 어쩌면 알렉스에게 느꼈던 감정과 똑같이 느꼈던 걸지도 모르지만, 당시에는 그렇다는 자각조차 없었다.

모든 것은 한 번의 포옹으로 시작되었다. 서로의 몸이 부딪히는 감각이 생생하게 느껴졌다. 어느 날 밤, 그는 갑자기 찾아와 내게 키스를 하더니, 밖으로 나가 아내에게 걸려온 전화를 받았다. 이혼도 하지 않은 아내 말이다. 선택받은 이가 아니라 남겨진 이가 되는 이러한 시나리오는 이미 익숙했다. 마음속 깊은 곳에서는 정신적으로 건강해지고 싶다면 이 관계에서 발을 빼야 한다는 사실을 알고 있었다. 그래서 이혼 절차가 끝날 때까지 나를 내버려 두라고 말했다. 그에게 여섯 달이라는 시간을 주었다.

그런 일은 일어나지 않았다.

대신, 그는 검은색 종이 한 장에 분필로 조가비, 소라고둥, 불가사리가 있는 바다를 그려주었다. 종이에는 나를 사랑한다고 쓰여있었고, 해변에서 가져온 모래가 가장자리에 풀로 붙어있었다. 그는 나를 처음 본 순간부터 사랑했다. 오지 말라고 했음에도 비가 오는 날 우리 집 진입로에 서 있었다. 나는 부엌 창문으로 내 차 옆에 기대어 서 있는 그의 모습을 바라보았다. 그는 축축이 젖은 내 차 와이퍼 아래에 까만 종이를 밀어 넣고는 내게 손을 흔들었다. 나도 손을 흔들어 주었다. 그가 가버렸으면 하면서도 나를 떠나지 않기를 바랬다.

"가세요!" 나는 창문을 통해 그에게 소리쳤다.

그의 붉은색 머리칼이 젖어서 이마에 달라붙어 있었다.

"떠나지 않을 거예요!" 그가 다시 소리쳤다.

평생 이 말을 듣는 날이 오기만을 기다려왔다. 하지만 막상 그 일이 벌어지자, 어떻게 반응해야 할지 알 수 없었다. 마음이 편치 않았다. 우리 집 진입로에 꿈에 그리던 매력남이 얼쩡거리는 것보다 바늘 천 개에 얼굴이 쿡 찔리는 편이 마음이 더 편할 것 같았다. 나는 나를 두고 가버리는 사람들에게 익숙했다.

그 후 몇 주 동안 그는 수십 통도 넘는 문자를 보냈다. 아내와 헤어지는 데 온 신경을 쏟고 있고, 이혼 서류를 제출했다고 말이다. 그를 믿지 않았다. 이미 본 적 있는 상황이었다. 누구도 약한 이를 선택하지 않는다. 아무튼 나는 그를 다시 받아주었다.

어느 주말, 그는 팜 스프링스의 발레파킹 서비스가 되는 호텔로 나를 데려갔다. 주차요원이 가방을 들어주겠다고 하자 됐다는 말이 불쑥 튀어 나갔다. 발레파킹을 맡긴 적이 한 번도 없었기에 그가 가방을 훔칠지도 모른다고 생각했기 때문이다. 그래서 크리스가 대신 내 가방을 챙겼다.

커다란 하얀색 기둥들을 지나자 〈사자와 마녀와 옷장〉에 나올 법한 거대한 노란 문이 보였다. 멋진 옷차림에 매직 파마로 머리를 쫙 편 여자들이 명품 힐을 신고 걸어 다니는 영화 세트장에 온 기분이었다.

리셉션에 도착하자 직원들은 그를 밀러 씨라고 부르더니 광택이 나는 접수대 위로 탄산수를 내밀었다. 특별한 물을 대접받고 왕처럼 환영받는 것이 통상적인 절차라는 양 예상했다는 태도로 그는 물병을 받았다.

"사모님께도 하나 드릴까요?" 모자를 비롯한 전반적인 차림새가 1970년대 승무원을 연상시키는 여자가 말했다. 크리스는 나를 보고 미소지었다.

"저는 이 사람 부인이 아닌데요."

나는 퉁명스럽게 말했다. 내가 누군지는 몰랐지만, 그 호칭은 내가 들었던 그 어떤 호칭보다 불편했다. 내가 그의 아내가 되는 것이 가당키나 한가? 차라리 그의 '콜걸'로 불리는 것이 더 나을 지경이었다. 그편이 내게는 제격이었으니까.

여자는 컴퓨터 화면으로 시선을 떨구었다.

"정원이 딸린 스위트룸 괜찮으세요, 밀러 씨? 방 안에 샴페인도 있고, 미니바에 어메니티도 있어요."

 빌어먹을 어메니티가 대체 무슨 말이람? 무슨 이상한 섹스용품 종류는 아닐까, 지금 일어나는 일이 현실이라기엔 너무 완벽한 나머지 갑자기 말도 안 되게 나쁜 일이 일어나는 건 아닐까 궁금했다.

 "네, 딱이네요." 그가 말했다.

 그는 카라가 달린 셔츠를 입고 있었고, 그가 지갑을 열자 신선한 가죽 냄새가 났다. 그는 신용카드를 꺼냈다. 나는 승인이 거절될까 봐 걱정스러웠다. 보니와 클라이드처럼 그곳을 뛰쳐나와 주차요원을 지나쳐야 하면 어쩌지? 아빠와 함께 쓰레기 뒤지기 미션을 수행했을 때처럼 말이다. 그 대신 여자는 그에게 엑스트라 마일리지가 있기에 무료 업그레이드를 해주겠다고 말했다. 그녀가 열쇠를 건네자 오렌지색 모자를 쓴 한 남자가 내 가방을 가져갔다.

 붉은 카펫 위로 황금빛 막대가 달린 카트를 미는 그를 따라 복도를 걸어갔다. 그가 문을 열자 화려한 가구와 부드러운 양가죽 러그로 가득 찬 방이 보였다. 벽난로 위에는 사슴 머리가 걸려있었다. 거대한 창과 같은 뿔이 달려 있었다. 나도 결국에는 저렇게 몸은 없이 머리만 남은 신세가 될까? 크리스는 내 몸뚱이를 어디에 숨길까? 결코 상황이 좋게 끝날 것 같지 않다는 생각이 들었다. 결말이 좋은 이야기 따위 내게는 일어난 적 없으니까.

그곳에 있는 내내 나쁜 일이 일어나기를, 창문을 깨고 그의 아내가 들이닥쳐 그를 끌고 가기를 기다렸다. 저녁 식사 후 그의 카드가 거절되기를 기다렸다. 눈을 뜨니 그가 떠나고 없기를 기다렸다. 그가 전화하지 않기를 기다렸다. 모든 나쁜 일들이 일어나기만을 기다렸다.

하지만 그는 떠나지 않았고, 신용카드 역시 거절되지 않았다. 알고 보니 그가 약쟁이였다거나, 우리 아빠가 그랬던 것처럼 사막 어딘가에 또 다른 가족이 있다거나 하는 일도 없었다. 그가 내게 차를 사준 뒤 사라져 버리고 몇 주 후 차를 다시 압수당하는 일은 일어나지 않을 것이다. 그가 나를 차에 태운 채 술에 취해 운전하다가 포드 브롱코에 들이받고는 나를 버려둔 채 영영 떠나버리는 일도 일어나지 않을 것이다. 그는 진심이었다. 나는 그저 위험을 찾아 헤매지 않는 법을, 좋은 일을 받아들이는 법을 몰랐던 것뿐이다.

몇 달이 지났고, 나는 그가 어딘가 망가져 있을지도 모른다고 스스로 납득시키려 애썼다. 분명 마음이 너무 절망스럽거나 아내에게서 상처를 심하게 입은 나머지 혼자 있지 못하는 것이 뻔하다고. 그래서 나를 원하는 것이라고. 이게 그가 내 곁에 남기 위해 안간힘 쓰는 이유를 설명하는 가장 납득 가능한 시나리오였다.

리즈에게 이런 생각을 털어놓으니 그녀는 내가 자존감이 낮다고 말했다. 혼자서이기는 했지만, 나는 반심리학 게임을 하고 있었다. 피할 수 없는 무시무시한 일이 벌어지기 전부터 이 관계에서 벗어날 수 있는 허구의 시나리오를 머릿속으로 만들고 있었다. 언제나 그래왔듯 와인을 뒤집어쓴 상상 속의 몰골이 되고 싶지는 않았다.

"당신의 안전지대가 당신을 죽일 거예요." 어느 날 오후 리즈가 전화로 내게 말했다.

나는 인식하지도 못한 사이 내면에서 벌어진 모든 일에 놀랐다. 어떻게 이런 일이 가능하지? 어떻게 내 몸이 내 것이면서도 내 것이 아닐 수가 있을까? 마치 몸속에 어둠 속을 떠다니는 악령들로 가득한 귀신의 집이 들어앉은 기분이었.

만약 이 관계가 계속되기를 바란다면 내 인생에서 흉포하게 날뛰는 해묵은 망령들부터 잡아야 한다는 사실을 깨달았다. 그리고 내가 무슨 짓을 하든, 크리스는 나보다도 내 패턴을 먼저 알아채고 언제나 한 발짝 더 앞서 있었다.

몇 달이 지났고, 그간 나는 최소 열 번은 이 모든 것을 때려치우려 했다. 우리는 엄마를 만나러 주말여행을 가기로 했다. 엄마는 척 아저씨와 함께 요세미티산 위의 오두막으로 이사를 했다. 지난 몇 년 동안 엄마와 나는 오직 피상적인 주제로만 이야기를 나누며 반쪽짜리 관계로 천천히 다시 진입했다. 그간 무슨 일이 있었는지도 말하지 않았고, 딱 한 번 PTSD를 진단받은 이야기를 꺼내려 했던 적을 빼고는 알맹이 있는 대화 역시 나눈 적 없었다.

"넌 PTSD 아니야. 오버 좀 하지 마. 네 공황 장애의 원인은 너야." 엄마는 내게 전화로 이렇게 말했다. 그리고선 다시 전화하겠다고 했지만, 그런 적은 한 번도 없었다. 우리는 그 일에 대해 다시는 언급하지 않았다.

12월이었고, 우리가 집에 들어갔을 때 엄마는 삼나무 오두막 부엌에 서서 냄비를 젓고 있었다. 말처럼 체격이 큰 엄마는 떡 벌어진 어깨와 당당한 몸짓으로 가스레인지 앞을 서성거리며 공간 대부분을 차지했다. 마치 온 집이 전용 마구간이라도 되는 것처럼 말이다.

엄마는 나무 숟가락으로 도자기 냄비 가장자리를 달그락거리며 걸쭉한 스튜 밑부분을 휘저었다. 우리가 가방을 내려놓았지만, 누구도 그것들을 옮기거나 건드리지 않았다. 척 아저씨는 소파에서 몸을 일으켜 세우지도 않았다. 다른 방에서 아저씨가 텔레비전 채널을 돌리는 소리가 들려왔다.

엄마가 계단에 서 있는 우리를 바라보며 미소지었다. 내게 있어 크리스는 엄마와 나 사이의 완벽한 다리 같은 존재였다. 그는 강하고 단단했지만, 동시에 엄마와 내가 서로에게 상처를 줄 만한 어떠한 실제적인 대화를 하지 않도록 막아줄 만큼 재미있고 부드러웠다. 나는 상처를 주는 모든 것에 이골이 난 상태였다.

"이쪽은 크리스라고 해." 내가 엄마에게 말했다.

부엌으로 걸어 들어가니 베이컨 기름과 보드카 냄새가 사방에 퍼져 강렬한 수프 향마저 덮어 버렸다. 엄마의 정수리에는 불에 그을린 고목처럼 흰머리가 나 있었다. 아래쪽은 내가 어렸을 때부터 쓰던 빨간 염색약으로 물들어 있었다. 엄마는 숟가락을 내려놓고 걸어와 크리스의 머리를 다듬기라도 하는 것처럼 손가락으로 머리칼 사이를 사각거렸다.
 "세상에, 머리가 참 멋지네요."
 엄마는 이렇게 말하며 머리카락을 잡아당겼다. 엄마가 너무 세게 잡아당긴 나머지 그의 머리가 엄마 쪽으로 기울었다.
 가만 보니 엄마의 가운뎃손가락에 반창고가 붙어있었다. 엄마가 수프가 묻은 더러운 손으로 더듬는 동안 그의 이마에 거칠고 끈적끈적한 반창고가 느껴지지 않기를 빌었다. 하지만 그를 만지는 엄마의 손길에는 어쩐지 생소한 다정함도 있었다.
 엄마의 입술 가장자리에서 광대뼈 쪽으로 잔주름이 작은 천막 모양으로 나 있었다. 엄마의 얼굴은 전보다 더 둥글었고, 1센트짜리 구리 동전처럼 붉었다. 1, 20년 전 가스레인지 앞에 서 있던 때보다는 거칠고 가혹한 성미가 가라앉아 보였다. 엄마의 목소리는 예전처럼 시끄럽고 거칠지 않았고, 집은 더 따뜻하게 느껴졌다.
 나는 엄마가 변한 것인지 궁금했다. 그게 가능하기는 한 일인지 궁금했다. 어쩌면 변한 사람은 나 일지도 모른다. 알 수 없었다. 어느 쪽이 되었든, 엄마가 몸을 돌리자 크리스는 나를 쳐다보았다. 마치 '그렇게 나쁜 분은 아닌데,'라고 말하는 것처럼 그는 어깨를 으쓱했다.

저녁 식사를 마친 후, 우리는 식탁으로도 사용하는 접이식 플라스틱 테이블 위에서 도미노 게임을 했다. 조금 떨어진 곳에서 텔레비전 소리가 울려댔다. 우리는 뒤에서 우리를 향해 울려대는 그 소리 따위 들리지 않는다는 듯 더 큰 소리로 대화를 나누었다. 우리는 소음에 너무나 익숙했다. 척 아저씨는 서랍장에서 브랜드 병을 꺼내 술잔 맨 위까지 따랐다. 그리고는 바깥쪽 베란다에서 꺼내 온 플라스틱 의자에 앉더니, 신고 있던 어그 부츠를 벗었다. 그는 그것들을 거실 한복판에 던져버렸다. 지독한 발 냄새가 방 전체에 퍼졌다.

"나 암이래."

직사각형 타일 하나를 플라스틱 테이블 위에 내려놓으며 엄마가 입을 열었다. 타일의 숫자들을 전부 더하니 20이었다. 엄마는 아무 말도 한 적 없다는 듯 손뼉을 치며 연습장 위에 숫자를 적었다. 마치 타버린 스튜와 술 냄새로 가득한 시끄러운 도미노 게임판 속에서는 그 말이 아무런 의미도 없다는 듯 말이다.

"뭐?" 엄마의 말을 똑똑히 들었음에도 내가 물었다.

나는 엄마에게 거짓말을 할 기회를 주었다. 애초에 그런 정보 따위 알고 싶지 않았다. 아주 잠시 그 말이 주사위 게임에서 이겼을 때 외치는 일종의 구호이기를 빌었다. 척 아저씨가 어깨를 으쓱했다. 크리스가 얄팍한 플라스틱 테이블 아래로 내 정강이를 살짝 걷어찼다.

"유방암이야." 엄마가 말했다.

불현듯 자그마한 검은색 점이 그려진 하얀색 도미노 칩의 바다 너머로 엄마의 모습이 보였고, 처음으로 엄마가 실재하는 사람처럼 보였다. 긴 침묵에 젖어 들고 나서야 엄마에게 몸이 있다는 사실을 뼈아프게 자각했다. 엄마에게는 팔, 다리, 구부러진 손가락, 가슴, 올빼미 둥지처럼 정수리 꼭대기에서 자라나는 흰머리가 있었다. 이제껏 엄마를 사람으로 생각해 본 적이 없었다. 그동안 엄마는 내 인생의 각본 속에서 피도 눈물도 없는 매정한 인물을 연기하느라 너무 바빴다.

아저씨가 자리에서 일어나 테이블을 떠났다. 그는 빛바랜 황갈색 소파에 앉아 다시 라이프타임 채널로 눈을 돌렸다. 마치 방금 들은 소식이 화면에 나오는 것보다 중요하지 않다는 듯 말이다. 엄마의 말은 우리 중 누구와도 상관없는 것 같았다. 하지만 그 순간 나는 그 말의 여파가 얼마나 강력한지 깨달았다. 엄마가 있기에 우리 모두 거기 있을 수 있었다. 엄마가 있기에 내가 존재했다.

아저씨가 맥주병을 땄다. 병마개는 내 머리를 지나 바닥으로 떨어졌다. 엄마가 그것을 주워 쓰레기통에 넣으라며 내게 건넸다.

"미안하구나. 난 괜찮을 거야."

엄마는 암에 걸렸다는 이유로 내게 사과를 하며 말을 더듬었다. 엄마의 목소리는 케니 아저씨가 감옥에 간 후 방문을 잠그고 바닥에 엎어져 흐느껴 울던 때처럼 떨리고 있었다. 엄마는 눈물도 흘렸다. 쇄골에 고인 눈물이 자그마한 웅덩이를 이루었다. 엄마는 방안을 눈물바다로 만들지 않으려는 듯 연거푸 눈물로 젖은 눈을 닦아댔다.

나는 엄마의 속셈을 알았다. 늘상 그랬듯이 사소하지 않은 사건을 사소하게 만들려는 것이었다. 그리고 나는 마침내 엄마가 왜 그런 짓을 하는지 깨달았다. 이 모든 일의 충격으로부터 나를 지키려는 것이었다. 하지만 엄마는 더는 그럴 수 없었다. 사실 한 번도 그러지 못했고, 나는 이 순간이 오기 전까지는 엄마가 어떤 사람인지 모르고 있었다는 슬픈 사실을 깨달았다.

중요하지도 않으면서 발음조차 하기 힘든 재료들이 밑도 끝도 없이 들어간 가스레인지 위 스튜가 된 기분이 들었다. 엄마가 아프다는 사실에 화가 났다. 당연히 아플 수밖에! 엄마처럼 술을 들이켜는데 건강검진표가 깨끗한 사람은 이 세상에 아무도 없다. 하지만 지금은 엄마가 언젠가 죽을 것이라는 사실을 무시한 채 늘상 그랬듯 서로에게 비난을 퍼부으며 옥신각신할 때가 아니었다.

내가 다시 크리스를 쳐다보자, 그는 고개를 끄덕였다. '그렇게 나쁜 분은 아닌데,'라는 뜻이었다. 그래서 일곱 빛깔

무지개색 술병들과 약병으로 가득 찬 조리대가 있는 주방 한 가운데서 우리는 서로를 껴안았다. 마치 아주 어렸을 적 마지막으로 본 사람들처럼 말이다.

그리고 나서 우리는 소파에 앉았고, 엄마는 이미 가벼운 수술을 받았다고 털어놓았다. 엄마는 몇 가지 치료를 시작한 지 벌써 한 달 정도 되었다고 하며, 나에게 다음 주에 있을 검진에 함께 가 달라고 부탁했다. 우리가 진솔한 대화를 나누는 것은 인생에서 이번이 처음이었다. 모든 일이 항상 나를 중심으로 돌아가는 것은 아니라는 사실을 비극을 겪지 않고도 깨달을 수 있었다면 좋았을 텐데. 어쩌면 그것은 어른이 되면서 깨닫게 되는 가장 가혹한 교훈일 것이다. 또한 가장 큰 안도감을 안겨주는 교훈이기도 하다. 나는 더 이상 이야기의 주인공이 될 필요가 없었다. 우주의 중심은 내가 아니었다.

다음 주, 엄마는 샌프란시스코 카이저 의료 센터의 병원 침대에 대자로 누워있었다. 크리스는 주차장에서 나를 기다렸다. 진료실, 은색 진료용 테이블, 살균된 병원 바닥에 욕지기가 치밀어 올랐다. 육중한 철문 밖으로 빗자루가 왔다 갔다 했다. 이 모든 것이 쓸려나가 어디론가 흘러가 버렸으면 좋겠다고 생각했다.

간호사가 버튼을 눌렀다. 그리고는 확성기에 내가 알아들을 수 없는 단어들을 한바탕 쏟아냈다. 그런 장소에서는 좋은 일이 일어나는 법이 없다. 엄마는 하얀색 테이블에 등을 기대고 누워있었다. 얇은 종이 시트가 엄마의 창백한 몸에 깔려 구겨졌다. 그 종이가 엄마와 전에 그곳에 누웠던 수많은 몸뚱이를 가르는 유일한 것이었다. 구석의 빈 카운터에는 청진기가 놓여 있었다. 엄마가 윗옷을 벗었다. 한때 내게 젖을 먹였던 바로 그 가슴 위로 총검만 한 크기의 깊은 상처가 나 있었다.

우리는 이곳과 별반 다르지 않은 병실에 예전에도 온 적이 있었다. 어렸을 때 엄마는 의사들이 나를 기절할 때까지 꽉 붙잡고 주사를 놓게 했다. 그 후로 나는 병원에 가는 것이 싫었다. 병원에 가면 죽게 될 거라고 생각했다. 이제 우리의 역할은 바뀌었고, 진료용 테이블에 누운 사람은 더 이상 내가 아니었다. 위험에 처한 사람은 내가 아니라 엄마였다.

어떻게 하면 엄마가 날 지켜주었으면 했던 방식으로 엄마를 지킬 수 있을지 궁금했다. 그건 불가능했다. 우리 둘 다 죽음, 질병, 가슴 위에 난 진보라색 자상에 면역이 되지 않았다. 엄마에게서 그것들을 거두어, 우리 중 누구에게도 해를 끼칠 수 없도록 땅속에 묻고 싶었다. 하지만 진짜 인생에는 상상도 못 한 개 같은 일이 일어나기 마련이다. 모든 이야기가 해피 엔딩인 것은 아니다. 그것이 바로 동화와 진짜 인생의 차이이다.

엄마에게 네온 불빛이 비쳤다. 엄마가 움직이자 초록색 환자복에 주름이 졌다. 옷깃 사이로 베인 상처가 살짝 드러났고, 과산화수소 냄새가 문 반대편 얼굴 없는 영혼들의 달그락거리는 신발 속으로 사그라들었다. 벽 사이로 해묵은 감정들이 몇 곱절로 불어났다. 하지만 나는 이제 어른이 되었고, 어른이 되는 것의 일부는 과거를 내려놓는 것이다. 어른이 된다는 것은 변화를 의미한다. 또한 타인에게 변화할 기회를 준다는 것을 의미한다.

나는 몸을 뒤로 기대앉았다. 엄마의 얼굴은 혈색이 나빴다. 마치 또 다른 버전의 나를 보고 있는 듯한 기분이었다. 그때의 나에게 무엇이 필요했을까. 알 수만 있다면 지금 엄마에게 주고 싶었다.

"괜찮을 거야, 엄마." 내가 말했다.

나는 반짝이는 하얀색 바닥 위로 손을 뻗어 엄마의 얼어붙은 다리 위에 얹었다.

"괜찮을 거야." 내가 다시 말했다.

나는 엄마에게 곁에 내가 있다는 사실을 상기시켰다. 나는 떠나지 않았다. 침대 위 엄마와 자리를 바꿀 수 없다는 사실은 알고 있었다. 하지만 우리가 평생 갇혀있던 고리를 깨고, 엄마가 앞으로 기운을 낼 수 있도록 곁에서 도울 수는 있었다. 마음 한구석에서는 여전히 엄마와 부메랑 속에 갇혀있고 싶다는 생각도 있었다. 하지만 나는 마침내 속편을 낼 준비가 되었다.

인생에 대해 언제나 들어왔던 말이 있다. 바로 인생이란 돌고 돈다는 것이다. 우리가 아이일 때 부모님은 어른이었다. 그리고 우리가 어른이 되어 부모님을 애지중지 보살핀다. 엄마와 나는 지금 이러한 과정을 함께 경험하는 중이었다.

　엄마의 에메랄드색 눈동자가 천장에서 바닥, 또다시 천장에서 바닥을 몇 번이고 배회했다. 때 탄 손가락 주위로 흰머리를 꼬면서 말이다. 하지만 엄마의 시선이 돌아올 곳은 나밖에 없었다. 그래서 엄마는 나를 바라보았다.

　마침내 문이 삐걱하고 열렸다. 알코올과 병원 냄새가 얼굴을 강타했다. 심장 박동이 점점 빨라지고 엘리베이터처럼 치솟기 시작했다. 의사가 가벼운 몸짓으로 들어왔다. 그녀는 고개를 들지도 않은 채 서류를 휙휙 넘겨보더니 종이를 펜으로 강하게 두들겼다.

　명찰에 '의사 아무개'라고 쓰여 있었다.

　의사는 짧은 머리칼에 짜증 나게 생긴 긴 코트를 입고 있었다.

　"환자복을 벗으세요, 한 번 봅시다."

　인사치레 따위는 없었다.

　엄마의 환자복이 완전히 벗겨지는 것을 볼 준비가 되어있지 않았지만, 의사는 병실을 맴도는 암과 죽음, 그리고 지독한 악취 사이를 오가느라 한눈에 봐도 매우 바빠 보였다. 의사가 하얀색 라텍스 장갑을 휙 펴서 잽싸게 손에 끼우고는 손목 위로 끌어당겼다. 엄마는 천천히 몸을 뒤로 기댔다. 엄마가 전쟁터를 방불케 하는 환부를 드러내자 몸무게 때문에 테이블이 흔들렸다.

"준비됐어요?" 의사가 물었다.

대체 무슨 놈의 질문이 그따위인지 궁금했다.

암에 걸릴 준비가 된 사람이 세상에 있기는 한가?

죽을 준비가 된 사람은?

"따가우면 말하세요."

의사가 장갑 낀 손으로 엄마의 가슴 위를 눌렀다. 라텍스가 구겨지는 소리를 듣자 기절하거나 도망가거나 의사를 총으로 쏴버리고 싶었다. 나는 아래를 내려다보고 두 발이 아직 땅에 잘 붙어있는지, 혹시라도 공중으로 떠올라 그 지옥 같은 곳에서 멀어진 것은 아닌지 확인했다.

엄마를 바라보자, 이 병실 안의 이야기가 내가 아니라 엄마에 관한 것이라는 사실이 다시금 떠올랐다. 동시에 나 역시 그 이야기와 별개의 존재가 아니라는 것도 기억났다. 엄마에게 일어난 일은 우리 둘 모두에게 일어난 일이다. 나는 의사가 상처를 진찰하는 동안 엄마의 떨리는 손을 잡고 엄마에게 몸을 기댔다.

엄마는 창백하고 푸른 눈으로 봉합 부위를 살펴보는 의사 주위를 살폈고, 나는 그런 엄마의 어깨를 토닥였다. 그리고 최대한 엄마 곁에 있으려 애썼다. 엄마에게 내가 옆에 있음을 상기시키고, 엄마의 눈길을 작은 조개껍질처럼 그러모으면서. 엄마의 삶이 오래 남지 않았다는 사실이 분명했기에, 나는 그것들을 하나씩 하나씩 주머니 속에 밀어 넣었다.

왜 이제껏 엄마가 죽지 않는 존재라고 생각했는지 모르겠다. 자식이라면 으레 그러기 마련이려나. 우리는 부모가 그들만의 인간다움과 사연, 과거를 지니도록 허락하지 않는다. 나는 하나뿐인 엄마 노릇을 하려는 엄마의 아주 적은 노력 하나라도 놓치고 싶지 않았다. 나라면 그런 식으로는 하지 않았겠지만, 그래도 엄마의 노력을 받아들였다. 그게 우리가 가진 전부였으니까.

의사는 진찰이 끝나자 장갑을 휙 벗어 쓰레기통으로 던져 버렸다. 그리고는 서류철 위에 무언가를 적어내렸다.

"아직 좀 더 두고 봐야겠지만, 그래도 상처가 잘 아물고 있네요." 의사는 이렇게 말하고는 병실을 떠났다.

나는 속으로 생각했다. '상처가 모두 잘 아물었으면 좋겠네. 엄마 상처도, 내 상처도.' 마침내 나는 여기에서 내 역할이 무엇인지 깨달았다. 엄마와 나는 〈샬럿의 거미줄〉 속 돼지와 거미 같은 사이였다. 우리는 상호의존적이면서도 깨지기 쉬운 시스템의 일부였다

엄마가 원래 옷으로 다시 갈아입는 동안, 나는 문밖으로 나와 조명이 지나치게 밝은 기다란 복도에서 의사와 잠시 대화를 나누었다.

"음, 당신이 어른처럼 행동하기 전까지 어른들은 당신을 애 취급할 거예요. 의사가 말했다.

그녀는 종이에 대고 펜을 긁던 것을 멈추었다. 그리고 내 쪽으로 고개를 들더니, 병실에 들어온 이후 처음으로 인간다운 시선으로 나를 바라보았다.

"아까는 잘했어요. 어머니는 괜찮아지시겠지만, 이 시기를 헤쳐나가기 위해선 따님의 도움이 필요할 거예요."

그녀는 나와 악수하고는 복도를 따라가 버렸다. 나는 엄마를 돕고 싶었고, 지금에서야 엄마가 나를 얼마나 필요로 하는지 깨달았다. '강한 친구일수록 더 잘 살펴라'라는 말을 아는가? 사실이다. 입 밖으로 꺼내지 않을 뿐, 그들은 당신을 가장 필요로 하는 사람들이다.

주차장으로 나와, 엄마를 차로 데리고 갔다. 딱히 별말은 없었지만, 우리는 서로를 껴안았다. 둘 다 눈물이 서로의 어깨에 떨어지기 전 얼굴을 닦아 울고 있다는 사실을 숨겼다. 어쨌든, 우리에게 필요한 것은 말이 아닌 행동이었다. 지붕 덮인 그 주차장에서, 우리는 말 없이 서로 간에 있었던 모든 일을 떠나보냈다.

조금 떨어진 곳에서 왜건 앞 좌석에 앉은 크리스가 우리를 보고 있었다. 그는 다정한 미소로 자신이 그곳에 있음을, 어디에도 가지 않았다는 사실을 내게 알려주었다.

그해 여름, 나는 엄마네 집에서 그리 멀지 않은 A자 형태의 오두막 안 계단 맨 위에 서 있었다. 암에 대한 걱정은 한시름 던 상태였다. 엄마의 병세는 점차 호전되고 있었다. 나는 크리스의 도움으로 샌디에이고에 나만의 요가 스튜디오를 열었다. 스튜디오는 개업 첫날부터 성공적이었다. 알고 보니 나는 타고난 근성 덕에 사업 수완이 꽤나 좋았다.

오두막 밖에서 사람들의 목소리와 샴페인 잔이 부딪치는 소리, 부엌 차양 아래에서 남동생과 척 아저씨가 웃음을 터뜨리는 소리가 들려왔다. 테라스 가장자리로 담배 연기가 피어올랐다. 연기구름 없이는 뭔가 허전했다.

사촌들은 유리판같이 잔잔한 호수 위로 물수제비를 떴고, 거대한 녹색 침엽수 아래에 크리스가 두 아들과 서 있었다. 여느 때처럼 가족들이 기다란 하얀색 새틴 드레스 차림의 나를 놀려먹을지 궁금했다. 나는 할머니가 돌아가시기 전에 물려주신 진주 목걸이를 걸고 있었다.

내 인생에 이런 순간이 오리라고는 단 한 번도 생각지 못했다. 이런 장면은 오직 영화 속에나 나오는 딴 세상 이야기였을 뿐이다. 어렸을 적 캘리포니아 그랜드 애비뉴에 살 때 읽었던 동화책은 언제나 소녀와 소년이 해피 엔딩을 맞이하며 끝났다. 하지만 이제는 세상일이 항상 그렇게 되는 것은 아니라는 사실을 안다. 소녀와 소년이 늘 해피 엔딩을 맞는 건 아니다.

하지만, 나는 지금 내 인생에 가장 멋진 남자와 결혼을 앞

두고 있다. 내 머리로는 그라는 사람을 상상조차 할 수 없었다. 이 세상에 그런 사람이 존재하는지도 몰랐으니까. 크리스는 내가 태어나서 처음으로 안정 애착을 형성한 대상이었다.

문밖으로 걸어 나가자, 귓가에 들리는 소리라고는 여름 바람 소리와 후추나무에 앉은 벌 소리뿐이었다. 그 누구도 웃음을 터뜨리거나 럼주가 든 유리병을 나무 테라스 위로 떨어뜨리지 않았다. 몰래 물풍선을 던져서 화장이 지워지게 하는 사람도 없었다. 또 맥주병에 구멍을 뚫어 내가 거품을 뒤집어쓰게 만드는 사람도 없었다.

그 대신 다들 드레스에 냄새가 배지 않도록 재떨이에 담배를 비벼 껐다. 주례를 서기까지 한 시간도 채 남지 않은 언니는 축사가 적힌 종이를 들고 있었다.

엄마가 코를 훌쩍이며 눈가를 닦았다. 그리고는 내게 밤나무 상자를 내밀었다.

"네가 자랑스럽구나." 엄마가 말했다.

지난 30년 동안 엄마가 그 말을 하기만을 기다려왔다. 내가 결혼을 한다는 사실이 아닌, 나라는 사람 자체가 자랑스럽다는 의미임을 알고 있었다. 엄마는 언제나 나를 자랑스러워했지만, 지금에서야 그 말을 입 밖으로 꺼낼 수 있었다. 나 역시 엄마에게 그 말을 할 기회를 준 적 없었다.

상자 갑을 밀어내고 얇은 면포 한 장을 걷어냈다. 안에는 나무줄기에 노란색 데이지를 엮어 만든, 이제껏 본 것 중 가장 장엄한 화관이 있었다.

"벅 미도우스에 있는 참나무 숲에서 땄어. 낡은 것, 새로운 것, 파란 것26)이지." 엄마가 말했다.

그것을 보고 있자니 엄마와 내 모습이 떠올랐다.

우리에게는 아직 낡은 것들이 많이 남아있었지만, 새로운 추억도 있었다.

엄마는 성년이 된 공작 부인에게 대관식 왕관을 수여하듯 화관을 내 티아라 위에 올려놓았다. 결혼을 앞두고 멋진 옷차림으로 서로를 응시하는 크리스와 나를 향해 카메라 세례가 쏟아졌다.

우리가 밴에 올라타기 전, 척 아저씨가 진입로 콘크리트 바닥에 샴페인 병들을 떨어뜨렸다. 병들이 아스팔트 위에서 산산조각이 났다. 술, 거품, 발효된 액체가 사방에 흘러넘쳤다. 모두들 웃음을 터뜨리고는 버드와이저 캔을 들어 올려 공중에서 건배했다. 그 순간 나는 어떤 것은 변하지 않는다는 것을 깨달았다. 하지만 처음으로, 그래도 괜찮다는 생각이 들었다.

---

26) 영미권 결혼 풍습에는 결혼식에서 '낡은 것, 새로운 것, 빌린 것, 파란 것'을 가지고 있으면 새 신부에게 행복한 결혼 생활이 펼쳐진다는 미신이 있다.

> 트라우마는 세대를 넘어 전해질 수 있다. 하지만 세대를 넘나드는 상처가 우리의 본질이나 정의는 아니다. 이러한 상처와 오래된 정체성을 어떻게 뛰어넘을 수 있을까? 우리가 혼자가 아니라는 것을 아는 것, 더 큰 자유를 향한 길이 있다고 믿는 것, 가족 내의 고통을 마주하려는 의지가 필요하다. 우리 자신이나 가족의 트라우마라는 짐을 풀어내면 마음이 가벼워질 것이다. 또한, 선택의 폭이 넓어지며 이 세상에 속해 있다는 느낌을 받을 수 있을 것이다.

아리엘 슈워츠

임상 심리학자, EMDR 치료 컨설턴트, 요가 강사, 작가,
트라우마 치유를 위한 마음-신체 접근법 전문가

맺음말

책을 쓴다는 건 정말이지 이상한 일이다. 책을 썼을 당시의 나를 시간이 지나 돌아보면 굉장히 다른 사람처럼 느껴지곤 한다. 사람들이 종종 이 책에 나온 구절을 언급하며 "네가 이렇게, 저렇게 말했었잖아, 기억나?"라고 하는데, 천만에, 전혀 기억나지 않는다. 심지어 내가 그렇게 말했다고? 싶기도 하다. 하지만 언젠가의 나는 사실, 그랬었다.

"진정으로 수련을 하게 되면, 당신의 이야기도 달라지기 시작할 겁니다."라고 말하던 선생님이 있었다. 진심으로, 내 이야기는 극적으로 달라졌다. 하지만 일어난 일들에 대한 이야기는 일어난 일들에 대한 이야기일 뿐이다. 그저 내가 그걸 다르게 바라보기 시작했을 뿐. 나의 과거는 더 이상 나를 옭매지 못한다. 책을 쓰는 건 그 과정을 도와주었다.

지금은 이 책에 대해 자주 언급하지는 않지만, 그렇다고 이 책이 의미가 없다는 뜻은 아니다. 여전히 내가 이 책을 썼을 때 만큼이나 보편적이고 의미가 있는 책이라고 생각한다. 다만, 더는 이 책에 담긴 이야기들을 내 안에 붙들고 있을 필요가 없을 뿐이다. 이제 그 이야기들은 내 몸속 장기나 마음속이 아니라 이 세상 속에서 그 자체로 존재한다.

글쓰기와 요가는 비슷한 여정이다. 둘 다 우리 자신을 발견하도록 돕는 과정이라는 점에서 말이다. 여러분이 이 여정에 참여하겠다면 나 역시 동참하겠다. 내 말은, 나는 이 여정을 이미 시작했고, 여전히 지속하고 있다. 여러분은 어떠한가?

아마 어떻게 이 여정을 시작할 수 있을지, 어떻게 일상에 이 여정을 녹일 수 있을지 궁금한 사람들이 많을 것이다. 나 역시 그랬고, 여전히 그렇다. 그래서 그 기분을 이해한다. 여러분을 얽매고 있던 것들을 떠나보내고 그것들이 페이지 위에서 춤추게 하는 건 그 무엇보다 특별한 일이다. 또한, 아름답고도 위안이 되며 나눌 가치가 있는 일이다.

그러니 이제 우리 함께 이 여정을 시작해보자.

감사의 말

무엇보다, 내가 이 책을 완성할 수 있도록 사랑과 지원을 아끼지 않은 남편 크리스에게 감사의 말을 전하고 싶다. 영원히 사랑한다고도 말하고 싶다. 또한 내가 이 세상에 존재할 수 있도록 해준 엄마에게도 감사하다. 감사하다는 말을 하기까지 이렇게 오래 걸려서 미안하다. 엄마가 최선을 다해왔다는 걸 알기에 정말이지 감사함을 느낀다. 내 곁을 지켜준 언니와 남동생을 비롯한 가족들에게도 감사하다. 또한, 글 쓰는 열정과 길들일 수 없는 야생적인 영혼을 물려준 아빠에게도 감사하다. 아빠의 평안을 바란다. 내가 꿈을 향해 정진할 수 있도록 응원해 준 할머니께도 감사하다.

또한 이들에게도 무한한 감사의 인사를 전한다:

- 이 책의 편집자이자 나의 글쓰기 멘토로써 발판이 되어 준 에이미 월런
- 내 이야기를 믿어주고 출판할 수 있도록 도와준 The Unapologetic Voice House 출판사

※ 내가 놓친 것들을 꼼꼼히 교정해 준 로라 브리튼
※ 절친한 친구들: 다니엘라, 베리티, 그리고 리비. 지난 오 년간 내 이야기를 지치지 않고 계속해서 들어주어 고맙다. (샤르도네 와인도!)
※ 창작 파트너이자 영감을 주는 표지 디자이너 다니엘라 매니니. 내가 나아갈 수 있는 동력을 주었다.
※ 책이 나오기 전 읽어준 사전 독자이자 나의 동료들: 스테파니 플로마리티, 줄리 마틴, 니나 폴로, 오션 맥코드, 로렌 미랄레, 사라 디체. 응원과 피드백으로 더 큰 그림을 그릴 수 있도록 도와주어 고맙다. 당신들 덕분에 이 책이 단순한 개인적인 이야기를 넘어 보편적인 서사가 될 수 있었다.

이 책은 사람으로 살아가는 것에 대한 이야기이다. 내 주변 모든 이들에게 감사하다. 이들이 아니었다면 해내지 못했을 것이다. 책을 쓰려면 온 마을이 필요하다. 이 책이 그 살아있는 증거이다.

추천의 말

로렌 돌리 듀크의 〈KIN:거운 우리 집〉은 단순한 회고록을 넘어, 트라우마와 회복에 대한 깊은 이해와 통찰이 담긴 책이다. 그녀의 여정을 따라가다 보면 마치 어둡고 깊은 동굴 속을 지나며, 잠시 햇빛이 비치는 호수에서 수영하듯 기쁨을 맛보고, 절벽 앞에 멈춰 좌절하다가도, 새로운 숲으로 이어지는 다른 출구를 발견하는 듯한 그런 생경한 풍경이 펼쳐지는 듯한 느낌이 든다. 이 책은 웃음, 눈물, 그리고 불편함을 넘나들며, 인간 경험의 본질을 드러낸다. 또한, 어둡고 깊은 절망에서 번영과 성장, 그리고 무한대의 확장 가능성을 보여주는 광대한 스펙트럼을 담고 있다.

로렌의 서사는 단지 그녀의 과거만을 보여주는 데 그치지 않고, 트라우마가 어떻게 되물림되는지, 그리고 이것이 우리 삶에 어떻게 새겨지는지를 명확히 보여준다. 또한, 치유 과정에 있어 신체적 자각과 트라우마에 대한 이해와 통합, 그리고 자기 옹호의 중요성을 강조한다. 상처와 치유, 그리고 변화에 대한 탐구는 결국 인간됨의 본질을 이해하는 과정이기 때문이다. 이 책은 단순한 회복력이나 강인함을 넘어, 어려움

속에서 더욱 강해지고 성장하는 안티프래질리티$_{antifragility}$를 입증하고 있으며, 결국 인간이 가진 치유력의 본질을 믿고, 불확정한 삶에 다시 뛰어들 수 있는 용기를 준다.

서주희
한의사, 한방신경정신과 전문의, 한의학박사,
미국하코미연구소 공인 하코미세라피스트,
공인 브레인스포팅 프랙티셔너&컨설턴트

© 2022. Lauren Dollie Duke. All rights reserved.
Published in the United States by The Unapologetic Voice House.
Korean translation rights arranged with Lauren Dollie Duke.

이 책의 한국어판 저작권은 저작권자와의 독점 계약으로 '도서출판 반원'에 있습니다.
저작권법에 의해 한국 내에서 보호를 받는 저작물이므로 무단 전재와 복제를 금합니다.

KIN: 개운 우리 집

초판 1쇄 인쇄	2025년 2월 3일
초판 1쇄 발행	2025년 2월 3일

지　　　음	로렌 돌리 듀크
번　　　역	이시현
표 지 사 진	김소라(@sora_k.im)
디　자　인	권혜미
교 정 · 편 집	권혜미
출 판 등 록	제020-000012호
I S B N	979-11-982910-7-3
연　락　처	banwonbooks@naver.com